기초 탄탄
UX/UI 디자인을 위한
Adobe XD

기초 탄탄
UX/UI 디자인을 위한 Adobe XD

ⓒ 2022. 김영일 All Rights Reserved.

1쇄 발행 2022년 5월 23일

지은이 김영일
펴낸이 장성두
펴낸곳 주식회사 제이펍

출판신고 2009년 11월 10일 제406-2009-000087호
주소 경기도 파주시 회동길 159 3층 3-B호 / **전화** 070-8201-9010 / **팩스** 02-6280-0405
홈페이지 www.jpub.kr / **원고투고** submit@jpub.kr / **독자문의** help@jpub.kr / **교재문의** textbook@jpub.kr

편집부 김정준, 이민숙, 최병찬, 이주원 / **소통기획부** 송찬수, 박재인, 배인혜, 이상복, 송영화, 권유라
소통지원부 민지환 / **총무팀** 김정미
기획 및 교정·교열 강민철 / **내지 디자인** 강민철 / **표지 디자인** 이민숙
용지 타라유통 / **인쇄** 한길프린테크 / **제본** 일진제책사

ISBN 979-11-91600-90-2 (13000)
값 20,000원

※ 이 책은 저작권법에 따라 보호를 받는 저작물이므로 무단 전재와 무단 복제를 금지하며,
  이 책 내용의 전부 또는 일부를 이용하려면 반드시 저작권자와 제이펍의 서면동의를 받아야 합니다.
※ 잘못된 책은 구입하신 서점에서 바꾸어 드립니다.

제이펍은 독자 여러분의 아이디어와 원고 투고를 기다리고 있습니다. 책으로 펴내고자 하는 아이디어나 원고가 있는
분께서는 책의 간단한 개요와 차례, 구성과 저(역)자 약력 등을 메일(submit@jpub.kr)로 보내 주세요.

기초 탄탄
UX/UI 디자인을 위한
Adobe XD

김영일 지음

※ **드리는 말씀**

- 이 책에 기재된 내용을 기반으로 한 운용 결과에 대해 저자, 소프트웨어 개발자 및 제공자, 제이펍 출판사는 일체의 책임을 지지 않으므로 양해 바랍니다.
- 이 책에 기재한 회사명 및 제품명은 각 회사의 상표 및 등록명입니다.
- 이 책에서는 ™, ©, ® 등의 기호를 생략하고 있습니다.
- 이 책의 예제 파일은 학습용으로 제공하며, 이외의 용도로 사용 시 발생하는 문제에 대해 저자 및 제이펍 출판사는 일체의 책임을 지지 않습니다.
- 독자의 학습 시점이나 환경 설정, 사용하는 버전에 따라 책의 이미지와 차이가 있을 수 있지만, 학습하는 데 큰 어려움은 없습니다. 참고로, 이 책은 Windows에서 Adobe XD 2022 한국어 버전을 기준으로 설명합니다.
- 이 책에 나오는 예제 파일 및 정오표는 제이펍 도서 목록 페이지(https://bit.ly/book_jpub)에서 본 교재를 찾아 클릭하면 확인할 수 있습니다.
- 책의 내용과 관련된 문의사항은 지은이나 출판사로 연락해 주시기 바랍니다.
  - 지은이: kim9668@gmail.com
  - 출판사: help@jpub.kr

머리말

새로운 디바이스가 나타나고 디자인 트렌드가 바뀌는 시장에서 새로운 콘텐츠를 만들기 위해 늘 새롭게 작업해야 하는 고충을 저는 누구보다 잘 알고 있습니다. 이러한 변화에도 불구하고 쉽게 변하지 않는 부분이 있습니다.

보통 우리는 "기본기가 탄탄하다"라는 말을 하는데요. UX/UI 디자인 역시 탄탄한 기초 이론을 바탕으로 실습한다면 어떤 어려움이라도 극복할 수 있습니다. 물론 디자인 트렌드나 브랜드 변화를 열린 마음으로 탐색하고 디자인 감각을 키우는 노력까지 한다면 더할 나위 없겠지요.

IT 분야에서는 새로운 스마트폰의 출시뿐 아니라 다양한 웨어러블 디바이스가 나타나고, 이제는 메타버스라는 새로운 가상 공간이 대두되고 있습니다. 그러나 사용자를 중심으로 사고하는 UX 방법론과 그에 따른 UI 디자인을 구현할 수 있다면 어떠한 신기술에도 대응할 수 있습니다. 다시 말해, 그래픽 디자이너라면 사람들이 제품을 사용하는 행태를 이해하고 인터페이스를 만들 수 있어야 합니다.

현재 UX/UI 디자인에서 주로 고려하는 디바이스는 안드로이드와 iOS입니다. 서로 다른 기준에 맞춰 각각의 UI 가이드를 익히고 사용자 니즈에 맞춰 누구나 이해할 수 있는 화면을 구성해야 하며, 어떠한 디바이스에도 화면을 구현할 수 있는 반응형 웹이 필수입니다.

그런 점에서 Adobe XD는 한 번의 작업으로 다양한 화면 비율에 대응할 수 있어 매우 편리하며, 개발 과정 역시 효율성이 높습니다. 이 책에 담은 실무에 필요한 내용과 다양한 예제를 학습하면서 독자 여러분들이 더욱 능숙하게 Adobe XD를 다루기를 바랍니다.

김영일 드림

차례

머리말 ... 5
실습 예제 미리 보기 ... 8

CHAPTER 01 | 웹과 앱의 UX/UI 디자인 기본기

LESSON 01 | 기획과 개발을 고려한 UX/UI 디자인 ... 12
UX 디자인의 필수 요소 ... 12
바람직한 UI 디자인 ... 15

LESSON 02 | 웹 환경 이해하기 ... 16
웹 환경과 이미지 ... 16
웹 디자인과 앱 디자인은 다르다 ... 20
HTML/CSS/JavaScript와 디자인의 관계 ... 23
프로토타입과 Adobe XD ... 24

LESSON 03 | HTML+CSS를 고려한 UX/UI 디자인 ... 25
웹 디자인의 기본 요소 ... 25
시스템 기반의 디자인 요소 ... 26
웹과 상호작용하는 UX/UI ... 30

LESSON 04 | iOS와 안드로이드 환경 이해하기 ... 32
애플의 플랫 디자인 ... 33
구글의 머티리얼 디자인 ... 38
안드로이드와 iOS 인터페이스의 차이 ... 39

CHAPTER 02 | Adobe XD를 활용한 UI 디자인 실습

LESSON 01 | Adobe XD 기능 활용하기 ... 44
기본 툴 개념과 이해 ... 44
패스와 도형 그리기 ... 54
오브젝트와 레이어 활용하기 ... 62
이미지 편집하고 텍스트 입력하기 ... 70
구성 요소와 에셋, 오브젝트와 반복 그리드 ... 79
반응형 웹에 적합한 화면 구성하기 ... 87
그리드 ... 98

LESSON 02 | Adobe XD 프로토타입 ... 101
디자인에 움직이는 애니메이션 적용하기 ... 101
다이얼 및 마우스 오버 상태 추가하기 ... 107

LESSON 03	디바이스 출력 및 공유하기	118
	시스템별 디바이스 환경	118
	협업을 위한 공유 파일 관리	121
	작업 효율을 높이는 플러그인	122

CHAPTER 03 | 실무 웹/앱 UI 디자인 분석과 실습

LESSON 01	To-Do 앱 UI 디자인	128
	UI 디자인 실습	131
	프로토타입	141

LESSON 02	SNS 앱 UI 디자인	146
	SNS 바이럴 서비스 디자인 UX 분석	146
	UI 디자인 실습	147
	프로토타입	158

LESSON 03	반응형 웹/앱 UI 디자인	164
	데스크탑 버전과 모바일 버전 최적화	165
	HTML과 CSS 적용하기	165
	UI 디자인 실습	166
	프로토타입	175

LESSON 04	쇼핑 커머스 앱 UI 디자인	177
	쇼핑 앱 UX 분석	177
	UI 디자인 실습	180
	프로토타입	188

LESSON 05	영화 감상 앱 UI 디자인	194
	영상 스트리밍 앱 UX 분석	194
	UI 디자인 실습	195
	프로토타입	202

LESSON 06	식품 정보 앱 UI 디자인	204
	UI 디자인 실습	204

LESSON 07	인테리어 가구 앱 UI 디자인	217
	UI 디자인 실습	217

찾아보기	231

실습 예제 미리 보기

▲ To-Do 앱 (128쪽)

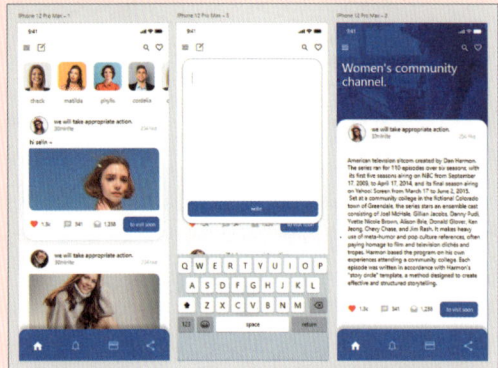

▲ SNS 앱 (146쪽)

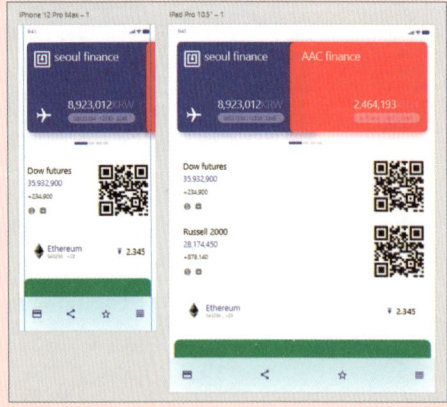

▲ 반응형 웹 / 앱 (164쪽)

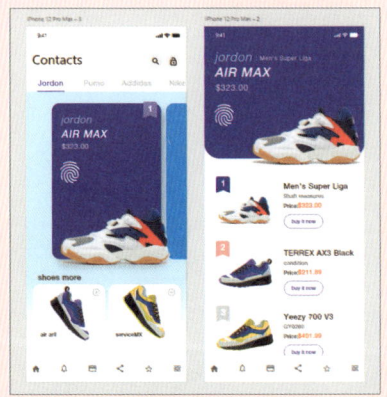

▲ 쇼핑 커머스 앱 (177쪽)

▲ 영화 감상 앱 (194쪽)

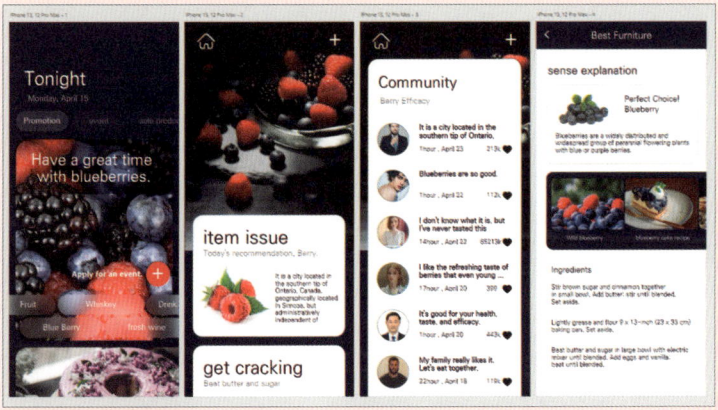

▲ 식품 정보 앱 (204쪽)

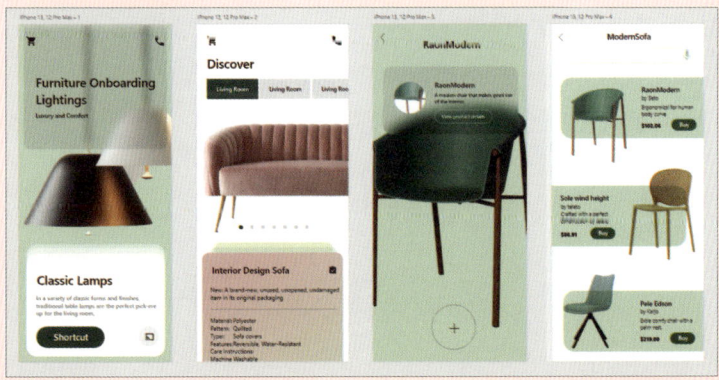

▲ 인테리어 가구 앱 (217쪽)

실습 예제 미리 보기 **9**

- LESSON 01   기획과 개발을 고려한 UX/UI 디자인
- LESSON 02   웹 환경 이해하기
- LESSON 03   HTML+CSS를 고려한 UX/UI 디자인
- LESSON 04   iOS와 안드로이드 환경 이해하기

CHAPTER 01

웹과 앱의
UX/UI 디자인 기본기

LESSON 01 | 기획과 개발을 고려한 UX/UI 디자인

UX 디자인의 필수 요소

UX 디자인이란 User eXperience Design, 즉 **사용자 경험 디자인**을 말합니다. 좀 더 구체적으로 말하자면, 사용자는 어떤 목적을 가지고 원하는 바를 이루기 위해 제품 또는 서비스를 접할 때 느낌, 태도, 행동 등으로 반응하는데, UX 디자인은 사용 목적과 의도를 고려해 사용자의 경험을 개선할 수 있습니다.

시각적 어포던스

다음 그림에서 보는 것처럼 공원에 깔끔한 포장도로가 있더라도 실제 사용자는 자신의 목적지와 가까운 풀길로 지나가곤 합니다. 이처럼 실제 사용되는 도구나 서비스도 디자이너의 의도와 다르게 사용될 수 있습니다.

우리는 제품을 사용할 때 주어진 조건 형태를 고려하여 올바른 사용 방식인지 판단한 후 사용합니다. 케첩 통을 예시로 들어 보겠습니다. 보통 케첩은 80% 정도 쓰면 나머지는 잘 나오지 않습니다. 그래서 통을 흔들거나 심지어 패키지를 파손해서 사용하는데요. 이를 해결하기 위해 제품의 라벨 디자인을 거꾸로 붙여서, 사용자가 케첩 통을 거꾸로 둘 수 있게 할 수 있습니다. 이처럼 사용자 행동을 특정한 방향으로 유도하여 사용자가 불편한 부분을 고쳐 나가게 되는 것을 **시각적 어포던스**(visual affordance)라고 합니다. UI에서 버튼이나 메뉴를 디자인할 때도 시각적인 UI 표현이 의도에 맞게 클릭이나 드래그 등의 행동을 유도해야 합니다.

사용자 멘탈 모델

사용자 멘탈 모델(User Mental Model)은 사람들이 자기 자신, 다른 사람, 환경, 상호작용하는 사물들에 대해 갖는 생각의 모형입니다. 이런 멘탈 모델은 주로 장치의 작용과 가시적 구조를 지각하고 해석함으로써 형성됩니다. 즉, 제품, 서비스에서 사용하는 상호작용에서 어떤 행동이 서로에게 영향을 주는지 생각하는 것입니다. 쉽게 말해 자전거를 탈 줄 안다고 한다면 오토바이도 탈 줄 안다고 기대하게 되는데, 이처럼 행동을 하기 전에 생각했던 것을 경험과 유추를 통해 제품을 접하게 됩니다.

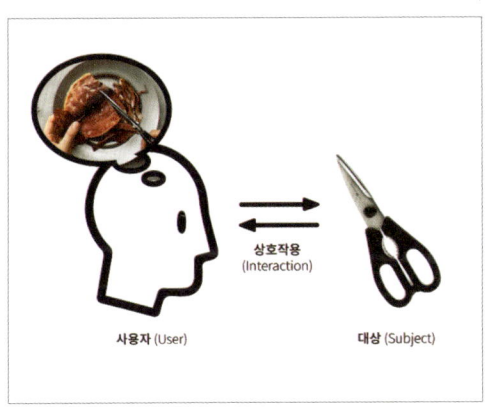

사용자는 가위라는 대상을 보고 머릿속에서 무엇을 자를 때 사용하는 도구라는 생각을 떠올립니다. 이처럼 사용자는 대상에 처음 접하거나 유사한 것을 볼 때 기존의 것과 비교하면서 특정한 사용법을 사전에 인식합니다.

사용자 페르소나 분석

페르소나(persona)는 타깃 집단이라는 애매한 덩어리 대신 구체적인 타깃 인물을 설정하는 UX 방법론입니다. 사용자 페르소나 분석으로 우리 제품 또는 서비스는 이런 사람이 대상이 될 것이라는 구체적 모델을 만들고 그에 따른 문제점이 무엇인지 사용자의 욕구와 니즈를 이해할 수 있습니다. 페르소나를 작성하려면 캐릭터의 배경 정보는 구체적으로 작성하되 실제 인물을 모델로 세심하게 표현해야 합니다. 나이, 성별, 직업 같은 실제 삶을 사는 사람들의 모든 특성을 고려해서 작성합니다. 또한 사용자의 나이, 사는 곳 등 자세한 신상 정보를 설정해 흔히 접할 수 있는 평범한 사람을 기준으로 잡습니다. 예를 들어, 연령대를 19~49세로 광범위하게 잡기보다는 55세로 특정하는 식입니다.

페르소나의 신상과 생활양식을 구체적으로 표현해 보면 생각하지 못한 고려 대상을 발견할 수 있습니다. 그리고 실제 페르소나는 존재하지 않지만 실제로 존재하는 사람처럼 만들어 주기 위해 특정 인물 사진을 찾아서 넣어줍니다. 이때 연애인 등 우리가 잘 아는 인물 사진은 배제합니다. 왜냐하면 선입견을 갖게 되고 잘못된 콘셉트로 목표하고자 하는 대상과 혼동될 수 있기 때문입니다.

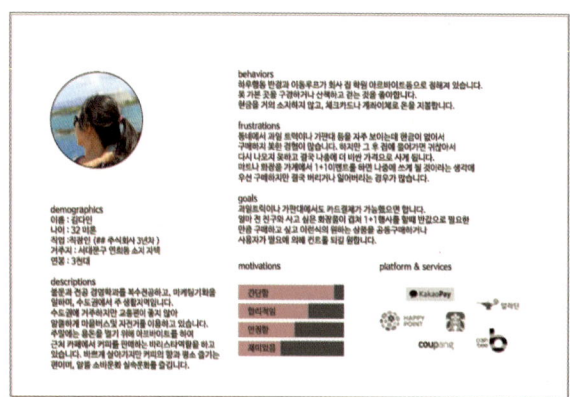

▲ 페르소나 작성 예시

> **TIP 사용자 휴리스틱 가이드**
>
> 사용자 휴리스틱(usability heuristics)이란 이미 전문가가 사용 평가 리스트를 작성하고, 그에 맞게 잘 대응되어 UX 방법론을 구체화하는 데 있어 비교 대상의 가이드가 됩니다. 가장 대표적인 가이드는 제이콥 닐슨의 10가지 휴리스틱 가이드입니다.
> ① 사용자에게 현재 상태를 시각화해서 보여 준다.
> ② 현실 세계와 부합하도록 시스템을 설계한다.
> ③ 사용자에게 적절한 통제권을 부여한다.
> ④ 일관성과 표준성을 높인다.
> ⑤ 사용자의 실수를 미연에 방지하도록 설계한다.
> ⑥ 적은 인지적 노력으로 시스템 사용을 가능하게 한다.
> ⑦ 시스템을 유연하게 사용할 수 있도록 한다.
> ⑧ 심미적이고 미니멀한 디자인을 제공한다.
> ⑨ 사용자가 스스로 오류를 인식하고, 수정할 수 있도록 설계한다.
> ⑩ 충분한 도움말을 제공한다.

바람직한 UI 디자인

UI(User Interface)란 사물이나 사람에 의해 시스템적 기계, 컴퓨터 프로그램 등으로 쌍방향 커뮤니케이션을 하기 위한 매개체를 말합니다. 즉, 물리적 접촉을 할 수 있는 접점이라고 할 수 있습니다. 사용자는 입력하고 시스템은 출력해서 결과를 표시하고 문제가 있거나 편집할 수 있는 제어를 수행합니다.

사용자를 위한 좋은 UI는 우선 일관성을 갖추어야 합니다. 예를 들어 명칭은 왼쪽, 기능은 오른쪽에 구분하여 사용자가 헷갈리지 않고 화면을 제어할 수 있게 디자인해야 합니다. 사용을 위한 메타포의 일관성 또한 중요한 요소입니다. 명확한 정보의 명료성과 간결성은 복잡한 정보 구조를 간략하게 정리해서 필요한 요소만 디자인에 인터페이스에 넣는 것을 말합니다.

또한 사용자 누구나 접근가능한 접근성과 포용성도 빼놓을 수 없습니다. 성별이나 나라에 구애받지 않고 누구든지 쉽게 이해할 수 있는 접근성을 갖추어야 합니다.

LESSON 02 | 웹 환경 이해하기

웹 환경과 이미지

일반적으로 웹(web)이란 모든 온라인 네트워크로 구성된 가상의 인터넷 환경을 통틀어 말합니다. 인터넷은 클라이언트(HTML/CSS/Javascript로 구성된 문서)에서 인터넷망을 매개로 서버 클라우드 컴퓨터로 상호작용하는 통신을 수행합니다. 우리는 웹사이트를 인터넷 익스플로러, 오페라, 크롬, 사파리 등의 웹 브라우저를 통해 접속합니다.

- **클라이언트:** 다른 컴퓨터 시스템상의 원격 서비스에 접속하는 응용 프로그램이나 서비스입니다.
- **브라우저:** 인터넷 익스플로러, 구글 크롬 등 웹 정보를 화면에 표시하는 소프트웨어입니다.
- **서버:** 네트워크를 통해 정보나 서비스를 제공하는 프로그램이나 장치입니다.

사용자가 즉각 반응할 수 있는 효과적인 웹 문서를 만들려면 고품질 이미지를 저용량으로 제공해 네트워크상에서 빠르게 전송되며, 웹 구성의 기본 뼈대가 되는 HTML 구조와 CSS 코드가 군더더기 없이 간결하게 작성되어야 합니다. 이처럼 웹 환경에서는 빠른 정보를 처리하고 보여 주는 것이 중요합니다. 이를 위해 HTML 환경에서 웹페이지가 어떻게 구성되며 이미지가 어떻게 처리되는지 잘 알아야 최적화된 UI 디자인을 만들 수 있습니다.

우리는 웹 데스크탑 또는 모바일 환경에서 수없이 많은 이미지를 사용하고 있습니다. 웹에서 이미지 콘텐츠를 업로드하고, 불필요한 이미지 해상도를 최적으로 맞추어 화면상에 표현합니다. 웹에

올릴 이미지는 포토샵에서 고정적인 해상도 값에 맞춰야 합니다. 이미지는 모니터 표면에 뿌려지는 작은 입자인 픽셀(pixel, px)이라는 최소 단위로 이루어집니다. 화면이라는 물리적 공간 안에 있는 픽셀의 개수를 '밀도'라고 하며, 화면 안에 픽셀이 많아 밀도가 높을수록 이미지가 정밀하게 나타나며, 해상도가 높게 됩니다. 포토샵에서는 웹용 이미지의 기본 해상도가 72 ppi 기준으로 정해져 있습니다.

> **TIP** ppi(pixel per inch)란 모니터 화면의 인치당 표시되는 픽셀 수를 말합니다.

안드로이드 디스플레이의 해상도는 픽셀의 밀도 단위인 dp(device-independent pixel)를 사용해서 해상도를 측정합니다. 픽셀 크기는 픽셀 밀도가 높을수록 작아집니다. 픽셀의 개수(밀도)를 다르게 함으로써 동일한 UI 요소가 저밀도 화면에서 크게 보이고, 고밀도 화면에서 작게 보이는 현상을 해결할 수 있습니다. 160 dpi(mdpi)가 기준이며, xhdpi(2배), xxhdpi(3배), xxxhdpi(4배)까지 해상도의 차이가 있습니다.

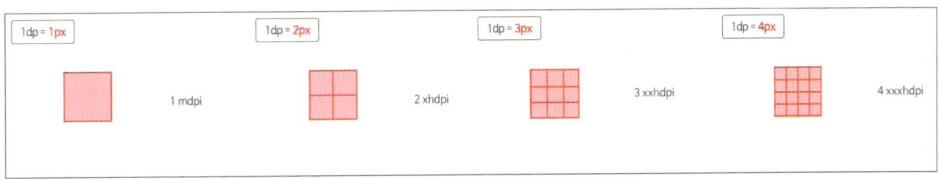

▲ 저밀도 화면과 고밀도 화면의 차이

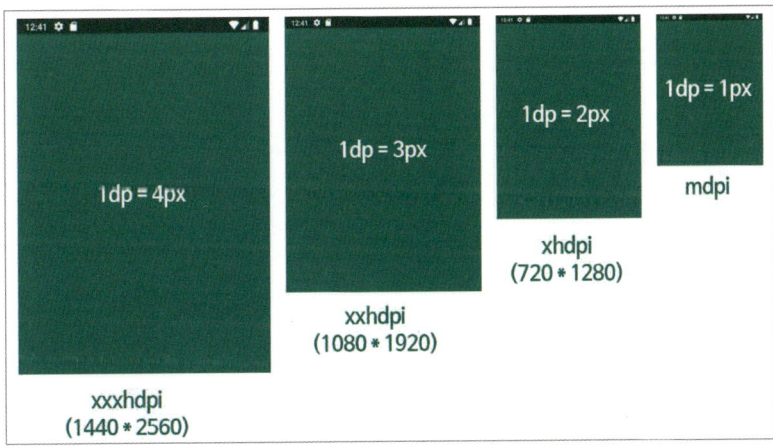

▲ 안드로이드 해상도

반면 iOS 디스플레이에서는 포인트(point, pt) 단위로 해상도를 나타냅니다. 레티나 디스플레이(@1x)를 기준으로 픽셀의 크기를 2배(@2x), 3배(@3x) 늘려서 해상도를 높입니다.

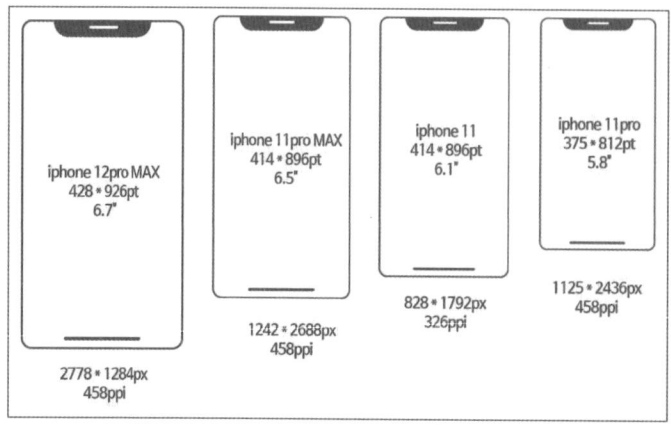

▲ 아이폰 해상도

웹에서 사용되는 이미지는 포맷은 비트맵 방식과 벡터 방식이 있습니다. **비트맵**(bitmap) 방식은 컴퓨터 분야에서 디지털 이미지를 저장하는 데 사용하는 이미지 파일 포맷 방식으로, 일반적으로 래스터 그래픽스(raster graphics, 점 방식)라고도 합니다. 화면상의 각 점(픽셀)을 좌표계를 사용하는 화소 단위로 표현됩니다. 그림을 확대하면 경계선 부분이 깨져 보이는 계단 현상을 하고 있고 고해상도로 갈수록 부드럽고 선명하게 처리됩니다. 포토샵에서 저장하는 방식은 비트맵 방식이며 최소 단위는 픽셀 단위입니다.

벡터(vector) 방식은 컴퓨터 그래픽에서 수학 방정식을 기반으로 점, 선(직선, 곡선), 면(다각형) 같은 물체를 나타내는 것을 말하며 객체지향 그래픽스라고도 합니다. 우리가 배우는 Adobe XD에서도 벡터 방식으로 이미지가 구성됩니다. 따라서 확대될 때 비트맵 방식은 픽셀 단위로 깨지지만 벡터 방식은 선명하게 나타납니다. 따라서 스마트폰, 데스크탑 등 다양한 기기가 있고, 1개의 서비스 웹 앱을 제작할 때 여러 기기 장치에서 표현되어야 하므로 벡터 방식으로 작업하면 다양한 화면 최적화를 한 번에 최적화된 상태로 만들 수 있습니다.

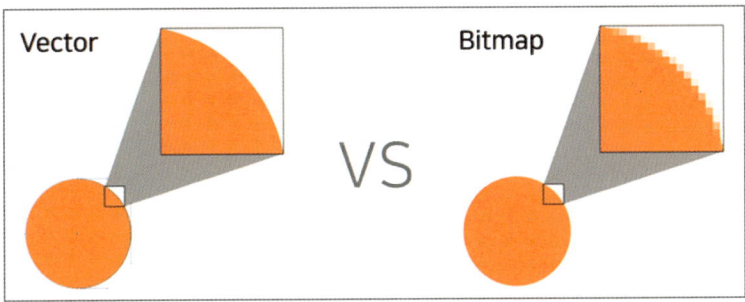

▲ 벡터와 비트맵

- **JPG**: 비트맵 방식의 픽셀 단위로 사진처럼 색상이 많은 이미지에 적합하며 정지 화상을 위해서 만들어진 손실 압축 방법 표준입니다. jpg, jpeg, jpe 등의 확장자를 사용할 수 있습니다.
- **GIF**: 비트맵 방식의 픽셀 단위로 색상을 최소한으로 사용할 때 최적의 확장자 파일입니다. 그래서 최대 256개 색상을 비손실 압축으로 사용합니다. GIF 이미지는 애니메이션 표현도 가능하며, 웹상에서 단순한 애니메이션을 표현하거나 배너 및 아이콘에도 사용됩니다.
- **PNG**: Portable Network Graphics의 약자로, 비손실 그래픽 파일 포맷을 말합니다. GIF 포맷 문제를 해결하기 위해 고안된 파일명입니다. 인쇄용 색상 모드인 CMYK를 지원하지 않아 웹 전용 포맷 방식으로 사용되며, 투명한 배경을 지원하기 때문에 웹 또는 모바일에 많이 쓰입니다. 압축률이 높아 앱을 만들 때 가장 많이 사용하는 포맷 방식입니다.
- **SVG**: Scalable Vector Graphics의 약자로, 확장 가능한 벡터 그래픽을 말합니다. 2차원 벡터 그래픽을 표현하기 위한 XML 기반의 파일 형식이며, 웹상에서 그래픽 해상도가 높으면서도 용량을 최적화할 수 있는 확장자입니다.

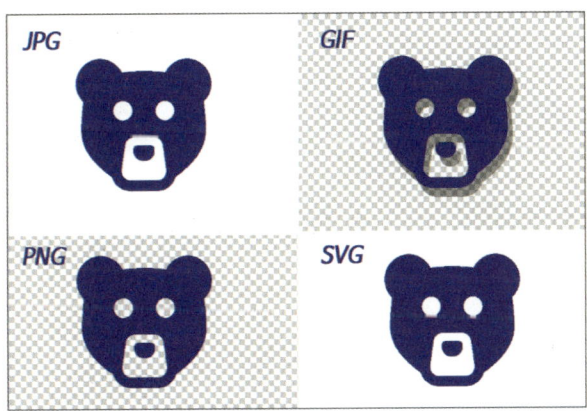

웹 디자인과 앱 디자인은 다르다

사전적 의미로 **웹 디자인**(web design)은 웹상에서 표현된 디자인을 말합니다. 흔히 데스크탑에서 사용하는 인터페이스 디자인을 의미합니다. 따라서 웹 디자인은 데스크탑 컴퓨터 화면에서 보이는 디자인을 말합니다. 반면 **앱 디자인**(app design)은 앱, 즉 애플리케이션(application)에서 표현되는 디자인입니다. 애플리케이션은 모바일 앱처럼 특정 작업이나 어떤 목적을 수행하기 위해 프로그래밍된 응용 프로그램을 말합니다.

웹 디자인과 앱 디자인의 차이점 그리고 비교되는 특성을 잘 이해하면 디자인하는 데 도움이 됩니다. 첫째, 데스크탑 웹과 모바일 앱은 인터페이스 크기와 해상도가 다릅니다. 모바일 해상도는 360×640px을 기준으로 안드로이드, 아이폰 등의 주요 기기의 화면 크기에 맞춥니다. 이때 최소 크기에서 최대 크기를 기준으로 가변적으로 변화하는 반응형 웹사이트를 고려해야 합니다.

반응형 웹 디자인(responsive web design)은 모든 디지털 기기 등에 접속하는 디스플레이의 해상도가 화면 크기에 따라 자동으로 변화하도록 유도하는 웹사이트 기법을 말합니다. 반응형 웹 디자인에서는 고정된 값이 아니라 화면 크기에 따라 가변적으로 비율이 바뀌는 **가변 그리드**(fluid grid)가 적용됩니다. 이미지의 크기 역시 유연하게 커지거나 줄어들며, HTML 및 CSS 코딩 시 다양한 기기 화면에서 동시다발적으로 최적화된 상태로 변화되는 디스플레이 스타일시트인 미디어 쿼리(media query)가 이용됩니다.

▲ 반응형 웹 디자인의 예

둘째, 모바일 기기는 작은 크기로 휴대하기 편해 언제나 손 또는 주머니에 즉각 사용할 수 있는 환경이며 개인 정보 및 개인화 콘텐츠에 강합니다. 그에 반해 데스크탑 컴퓨터는 들고 다니기 어렵고 개인 컴퓨터와 공용 컴퓨터로 사용성이 제한됩니다. 또한 데스크탑 컴퓨터는 주로 마우스로 제어하는 반면 모바일은 손가락 터치로 제어합니다. 터치 기능에 의존하는 모바일 인터페이스가 활성화된 요즘에는 UI 디자인에서 손가락 터치 제스처의 움직임을 고려해야 합니다.

스마트폰 사용자는 한 손으로 사용하는 경우가 무려 49%이며, 한 손을 받친 상태에서 사용하는 경우는 26%라고 합니다. 그렇다면 모바일 전체 영역에서 가장 많이 사용하는 공간은 어떤지 다음과 같이 엄지손가락이 닿기 쉬운 아래 영역에 중요한 버튼 요소를 배치해야 할 것입니다.

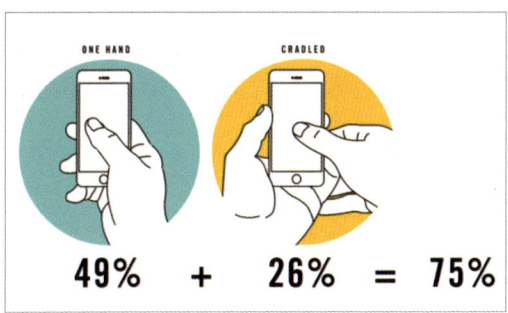

거리에 대한 UX와 관련하여 심리학자 폴 피츠가 제안한 '피츠의 법칙'에 따르면, 대상을 선택하기 위해 움직이는 거리가 줄면 대상을 선택하는 시간도 줄어듭니다. 그리고 대상이 커지면 대상을 선택하는 시간이 단축된다고 말하고 있습니다. 터치의 대상 개념은 3가지로 정리할 수 있습니다.

- 터치 대상의 크기는 사용자가 정확하게 선택할 수 있을 정도로 충분히 커야 한다.
- 터치 대상 사이에 충분한 거리를 확보해야 한다.
- 터치 대상은 인터페이스에서 쉽게 도달할 수 있는 영역에 배치해야 한다.

> **TIP 모바일 터치 대상의 최소 권장 크기**
> · Human Interface Guideline: 44×44pt
> · Material Design Guideline: 48×48dp
> · Web Contents Access Guideline: 44×44px
> · 닐슨 노먼 그룹: 1×1cm

데스크탑과 모바일의 UI에서 사용자의 행동 심리가 다르고 작은 공간에서 이루어져야 할 제스처도 이해해야 합니다. 특히 손가락을 활용하는 모바일 인터페이스는 터치의 최소 크기와 터치 대상 간의 유의점을 잘 고려하여 사용자의 오류와 실수를 최소화해야 합니다.

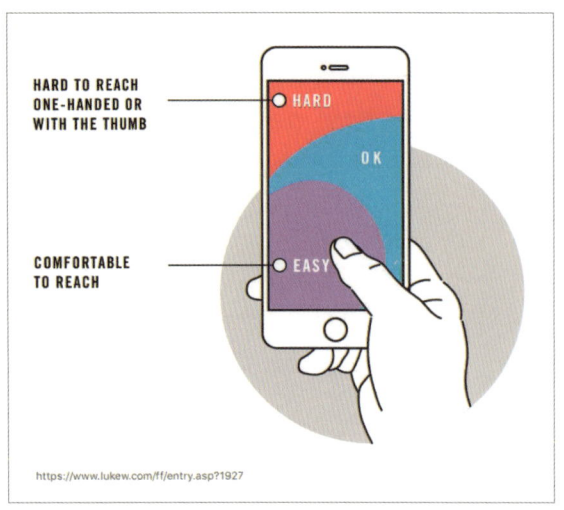 

▲ 한 손으로 사용자가 인터랙션 할 중요 제한 구역을 이해하고, UX / UI 디자인을 해야 합니다.

셋째, 시선의 흐름에 차이가 있습니다. 사용자의 시선이 화면에서 움직이는지는 아이 트래킹(eye tracking)으로 관찰할 수 있습니다. 데스크탑 컴퓨터에서는 시선이 F자 모양으로 움직입니다. 화면 구성 요소의 폭(width)이 길어서 시선이 가로로 움직였다 다음 줄로 이동하면서 지그재그 형태의 대각선 이동을 보입니다. 반면 모바일에서는 콘텐츠 영역이 세로로 구성되어 있어 시선 역시 대각선 흐름이 아닌 수직 일직선으로만 흐릅니다.

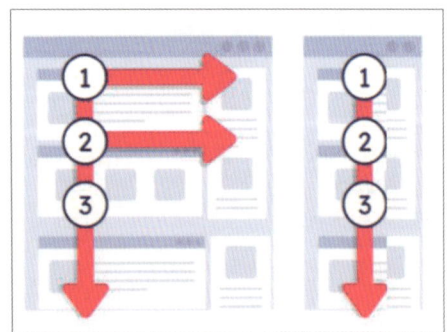 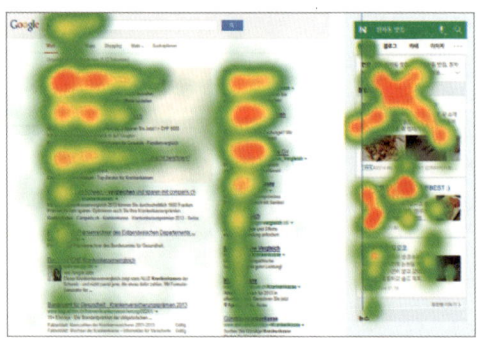

넷째, 데스크탑 대비 모바일 서비스 디자인의 시장 점유율이 높습니다. 2007년 1월 아이폰 1세대가 발표된 이후 7년이 지나 2014년에 이르면 모바일의 점유율이 데스크탑을 넘어서는 모바일 시대가 되었습니다. 이후 게임, 전자상거래(e-commerce), 포털 등 모든 서비스 디자인에서 모바일로 모든 영역을 다 사용할 수 있을 만큼 확장성이 커졌습니다.

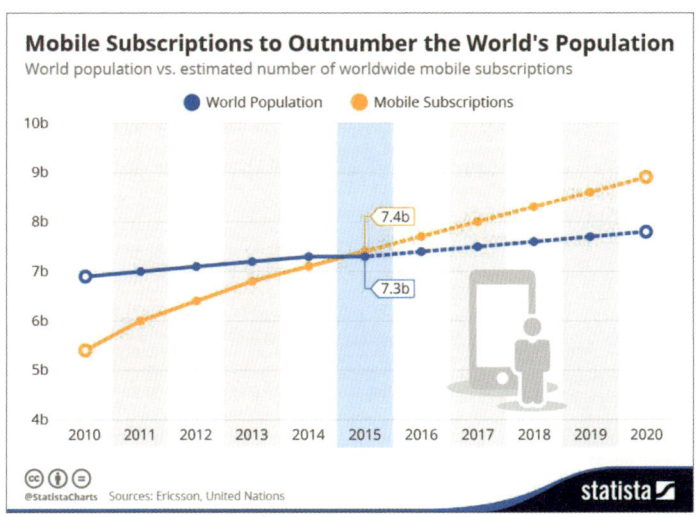

▲ 2015년 모바일 가입 건수를 보면 73억 5천만 명이 모바일로 디바이스로 변경하여 데스크탑보다 모바일이 대세가 되었습니다. 모바일은 개인화 개인 소지품으로서 휴대폰은 일반 데스크탑보다 접근성이 자유롭고 빠르며, 모든 서비스에 대처하기 때문입니다.

특히 온라인에서 오프라인으로 이어지는 O2O(online to offline) 서비스가 대중화되어 카카오 서비스, 당근마켓, 배달의민족, 스타벅스, 야놀자 등 앱을 이용해 온라인으로 구매하고 오프라인에서 제품을 받는 방식이 일상화되었습니다. 한편 금융(finance)과 기술(technology)을 접목한 핀테크(FinTech)를 이용한 카카오뱅크, 토스, 페이코 등 결제 서비스는 현금이나 신용카드를 대체하고 있습니다. 이제 AI, 사물인터넷처럼 데스크탑 컴퓨터에서 없었던 새로운 서비스가 대두되면서 개인화와 신기술에 맞는 서비스 UX/UI 디자인 역시 발전 가능성이 높아졌습니다.

HTML/CSS/JavaScript와 디자인의 관계

웹 환경은 하이퍼텍스트 마그업 언어(HTML)와 이를 꾸미는 요소인 스타일시트(CSS) 그리고 동작을 수행하는 명령인 JavaScript를 기본 뼈대로 구성되어 있으며, 이 세 요소가 유기적인 관계를 이룹니다. 다시 말해 HTML은 시스템 구조의 큰 틀을 만들고 디자인 요소의 역할인 CSS로 이를 꾸밉니다. 코드의 분량으로 치면 CSS는 HTML보다 3배 이상 많이 들어갈 수 있을 정도로 차이가 나는데, 그만큼 세밀한 꾸밈 요소가 많다는 뜻입니다.

HTML과 CSS를 구성하면 레이아웃을 형성하고 모양을 어느 정도 갖추긴 하지만 이 상태로는 아무런 생명력이 없고 멈춰진 형상만 남습니다. 여기서 웹/앱 디자인을 움직이게 할 수 있는 동작 및 인터랙션 명령어인 JavaScript를 통해 시스템을 원하는 대로 작동할 수 있습니다.

이렇듯 각 요소의 역할은 따로 있지만 세 요소가 조화롭게 구성될 때 비로소 완전체가 만들어집니다. 시스템과 디자인 관계에 관한 내용을 잘 이해해야 올바른 UX/UI 디자인을 만들 수 있습니다. 디자인 자체는 그림에 불과합니다. 디자인이 실제로 구현되도록 시스템 코드로 변환하는 것이 HTML와 CSS의 역할입니다. 따라서 예쁜 디자인이 아니라 웹 시스템의 원리에 따른 제약을 고려해서 UX/UI 디자인을 만들어야 합니다.

프로토타입과 Adobe XD

실무에서는 기획-디자인-개발이라는 세 단계에 걸쳐 웹/앱을 만듭니다. '디자인 콘셉트와 제품을 어떻게 무엇을 만들 것인가?'를 고민하고, 모형을 디자인하고 화면이 움직이게끔 프런트엔드 개발과 백엔드 개발을 하게 됩니다. 위의 세 단계에서 담당자가 생각한 아이디어를 공유해서 일치하는 의견을 모아 미리보기 식의 인터랙션으로 만든 것이 바로 **프로토타입**(prototype)입니다.

프로토타입이란 완전한 개발품이 되기까지 실제 제품과 흡사한 테스트 제품으로 문제와 작동 에러 등을 점검하고 모형으로 만들어 시제품화하는 일을 말하며, 디자이너가 자신의 창작물과 실제로 상호작용할 수 있는 첫 단계입니다.

Adobe XD를 사용하는 이유 중 하나는 이런 프로토타입에 있습니다. Adobe XD는 화면에서 UI 디자인을 제작하고 프로토타입을 설정하고 모션 및 사용자와 상호작용하는 인터랙션 설정을 통해 화면 흐름을 제어할 수 있습니다. 또한 JavaScript로 구현 가능한 버튼만 설정하여 쉽게 미리 볼 수 있는 동적 화면 제어가 가능합니다. 이를 구성원들과 공유로 통해 상호 커뮤니케이션을 할 수 있습니다.

LESSON 03 HTML+CSS를 고려한 UX/UI 디자인

웹 디자인의 기본 요소

웹 디자인을 설계할 때 모든 요소는 100% 화면 크기를 기준으로 고려해야 합니다. 특히 기본 요소는 포토샵 기준으로 해상도가 72 ppi가 된다는 점을 숙지해야 하며, 이미지 확장자도 그 특성에 맞게 선택해야 합니다. 가령 앞에서 설명된 JPG, GIF에서 사진처럼 색상이 많이 사용된 이미지라면 JPG를 사용해야 하고, 그렇지 않고 몇 가지 단색이 사용된 이미지라면 GIF로 사용하기를 권합니다. 모바일 인터페이스에서는 JPG보다 화질이 더 좋고 투명도 표현을 지원하는 PNG 파일로 저장할 때도 많습니다. 또한 웹상에서 그래픽 해상도가 높으면서도 용량이 최저인 SVG도 많이 사용합니다.

다음으로 웹에서 HTML, CSS로 코딩하는 색상은 빛의 3원색인 빨간색, 초록색, 파란색을 조합한 **RGB 색상 모드**를 기준으로 봅니다. 전자 기기의 디지털 디스플레이는 빛을 투과하여 화면 인터페이스를 나타내기 때문입니다. 웹에서는 각각의 색상을 지정하기 위해 RGB 색상을 바탕으로 16진수로 코드를 표기하는 **HEX 표기법**을 사용합니다. HEX 표기법은 0~255까지 총 256색을 표현할 수 있습니다.

HTML, CSS에서 사용되는 폰트의 크기는 em, rem, px 단위로 나타냅니다. em은 미리 지정된 부모의 폰트 크기를 기준으로 해서 백분율로 폰트 크기를 나타냅니다. 가령 기준 폰트 크기가 16px일 때 1em은 16px과 동일합니다. 보통 웹 브라우저 기반의 웹 앱 등에서는 기본값(디폴트)을 사용하는데 이때 점유율이 가장 많은 구글 크롬 브라우저 기반을 기준으로 설정 탭으로 가서 글꼴 크기의 기본값을 보면 16px 기준이 잡혀 있습니다. 이때 16이라는 숫자는 중요한 단위가 됩니다. HTML, CSS에서는 여백 공간(margin, padding)도 1em을 기준으로 사용하며 레이아웃을 잡을 때도 1em 단위를 기본적으로 잡을 수 있기 때문입니다.

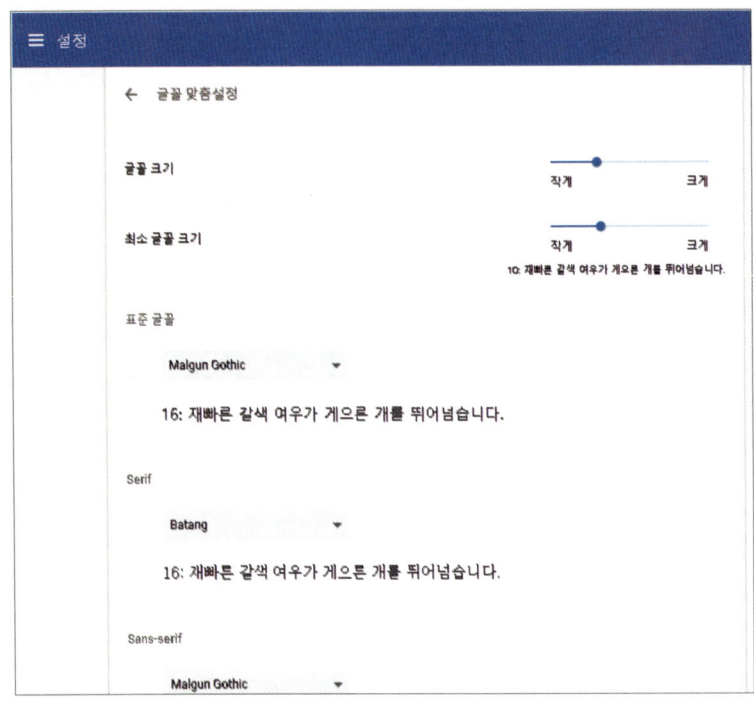

▲ 크롬 브라우저의 글꼴 맞춤설정 화면. 16px을 기준으로 크기를 표시합니다.

시스템 기반의 디자인 요소

시스템 기반 UI 템플릿은 기본 윈도우에서 사용되는 인터페이스의 사전 지식을 기준으로 이해하면 더욱 좋습니다.

버튼 스타일 시트

버튼 스타일 시트(button style sheet)는 사용자가 인터랙션을 수행할 수 있도록 연결된 매개 요소입니다. 버튼의 구성은 다음과 같습니다.

① **버튼 레이블**: 버튼을 누를 때 실행되는 이름입니다. 텍스트 레이블은 버튼으로 동작하는 정보를 명확하게 전달하는 시각적 인지 요소입니다.

② **컨테이너:** 레이블을 감싸는 물리적 버튼에서 터치할 수 있는 영역(hit area)입니다. 마우스 커서로 클릭할 수 있거나(clickable) 손가락으로 터치할 수 있을 정도의 크기를 지정해 줘야 합니다.

③ **아이콘:** 버튼 정보의 상징적 의미를 그림으로 표현한 요소입니다. 웹 시스템에서 미리 구축된 데이터 값을 뜻하는 메타 데이터로서 명확한 그림이 명시되어야 합니다.

④ **섀도우:** 버튼의 두께감을 그림자 모양으로 표현한 요소입니다. 클릭할 대상이라는 점을 좀 더 실감나게 나타냅니다.

⑤ **라운딩:** 버튼의 모서리가 직각이라면 그래픽에 의해 딱딱한 느낌을 받을 수 있습니다. 그러나 모서리 값이 들어가서 부드러운 느낌을 나타낼 수 있습니다.

⑥ **아웃라인:** 버튼은 주위 상황 또는 전체 콘셉트에 맞게 디자인되어야 합니다. 따라서 버튼 컬러가 채워져야 하는 상황도 있으나 때에 따라 외곽선만으로 버튼 영역을 구분 지을 수 있습니다. 배경색이 채워진 버튼과 외곽선으로 나타낸 버튼이 나란히 있을 경우 배경색 버튼이 더욱 눈에 띄며 중요한 버튼이라고 인식됩니다.

한편 삭제하고자 하는 메시지가 더 잘 보이도록 삭제 텍스트에 빨간색으로 표시해 차별성을 주며 유저에게 직관적인 정보를 나타내어 줍니다. 기본 버튼은 한 화면에 1개만 나타내는 것이 사용자의 혼란을 피할 수 있습니다. 버튼 스타일을 차별화하여 중요도를 기준으로 외곽선 버튼이나 바탕색 채도를 내려 중요한 버튼과 구분되어야 합니다.

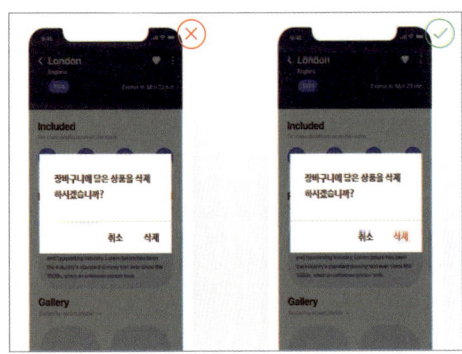

인풋 레이블

인풋 레이블(input label)은 사용자가 검색 필드에 작성하는 키워드를 유도하는 요소로 사용됩니다. 인풋 레이블은 사용자가 입력한 정보보다 더 크게 배치하거나 강조하지 않습니다.

체크박스, 라디오 버튼, 토글

체크박스(checkbox), 라디오 버튼(radio button), 토글(toggle)은 모두 여러 항목 중 특정한 항목을 선택하는 UI 요소입니다.

① **체크박스**: 하나 혹은 다수의 독립된 선택 옵션이 있으며, 몇 개든 복수 선택이 가능합니다.

② **라디오 버튼**: 버튼을 누르면 다른 버튼이 눌리기 전까지 상태가 유지됩니다. 여러 항목 중 버튼을 누르면 하나의 항목만 활성화됩니다. 기본 값이 미리 정해져 있습니다.

③ **토글**: 라디오 버튼과 유사하나 토글은 딱 2개 옵션만 있습니다. 좌우로 미는 On/Off 스위치처럼 하나만 선택할 수 있고 다른 옵션은 자동으로 비활성화됩니다.

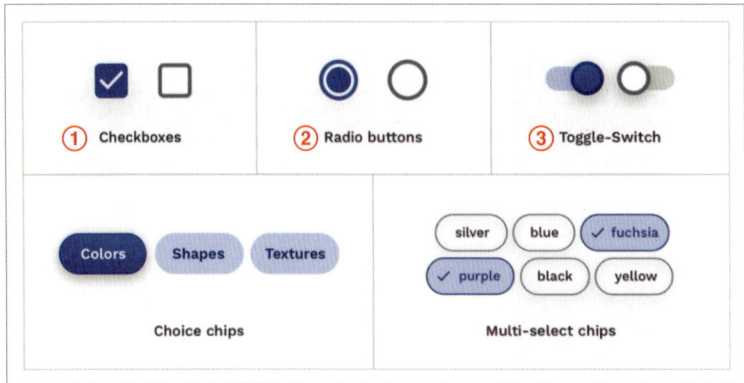

체크박스가 여러 개인 경우 일괄적으로 비교할 수 있는 형태로 정렬되어야 합니다. 특히 세로로 정렬할 경우 체크박스를 왼쪽 위치에 고정하는 것이 가장 좋습니다.

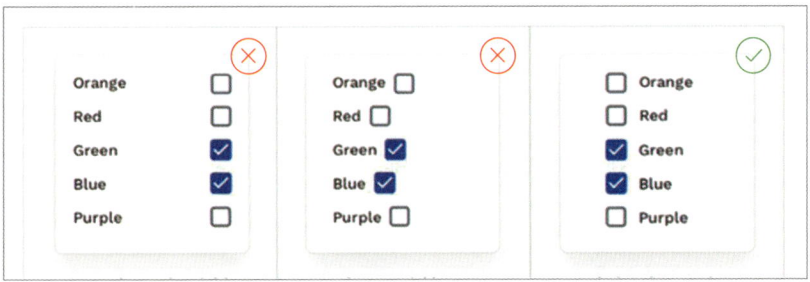

옵션 선택 시 하이라이트를 주어 사용자의 주의를 이끌어내야 합니다. 또한 선택할 옵션이 많다면 전체 항목을 선택할 수 있는 옵션도 만들어 주세요.

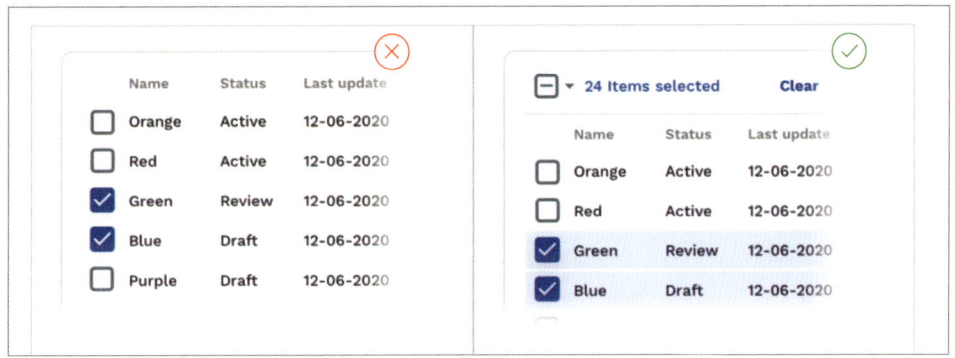

2가지 옵션을 선택하는 경우라면 드롭다운 메뉴보다 라디오 버튼으로 처리하는 것이 낫습니다.

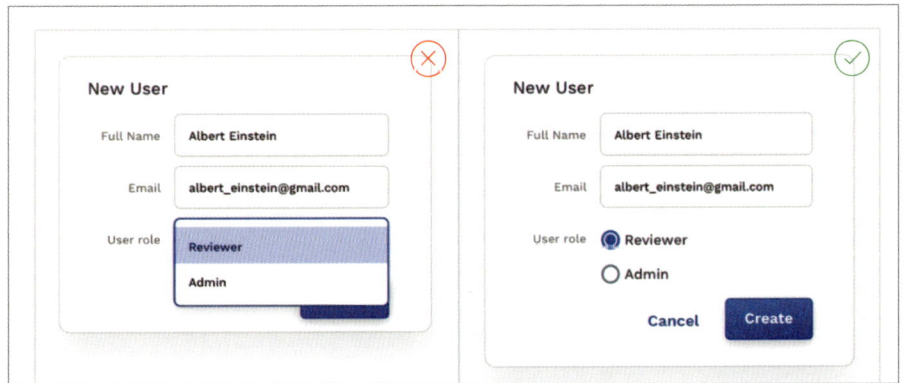

반대로 비슷한 옵션이거나 종류가 2개 이상 많다면 드롭다운이 바람직합니다.

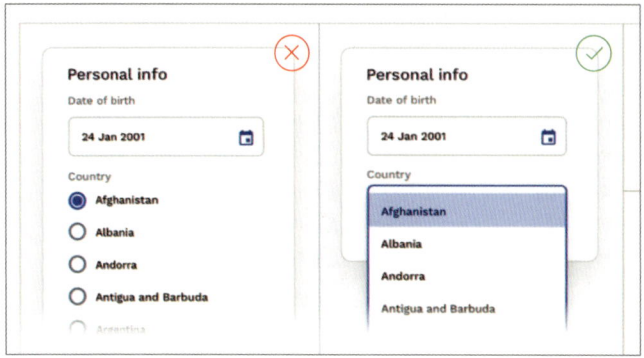

웹과 상호작용하는 UX/UI

웹과 상호작용하는 UX/UI 디자인은 어떤 디바이스에서도 호환되는 메타포(metaphor)와 기호 해석이 가능해야 합니다. '은유'를 뜻하는 메타포는 어떤 것을 표현하기 위해 그와 유사한 개념을 그 래픽으로 나타내는 것입니다. 아이콘이 대표적인 예입니다.

웹 또는 모바일 분야에서 UI 디자인은 경계 구분을 두지 않는 경우가 일반적입니다. 왜냐하면 사람들이 모바일과 데스크탑 2가지 인터페이스를 접하는 데 익숙해졌기 때문입니다. 따라서 메타 데이터(웹 시스템에서 미리 설정된 값)를 다루는 정보에서 서로가 상호작용(인터랙션 디자인)하고 완성된 UI 디자인을 공유하기 위해서는 인터랙션 시 몇 가지 주의 사항을 익히 알아야 합니다.

첫째, 가시성을 고려한 디자인 작업이 되어야 합니다. UI 요소 형태를 표현할 때는 중요한 콘텐츠 요소가 먼저 눈에 띄게 배치해야 합니다. 일관된 방식으로 UI 콘텐츠를 배치하면 사용자는 웹/앱을 탐색하면서 이후에 나올 콘텐츠의 배치도 미리 예상하여 헤매지 않게 됩니다.

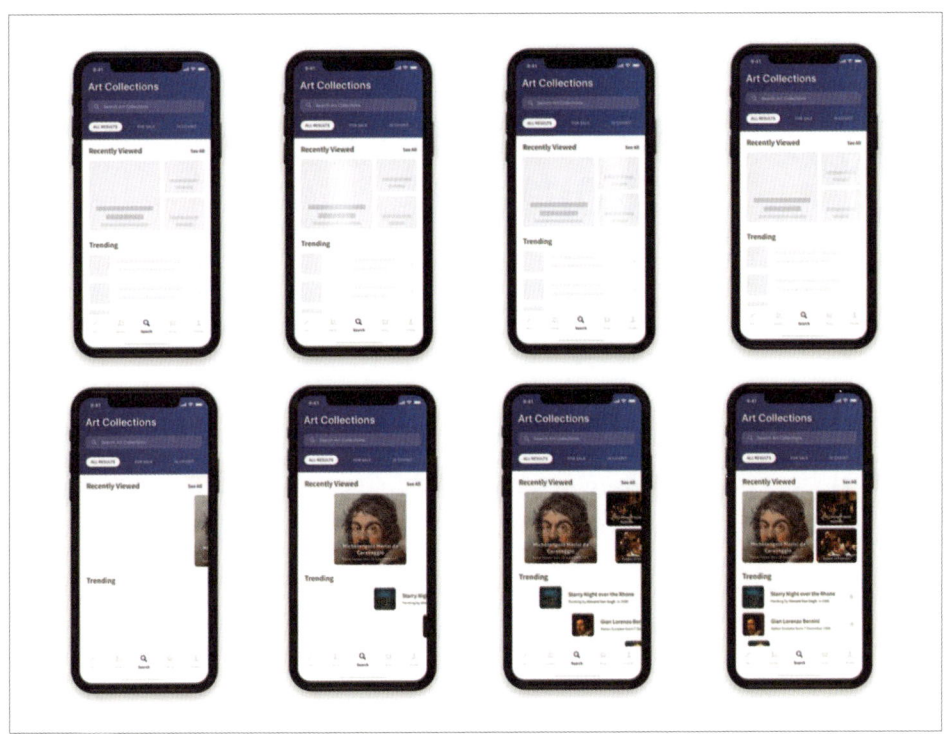

▲ 콘텐츠가 로딩 중이지만, 먼저 콘텐츠를 가시적으로 보여주고 있으므로 사용자는 앞으로 나올 화면을 예측할 수 있습니다.

둘째, 인터랙션 디자인에 있어서 무엇보다 피드백을 정확히 전달해야 합니다. 사용자는 어떤 제스처를 취하거나 행동을 할 때 그 이후의 변화를 기대하거나 또는 결과의 반응을 통해 확인 또는 문제 해결을 합니다.

즉, 디자이너가 원하는 팝업 애니메이션을 표현한다면 아직 완성된 디자인이 아니므로 미리 완성된 모습을 UI로 표현해야 하기에 같이 참여한 작업자가 이해하기 어렵습니다. 미리 짜여진 시스템을 공유하고 화면 진행에 대한 정보와 UI 구조를 이해해야 합니다.

LESSON 04 iOS와 안드로이드 환경 이해하기

WSG, 즉 **웹 스타일 가이드**(web style guide)는 웹사이트의 모든 페이지에 통일된 UI와 브랜딩을 나타내어 일관된 사용자 경험을 창출하고 UX 사용성을 높이기 위한 규칙입니다.

UI 디자이너뿐 아니라 프런트엔드 및 백엔드 개발자들 또한 스타일 가이드를 준수해 통일된 코드를 작성합니다. 그 이유는 UI 컴포넌트 코드처럼 중요한 정보와 데이터 파일을 빠르게 검색하고 쉽게 재사용할 수 있기 때문입니다. 또한 디바이스별 UI 컴포넌트를 통일성 있게 정리해 두어야 UX 디자이너가 브랜딩 스타일을 반응형 레이아웃으로 구성할 수 있습니다. 기업의 자산인 데이터 관리에도 용이할 뿐 아니라 퇴사자 및 신규 인력들이 채용될 때 인수인계에 활용할 수도 있습니다.

디자인 영역에서 웹 스타일 가이드는 세부적으로 같은 서체, 색상, 그래픽 에셋(asset), 아이콘을 웹사이트 전체에 일관성 있게 적용하여 사용자에게 브랜드를 각인하고 기업 정신과 기업 신뢰도를 높일 수 있습니다. 특히 통일된 색감이나 분위기를 나타내는 **톤 앤 매너**(tone and manner)를 준수하고 다양한 요소를 절제된 디자인으로 규정하는 것이 중요합니다. 디자인 작업을 할 때는 타이포그래피 및 서체, 색상 팔레트, 아이콘 메타포, 이미지, UI 컴포넌트, 브랜딩 톤(tone of brand), 코드 문서의 일관성 등의 요소를 체크해야 합니다.

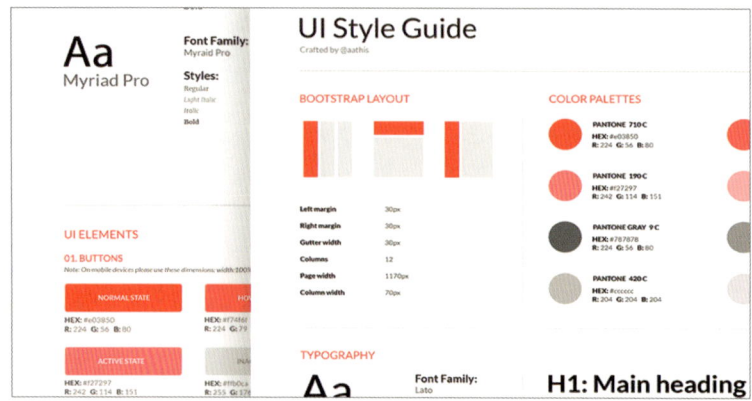

▲ UI 스타일 가이드. UI를 규정하고 브랜딩을 통일하기 위해 서체부터 컬러 버튼 아이콘 같은 메타 데이터들의 규정을 만들어 작업자들의 스타일을 규격화함으로써 누가 작업해도 통일성 있게 웹 / 앱을 디자인할 수 있습니다.

네이티브 앱을 디자인할 때는 프런트엔드 개발자 없이 바로 디자인에서 개발로 이어집니다. 이때 개발자가 UI 디자인을 Java나 Swift로 올려 구현하므로 디자인 스타일 가이드에서 필요한 모든 요소에 맞게 설계 가이드를 정확하게 전달해야 합니다.

이런 일은 반복 작업해야 하는 단순한 일이므로 다소 귀찮은 일입니다. 그러나 정확한 가이드가 없으면 개발자가 허술하게 작업하거나 서로의 분야에서 소통되지 않는 내용으로 의견 충돌이 생기기도 합니다. 또한 다른 사람이 업무를 이어받거나 새로운 프로젝트에 투입될 때도 매뉴얼이 필요합니다. 그래서 Adobe XD에서는 [공유] 탭에 정확한 히스토리 기능이 있어 누가 작업했는지 내역을 전부 기록합니다.

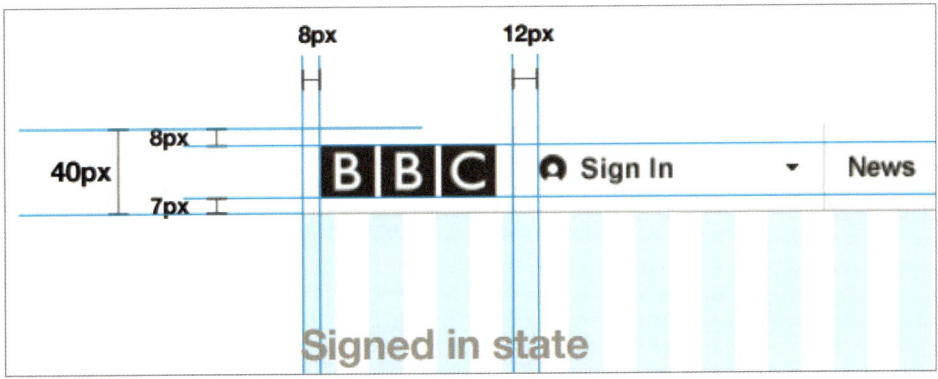

▲ 좌우 행간 여백 크기 모두 가이드화합니다.

애플의 플랫 디자인

2007년 아이폰 1세대가 등장했을 때 애플은 UI 디자인에 사실적 묘사가 두드러지는 **스큐어모피즘**(skeuomorphism)을 적용했습니다. 이는 세밀한 실사 그대로 표현하며 장식적 치장과 화려한 그래픽을 극사실적으로 표현하므로 디지털 기기에 익숙하지 않은 사용자들도 모바일 UI를 쉽게 이해할 수 있었습니다.

2012년 애플의 iOS 7에서 등장한 **플랫 디자인**(flat design)은 애플의 디자인 철학에서 새로운 변화를 추구하는 기회가 되었습니다. 플랫 디자인은 사실적이고 복잡한 그래픽 대신 단순한 색상과 2차원 형태로 구성한 깔끔하고 심플한 디자인을 말합니다.

▲ iOS 6의 스큐어모피즘과 iOS 7 및 iOS 13의 플랫 디자인 비교

한편 2020년 **뉴모피즘**(neumorphism)이 유행하기 시작했습니다. 뉴모피즘은 스큐어모피즘보다는 입체감이 덜하지만, 플랫 디자인보다는 빛의 3차원 효과를 강조합니다. 또한 2021년에는 유리를 통해 보여지는 **글래스모피즘**(glassmorphism) 인터페이스가 유행했습니다. 글래스모피즘이란 뒤 배경이 보이는 불투명한 슬라이드 형태의 인터페이스를 의미하며, 많은 모바일 및 컴퓨터 화면에서 활용되고 있습니다.

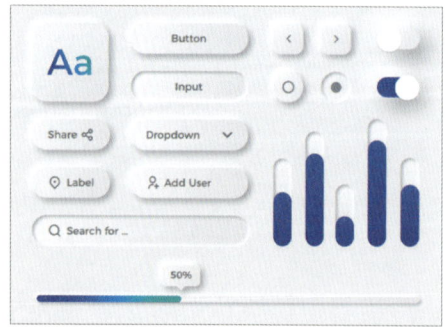

▲ 뉴모피즘

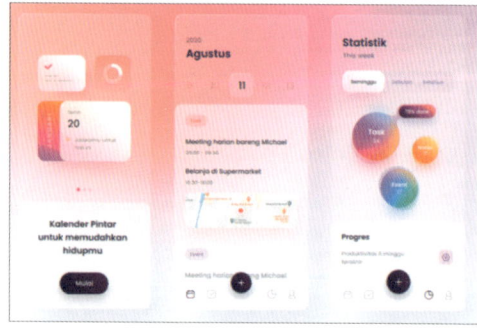

▲ 글래스모피즘

애플에서 강조하는 사용자 경험에 기반한 UI 디자인 개념은 다음과 같습니다. 먼저, 화면의 가로세로 길이에 콘텐츠 요소가 정확히 맞아야 합니다.

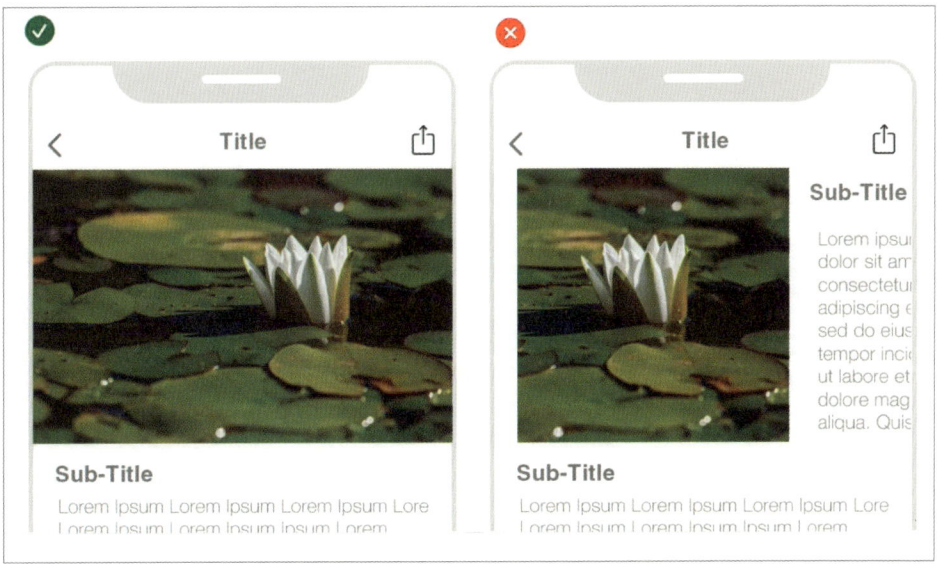

또한 모바일 특성에 맞게 이미 설계된 UI 컴포넌트를 사용할 것을 권하고 있습니다. 사용자가 불편함을 느끼지 않도록 경험 기반으로 만들어진 UI 가독성을 반영해야 합니다.

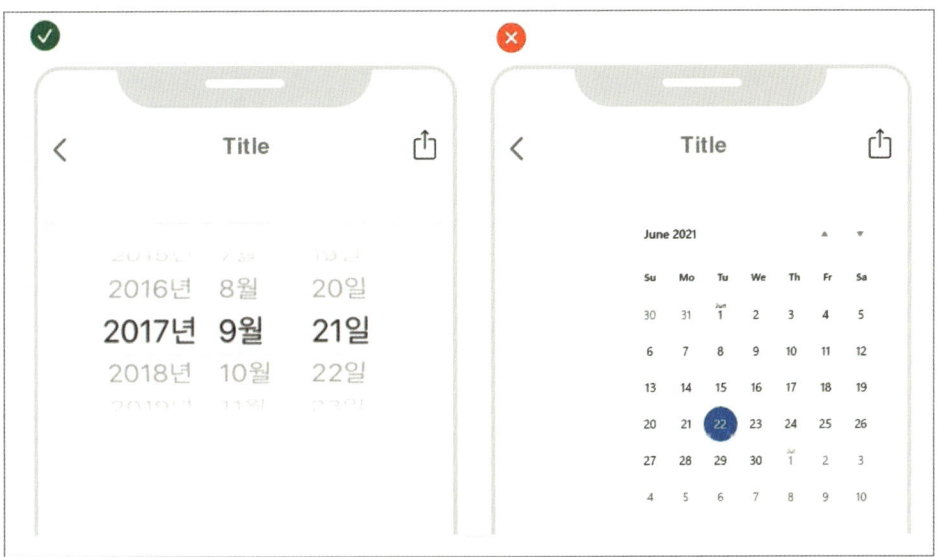

특히 터치 영역의 최소 규격을 엄격하게 적용합니다. 애플 디자인 가이드에서는 최소 크기가 손가락 크기에 맞춰 44×44pt로 규정되어 있으며, 그보다 작은 크기의 영역은 터치하기 어렵습니다.

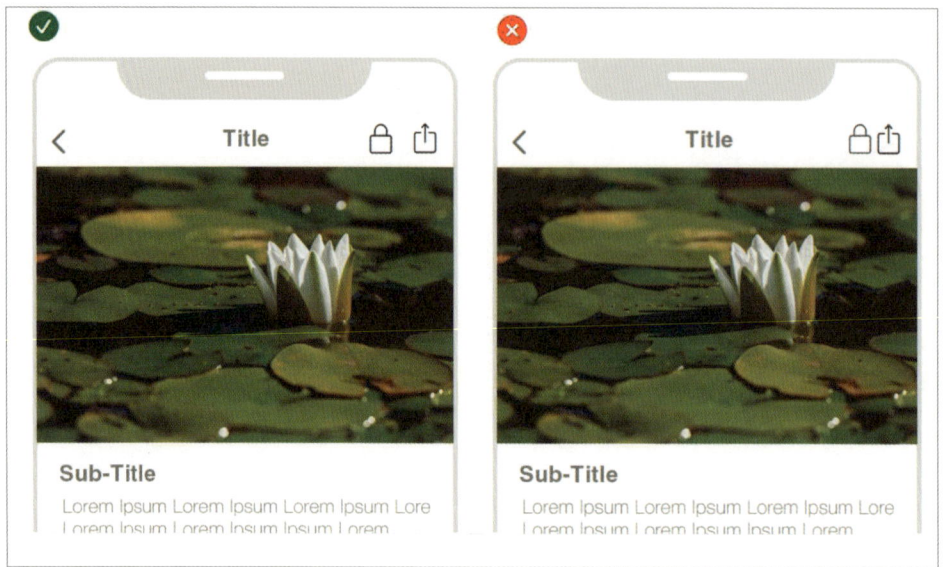

텍스트 크기는 최소 11pt 이상이어야 합니다. 그래야 화면을 확대하지 않아도 선명하게 읽을 수 있는 가독성을 확보합니다. 텍스트가 겹치지 않게 일정한 행 높이와 문자 간격을 확보해야 읽기 쉽습니다.

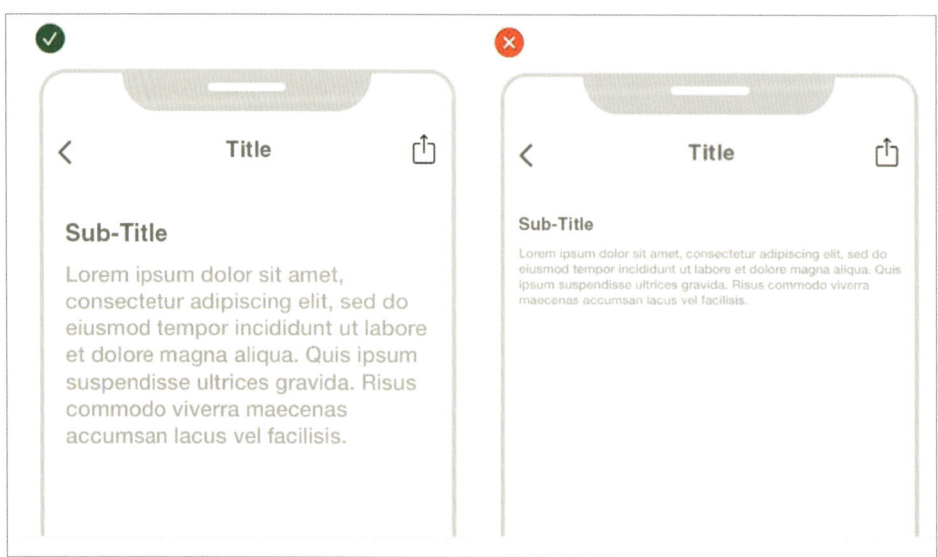

모든 이미지의 에셋(asset)은 고해상도 버전이 제공되어야 합니다. @2x, @3x 이미지가 아닐 시 큰 디스플레이에서 흐릿하게 나타납니다. 사용자의 모든 디바이스를 다 고려해야 합니다.

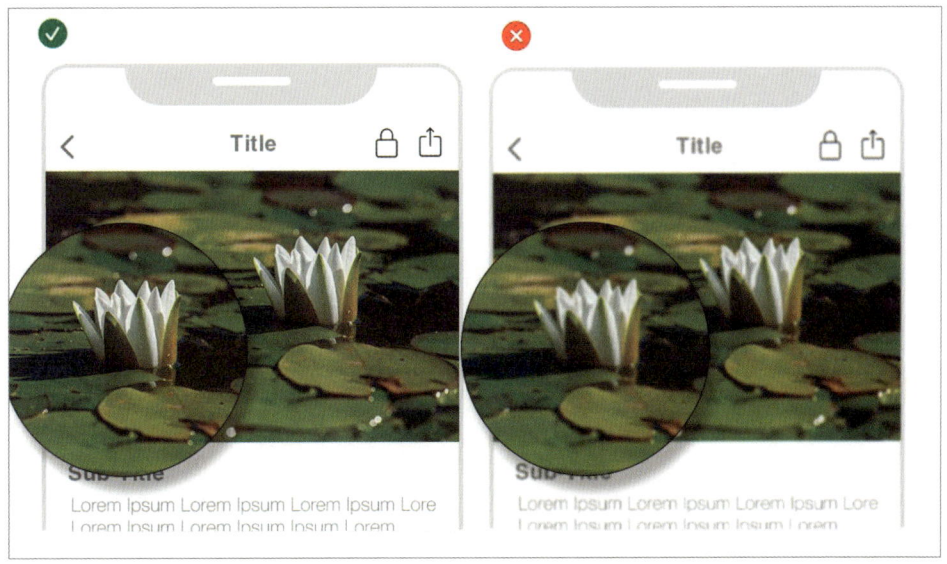

제어하는 컨트롤 요소는 대상 콘텐츠와 가까운 곳에 배치해서 사용자가 수정하기 쉽게 하며, 정보 구조가 잘 파악될 수 있도록 중복을 피해야 합니다.

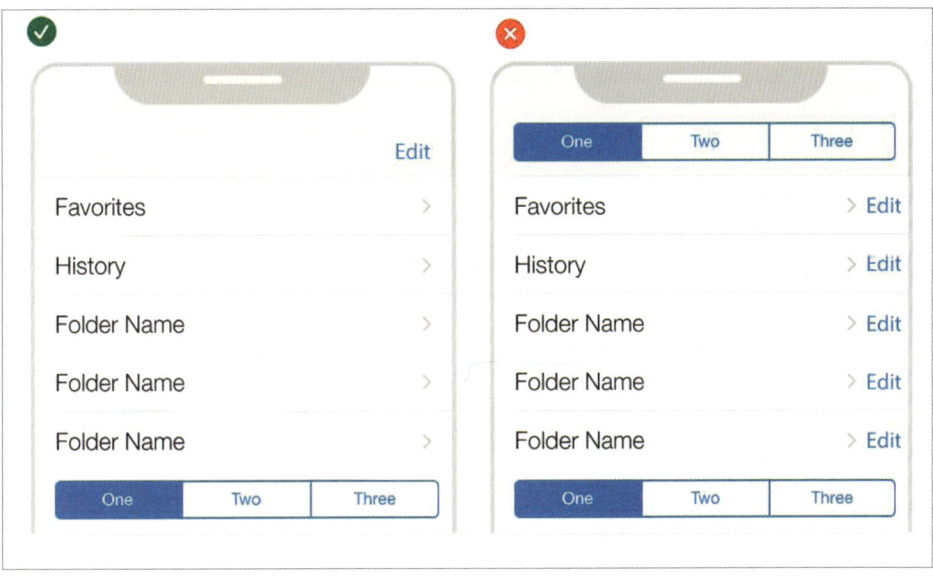

구글의 머티리얼 디자인

구글의 UI 디자인 컨셉은 **머티리얼 디자인**(material design)입니다. 플랫 디자인은 콘텐츠 가독성이 높고 현대적 감각을 담고 있지만 입체적 공간감이 떨어져 보이는 단점도 있었습니다. 머티리얼 디자인은 플랫 디자인에서 자연적 빛, 그림자, 질감 등의 물질적 요소로 입체감을 더했습니다. 2014년 구글의 안드로이드로부터 시작하여 다양한 분야인 이커머스 이벤트 페이지, 편집 디자인, 제품 디자인 등 활용 영역이 넓어졌습니다.

구글은 물질적 공간에서 단순한 그래픽을 조형성을 강조한 디자인 요소를 활용했습니다. 강조와 대비를 주며 그리드 공간 축척 색상 이미지 등을 기반으로 사용자 몰입감을 높게 하는 의도가 느껴집니다.

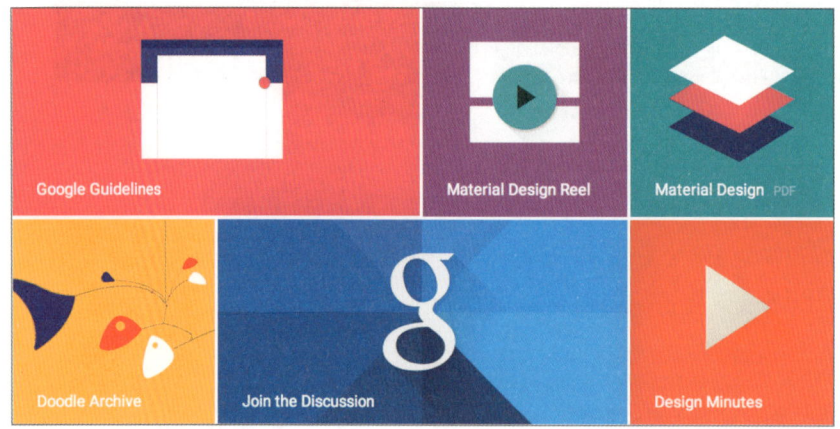
▲ 2014년 초기 구글 머티리얼 디자인

▲ 새로운 구글 머티리얼 디자인 2.0

머티리얼 디자인 2.0는 안드로이드와 iOS, Flutter 등의 웹 앱을 기반으로 공유 컴포넌트를 사용해 통합 플랫폼 간의 상호교환성 UI를 지향합니다. 브랜드를 표현하기 위해 설계되었는데 이는 UI 컴포넌트 구성 요소와 플러그인 설계 요소를 원활하게 구현할 수 있는 맞춤형 코드와 통합가능한 디자인입니다. 모션의 움직임은 연속성을 유연하게 표현하고 사용자 간의 인터랙션 반응의 전환에 집중시킵니다. 요소가 화면에 나타나면 새로운 변환을 생성하는 인터랙션 디자인을 구현합니다. 공간과 디자인 강약을 강조하고 설계가 가능한 그래픽 요소로서 사용자의 몰입감을 높입니다.

안드로이드와 iOS 인터페이스의 차이

안드로이드와 애플 아이폰 디자인의 가장 큰 차이점은 탐색 패턴의 구조입니다. iOS는 스마트폰 자체에 뒤로 가기 전체 메뉴를 노출하지 않고 앱 내에서 뒤로 가기 버튼이 삽입되어 있습니다. 따라서 앱/웹 디자인을 할 때 반드시 뒤로 가기 버튼을 생략해서는 안 됩니다.

상단 메뉴와 하단 메뉴

iOS는 화면 상단에 내비게이션 바(navigation bar)가 있으며 여기에 뒤로가기 버튼이 존재합니다. 안드로이드는 액션 바(action bar)라고 부르며, 동작을 수행하는 아이콘 2~3개가 오른쪽에 배치되어 있습니다. 한편 화면 하단을 보면 iOS는 인터페이스 아래 툴바(tool bar)를 사용해 페이지 간 이동 메뉴를 나타냅니다. 안드로이드는 플로팅 액션 버튼(floating action button)이라는 원형 버튼이 있어 페이지 간 이동을 할 수 있는 UI 메뉴로 연결합니다.

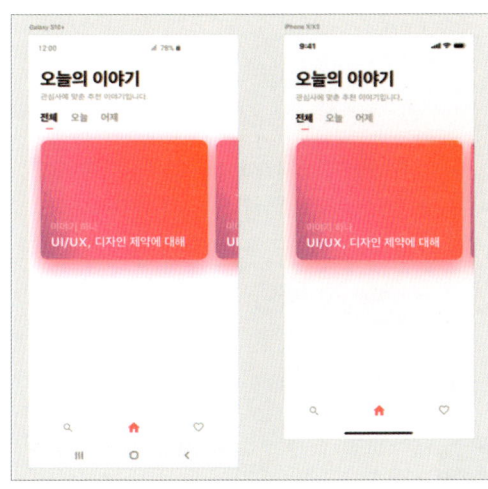
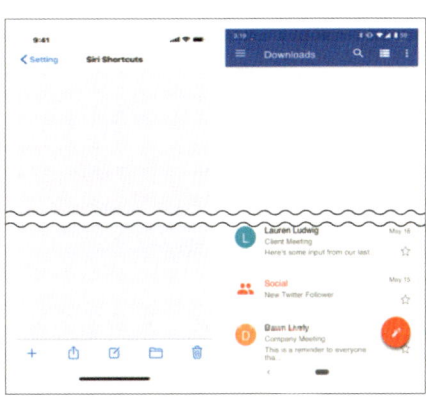

서체

안드로이드는 Roboto(로보토)가 기본 서체이며, 삼성 갤럭시는 삼성고딕, LG폰은 LG스마트체가 기본 서체로 탑재됩니다. 안드로이드는 사용자가 원하는 서체로 변경 가능한데 필요한 서체를 다운로드 후 사용할 수 있습니다. iOS 내장 폰트는 보통 San Francisco와 산돌고딕 네오를 지원합니다. 아이폰은 애플 정책에 따라 사용자가 임의로 다른 서체를 선택할 수 없습니다.

그림자 표현

안드로이드는 머티리얼 디자인에 포함된 Elevation 기본 UI를 그림자로 구성할 수 있고 나인패치(9-Patch)로 에셋을 전송할 수 있습니다. iOS는 Swift 또는 Objective-C의 코드로 구현 가능합니다. 하지만 코드와 스케치의 렌더링 차이로 출력 시 명도는 화면마다 다를 수 있습니다.

▲ iOS(왼쪽)와 안드로이드(오른쪽)의 그림자 차이

> **TIP 나인패치**
>
> 안드로이드에서 기본적으로 이미지를 넣으면 원본 이미지와 크기가 다르게 되면서 이미지 왜곡 현상이 생깁니다. 나인패치(9-patch)는 이미지 9개 구역으로 나누어, 이미지의 크기가 바뀔 때 늘어나도 되는 부분과 크기가 고정된 부분을 정하여 왜곡을 막을 수 있습니다.
>
>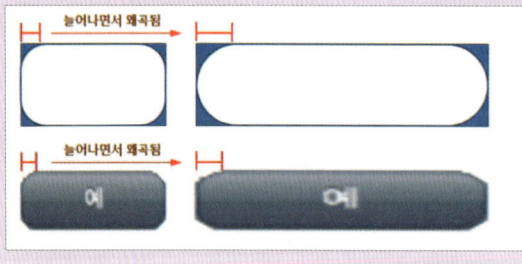

해상도

안드로이드는 dp 단위로, iOS는 pt 단위로 해상도를 나타냅니다. 모바일 가이드에서 픽셀을 쓰지 않는 이유는 출시되는 디바이스 픽셀의 밀도가 점점 더 좋아지고 있으며, 각 제조사 디바이스의 픽셀 밀도가 서로 다르기 때문입니다.

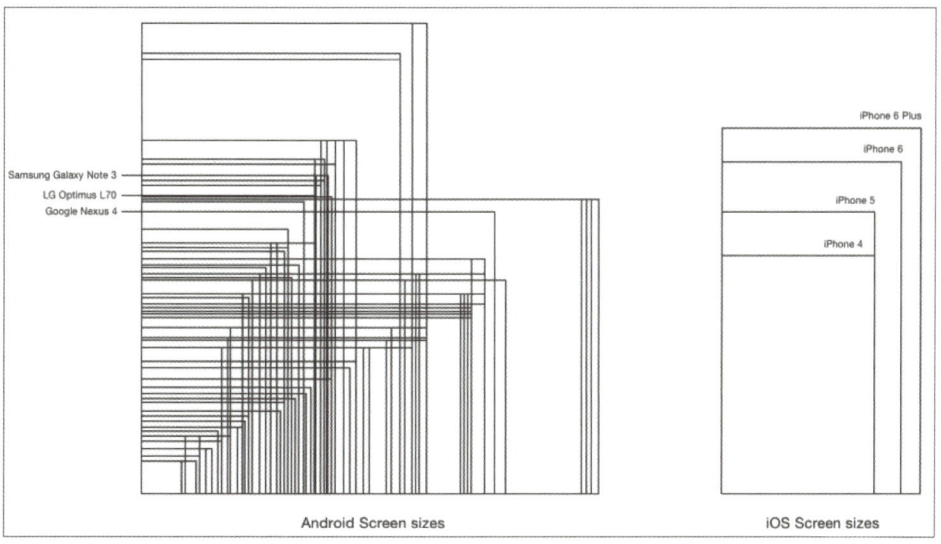

▲ 안드로이드와 iOS 해상도 차이

해상도에 따른 픽셀 단위를 기준으로 안드로이드 및 iOS에 등록되는 이미지가 픽셀 밀도에 따라 1x, 2x, 3x, 4x까지 에셋이 입력됩니다. Adobe XD에서는 3x까지 내보내기를 지원합니다. 포토샵에서는 여러 크기로 에셋을 내보내려면 단순 작업을 반복해야 해서 효율성이 떨어집니다.

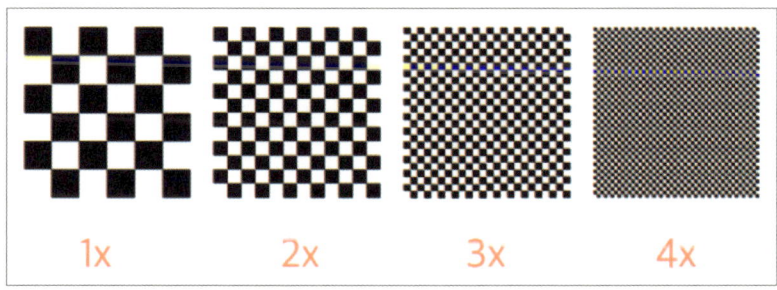

▲ 해상도에 따른 배수별 픽셀 밀도 차이

- **LESSON 01** Adobe XD 기능 활용하기
- **LESSON 02** Adobe XD 프로토타입
- **LESSON 03** 디바이스 출력 및 공유하기

CHAPTER 02

Adobe XD를 활용한 UI 디자인 실습

LESSON 01 | Adobe XD 기능 활용하기

기본 툴 개념과 이해

Adobe XD는 구체적인 UI를 구성하는 디자인 툴로 모바일 디자인에 주로 사용하며, 반응형 웹 디자인 및 다양한 디지털 디바이스에서 사용됩니다.

Adobe XD 프로그램을 처음으로 실행하면 홈 화면이 나타납니다. 홈에서는 스마트폰, 웹, 인스타그램 스토리, 맞춤형 크기 등 실제 구현하고자 하는 디바이스 화면 크기를 선택할 수 있습니다. 또한 [내 컴퓨터에서]를 클릭해서 포토샵, 일러스트레이터, 스케치, XD 파일 등 이미 작업된 파일을 불러올 수도 있습니다.

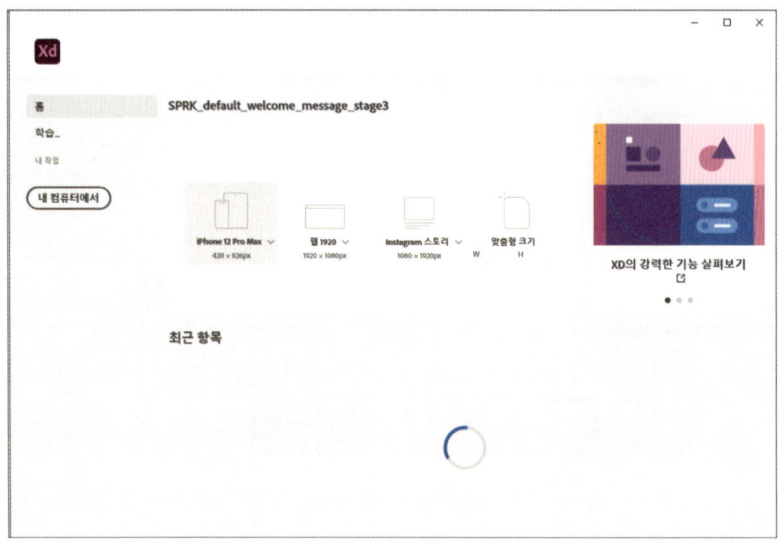

Adobe XD 작업 화면에서 상단 왼쪽을 보면 [디자인], [프로토타입], [공유] 탭으로 구성되어 있음을 볼 수 있습니다. [디자인] 탭에서는 인터페이스 구성 요소, 반응형 크기 조정, 에셋(asset), 반복 그리드(repeat grid) 등 실제 디자인을 구성하는 기능을 다룹니다.

[프로토타입] 탭은 애니메이션의 인터랙션을 구현합니다. 여기에서는 실제 출시될 모델을 구성하고 상호작용할 수 있는 인터페이스의 모션을 손쉽게 구현해서 기획자, 디자이너, 개발자가 제품에 대해 같은 상을 가질 수 있도록 할 수 있습니다.

[공유] 탭에서는 현재 개발 진행 상황과 작업자들 간의 커뮤니케이션을 기록하고 공유합니다. 이렇듯 3가지 기능을 각각 파트별로 작업할 수 있게 되어 있으며, 최종 디바이스별로 내보내기 하거나 CSS 연동을 하는 출력 기능 또한 갖추고 있습니다.

[디자인] 탭의 화면 구성은 다음과 같습니다.

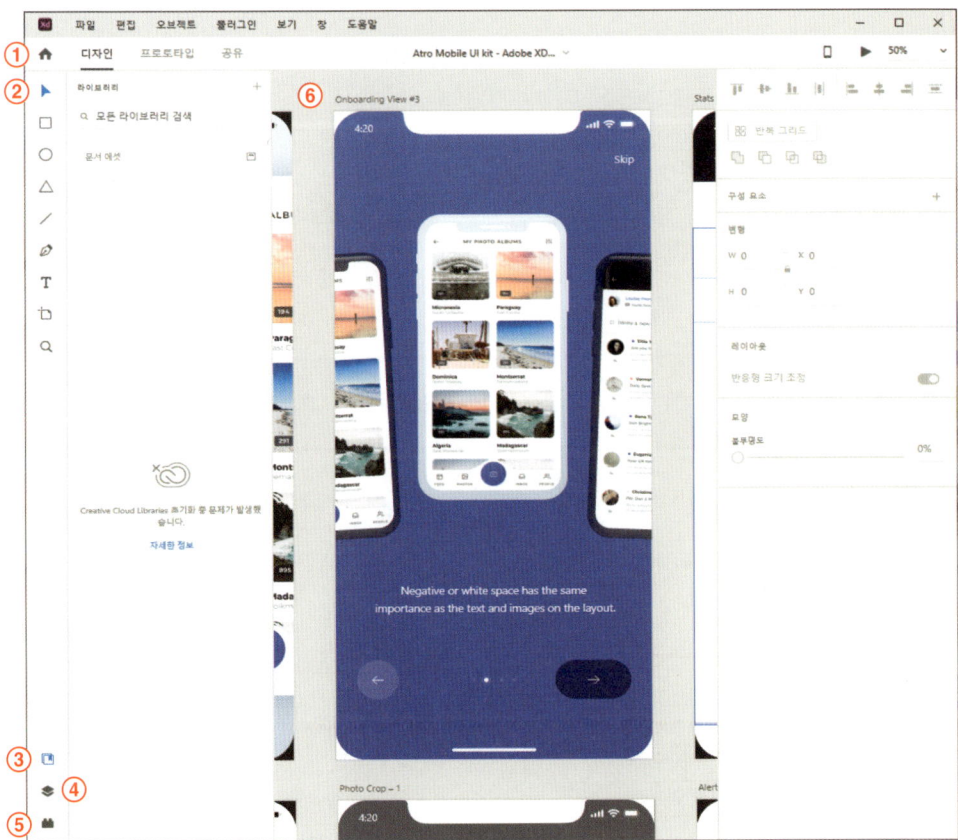

① **홈**: 화면을 새로 생성하거나 최근 파일을 불러올 수 있습니다.
② **도구 상자**
  - **선택**(▶, Ⅴ): 오브젝트를 선택하거나 드래그하여 이동합니다.
  - **사각형**(□, R): 직사각형, 정사각형을 화면에 표현합니다.

- **원형(◯, E)**: 타원이나 정원을 화면에 표현합니다.
- **다각형(△, Y)**: 면의 수에 따라 다각형을 표현합니다.
- **선(╱, L)**: 선을 표현하며 드래그 방향에 따라 직선을 그리는 데 사용합니다.
- **펜(✎, P)**: 패스(path)로 방향선을 조정하여 직선 곡선을 그려 모형을 표현합니다.
- **텍스트(T, T)**: 문자를 입력할 수 있습니다.
- **아트보드(▭, A)**: 다양한 크기의 아트보드를 추가/삭제할 수 있습니다.
- **확대/축소(🔍, Z)**: 아트보드를 확대/축소할 수 있습니다.

③ **라이브러리**: [문서 에셋]에서 색상, 문자 스타일, 구성 요소 등을 추가/삭제해서 편리하게 재사용할 수 있습니다.

④ **레이어**: 오브젝트를 클릭해 레이어 구성 요소를 편집할 수 있습니다.

⑤ **플러그인**: 플러그인을 다운로드하거나 삭제할 수 있습니다.

⑥ **아트보드**: 실제 UI 화면을 편집하는 공간입니다.

> **TIP** [프로토타입] 탭에 대한 설명은 101쪽에서, [공유] 탭에 대한 설명은 121쪽에서 살펴보겠습니다.

아트보드 만들기

01 홈 화면에서 [iPhone 13, 12 Pro Max]를 클릭해 원하는 스마트폰 크기를 선택합니다.

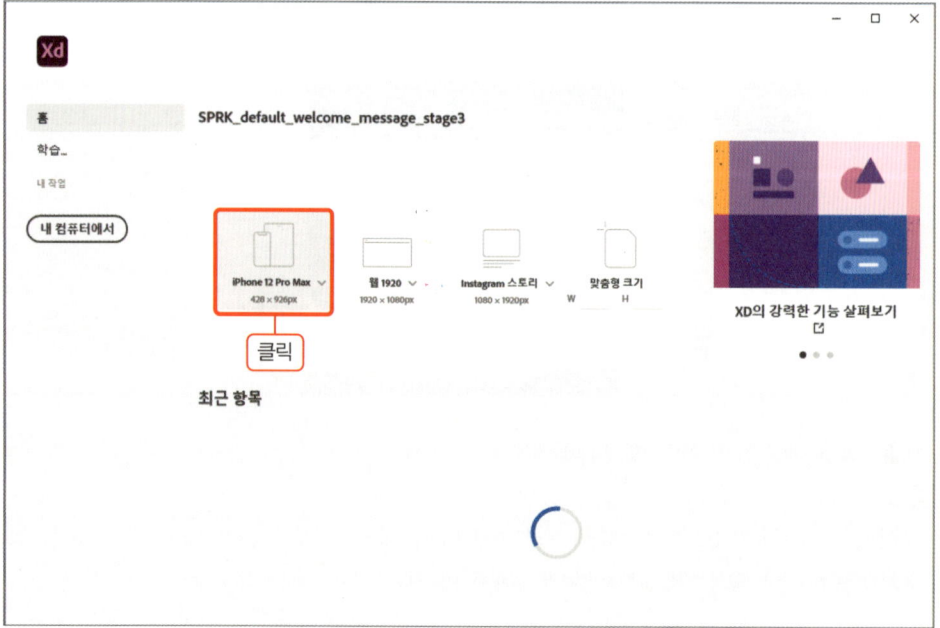

02 원하는 아트보드가 선택되면 화면처럼 새 문서가 나타납니다.

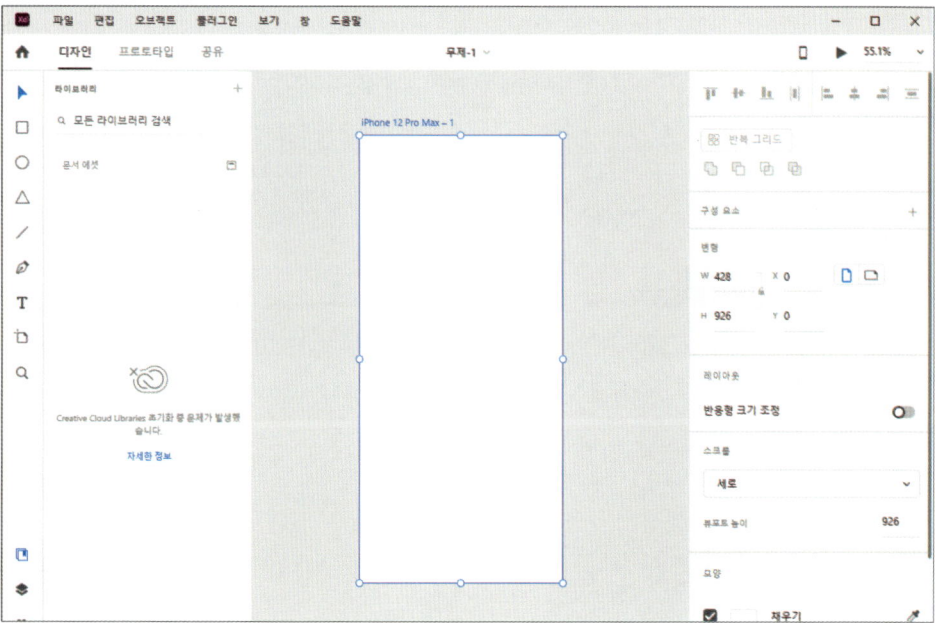

03 아트보드 상단 왼쪽에 아트보드 이름이 나타나며, 이곳을 클릭하면 아트보드가 선택되고 더블클릭하면 아트보드 이름을 수정할 수 있습니다. 또한 아트보드 이름을 클릭하고 [Delete]를 눌러서 삭제할 수도 있습니다.

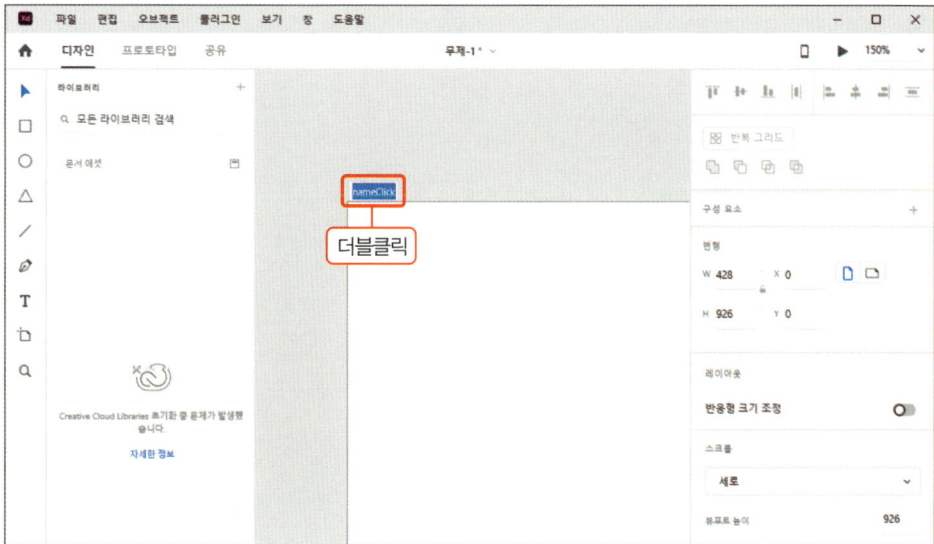

04 제목을 클릭해 아트보드를 선택한 상태에서 [편집 – 복제] 메뉴를 선택하거나 Ctrl + D 를 누르면 아트보드가 복제됩니다.

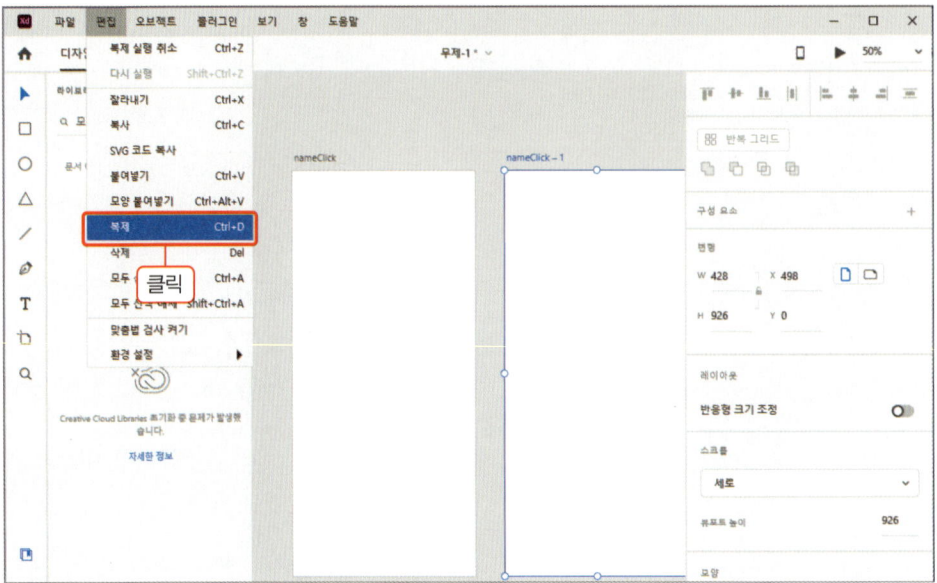

05 툴바에서 [아트보드] 도구를 클릭하고 오른쪽 옵션에서 원하는 크기로 변형하거나 복제할 수 있습니다. 아트보드 화면은 화면 최적화(Ctrl + 0), 확대(Ctrl + +), 축소(Ctrl + -) 단축키로 자유롭게 조절할 수 있습니다.

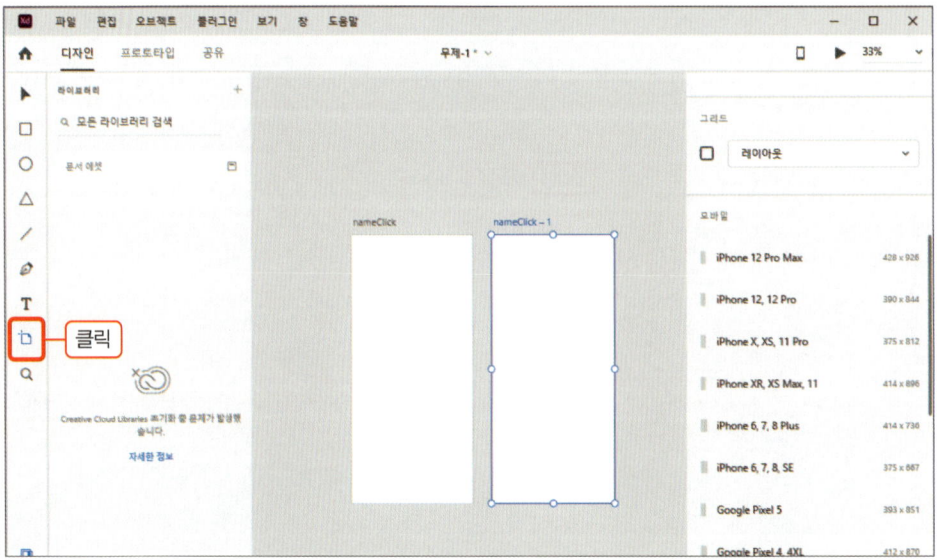

다양한 도형 만들기

01 [사각형] 도구를 선택하고 아트보드에 드래그하여 사각형을 그립니다. 정사각형을 그리려면 Shift 를 누른 상태에서 대각선으로 드래그합니다. Alt 를 누른 상태에서 드래그하면 도형 중심을 기준으로 도형을 그릴 수 있습니다. Shift + Alt 를 같이 누르면 중심점에서 정사각형을 그릴 수 있습니다.

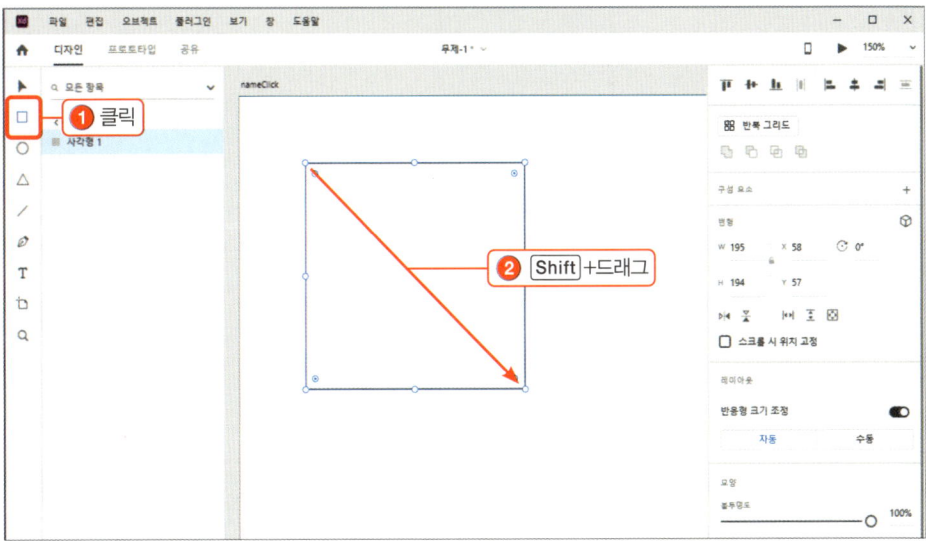

02 오른쪽 옵션 패널의 [변형]에서 [W](가로 폭 길이)와 [H](높이) 값을 입력해 크기를 조정할 수 있습니다. 바로 오른쪽 자물쇠 아이콘을 활성화하면 도형의 현재 가로세로 비율로 고정됩니다.

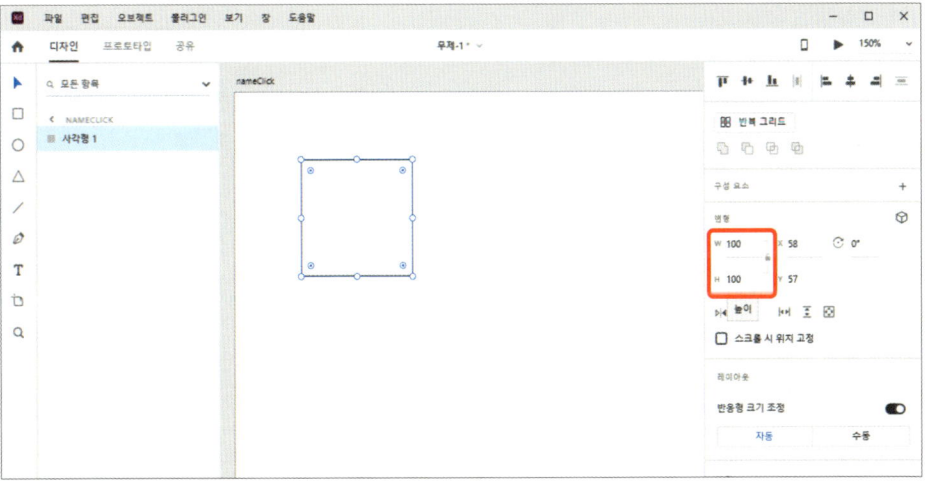

03 사각형 안쪽 기준점을 드래그하면 모서리가 둥근 사각형을 만들 수 있습니다.

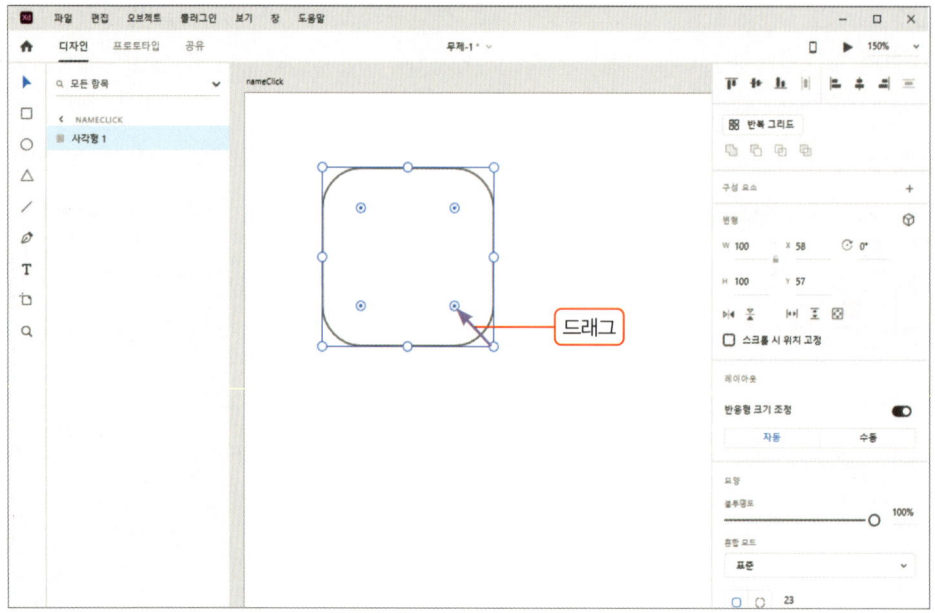

04 도형을 선택한 상태에서 오른쪽 옵션 패널의 [모서리] 버튼을 클릭한 뒤 각 모서리의 반경 값을 따로 입력해서 둥글게 할 수도 있습니다.

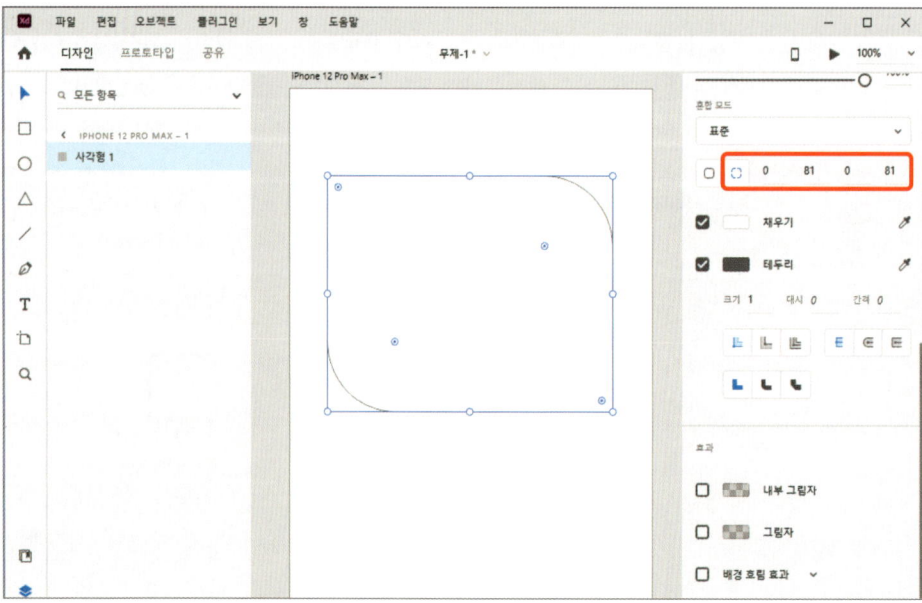

05 도형을 선택한 상태에서 [채우기]에 체크하면 도형 안쪽에 색을 채울 수 있습니다. 색상 피커를 클릭하거나 하단에서 [Hex], [RGB], [HSB]를 선택하고 색상 값을 입력해서 색을 지정합니다.

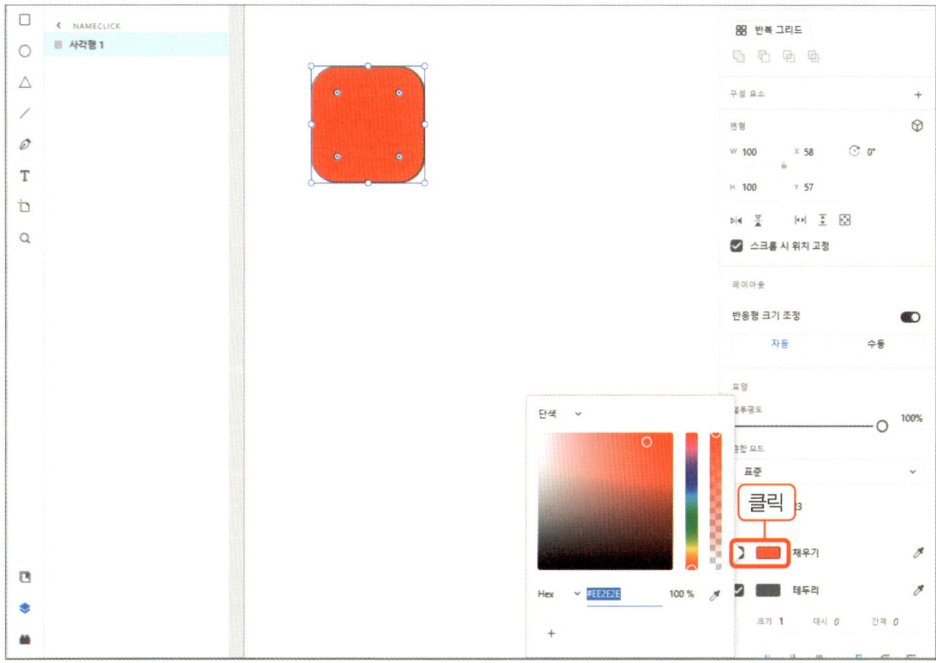

06 [사각형] 도구와 동일한 방법으로 [타원] 도구를 사용하여 원을 그릴 수 있습니다.

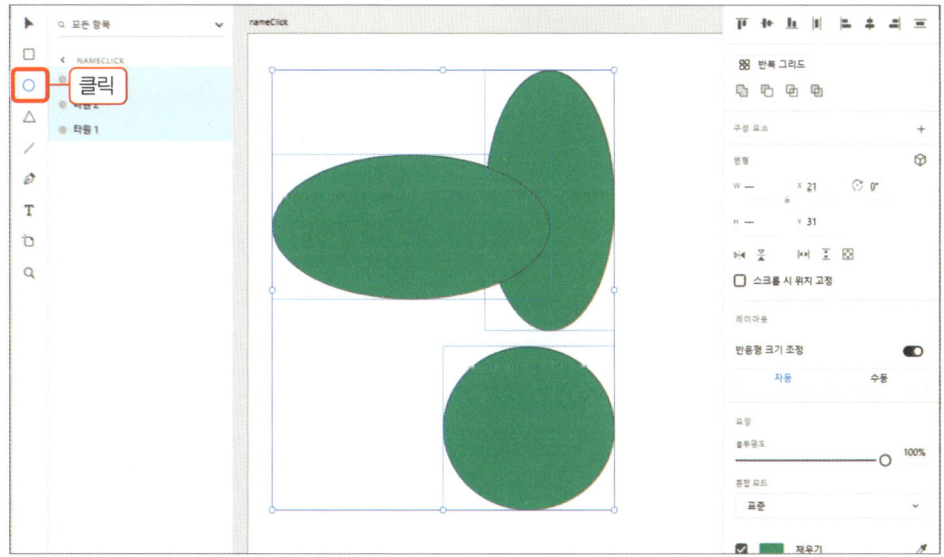

07 [다각형] 도구로 삼각형을 그리고 오른쪽 옵션 패널에서 모서리의 개수를 입력하면 다양한 다각형을 그릴 수 있습니다.

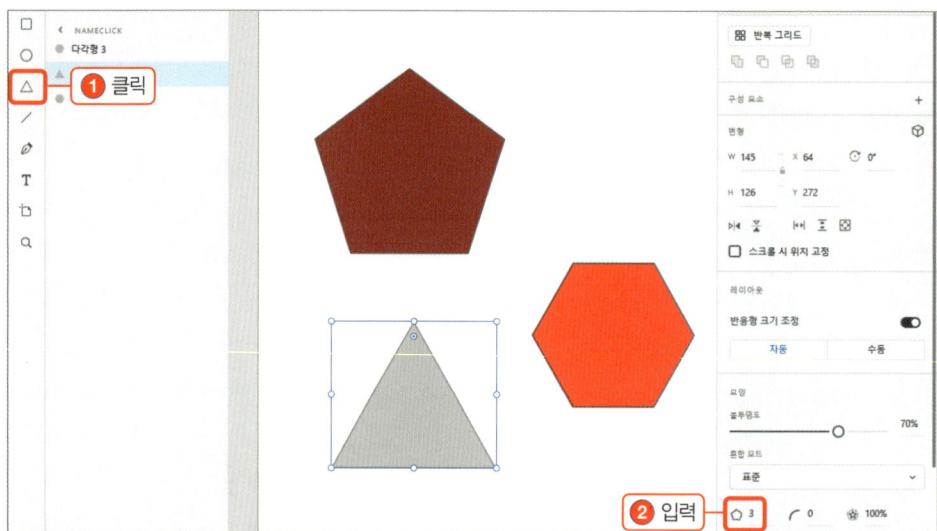

TIP 원형, 다각형을 그릴 때도 Alt 를 누르면 한가운데에서 시작하고 Shift 를 누르면 가로세로 길이가 같은 도형을 그릴 수 있습니다. 도형 안쪽 기준점을 드래그하면 모서리를 둥글게 만들 수 있습니다.

선 그리기

01 [선] 도구로 아트보드를 드래그해서 선을 그어 봅니다.

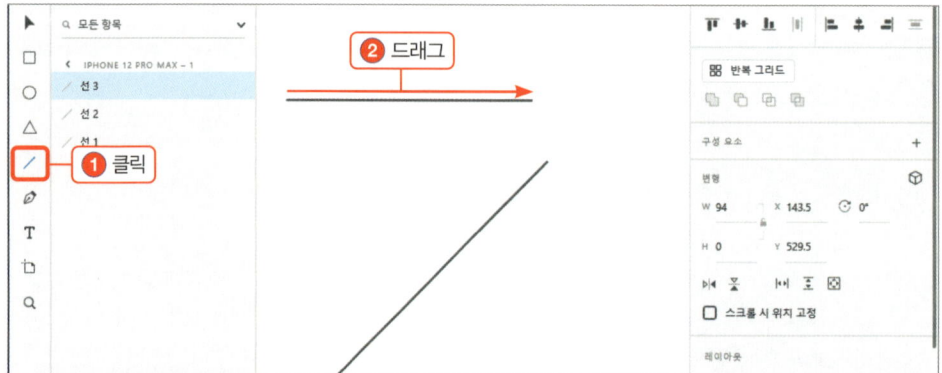

TIP [선] 도구를 선택하고 Shift 를 이용하면 직각 대각선(45°)을 그릴 수 있습니다. Shift + Alt 를 누르면 가운데에서부터 수직선, 수평선을 그릴 수 있습니다.

02 선을 그린 다음 오른쪽 옵션 패널에서 [테두리]가 체크된 상태에서 [크기] 값을 늘려 선을 굵게 만듭니다. 그런 다음 아래 [접한 단면] [E], [원형 단면] [C], [돌출형 끝] [E]을 각각 지정하면 선 끝 모양이 다음과 같이 나타납니다.

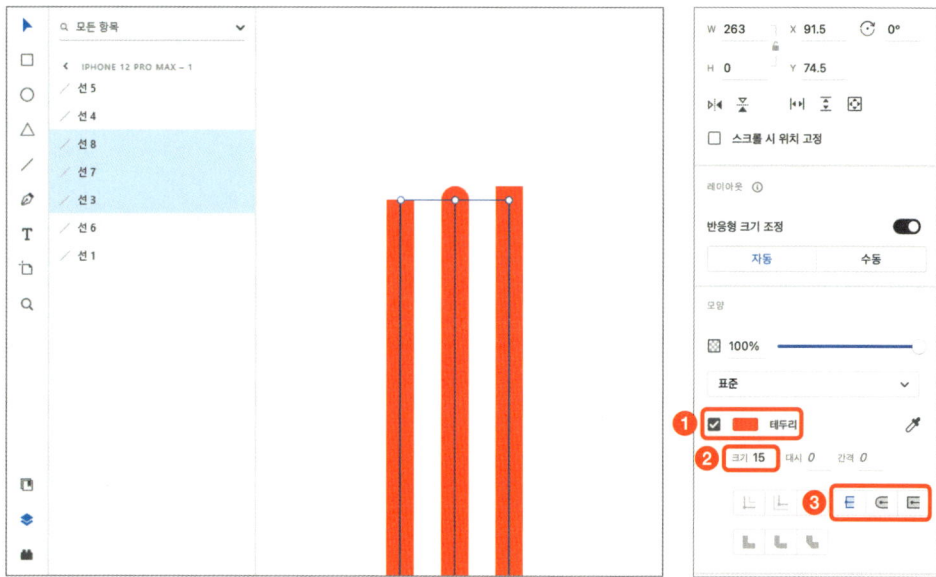

03 점선을 그리려면 먼저 직선을 그린 다음 오른쪽 옵션 패널에서 [크기: 2, 대시: 2, 간격: 2]로 설정합니다. 이때 선 끝을 [원형 단면] [C]으로 하면 둥근 점선을 만들 수도 있습니다.

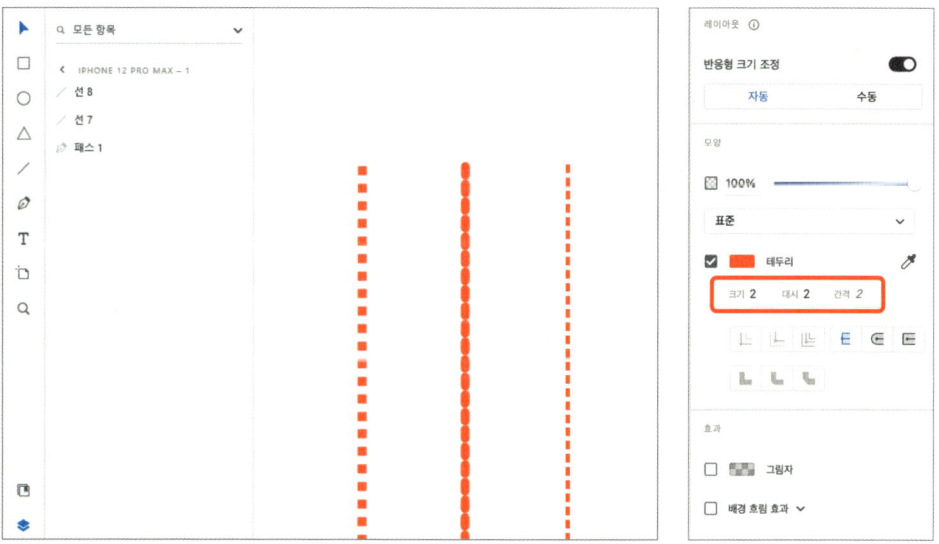

패스와 도형 그리기

펜 도구와 패스 기능

01 기존의 아트보드를 선택한 상태에서 Ctrl+D를 눌러 새로운 아트보드를 만듭니다. [펜] 도구를 이용하여 아트보드에 클릭하고 다른 지점을 클릭하면 직선이 그려집니다. esc를 누르면 [펜] 도구가 비활성화됩니다.

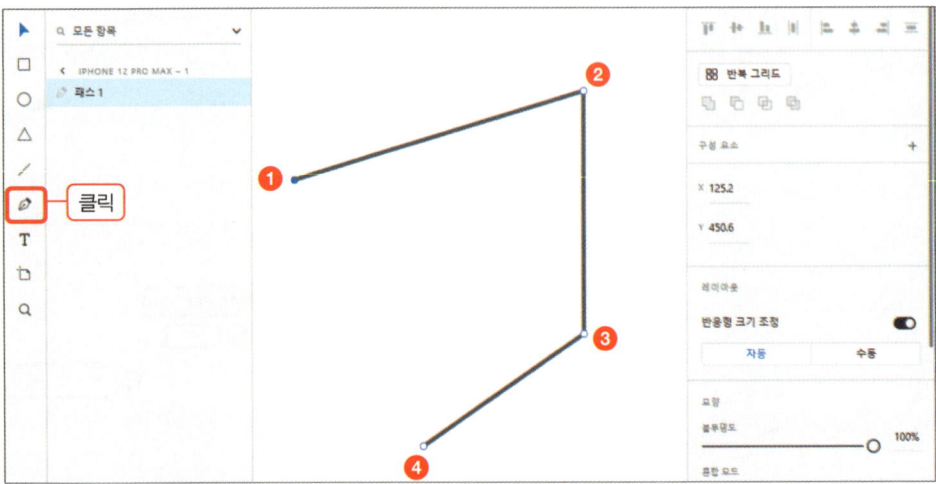

TIP [펜] 도구를 선택하고 Shift+드래그하면 수직/수평/대각선(45°)을 그릴 수 있습니다.

02 [펜] 도구로 선을 그린 후 맨 처음에 클릭한 지점을 클릭하면 패스가 닫힌 완전한 도형 모양을 그릴 수 있습니다. 이때 처음과 끝의 점이 반드시 연결되었는지 확인해야 합니다.

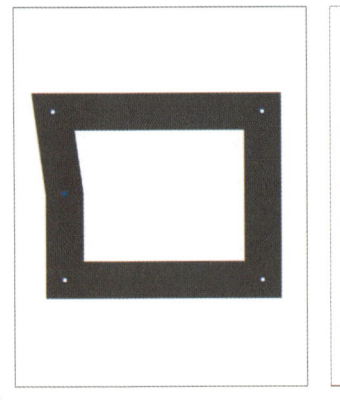
▲ 완전히 닫힌 도형

▲ 닫히지 않은 도형

03 [펜] 도구로 직선을 그리다가 기준점을 드래그하면 곡선이 그려집니다. 이때 방향선에 따라 곡선의 기준점이 비례적으로 움직입니다. 그런 다음에 다시 연속해서 선을 그릴 수 있습니다.

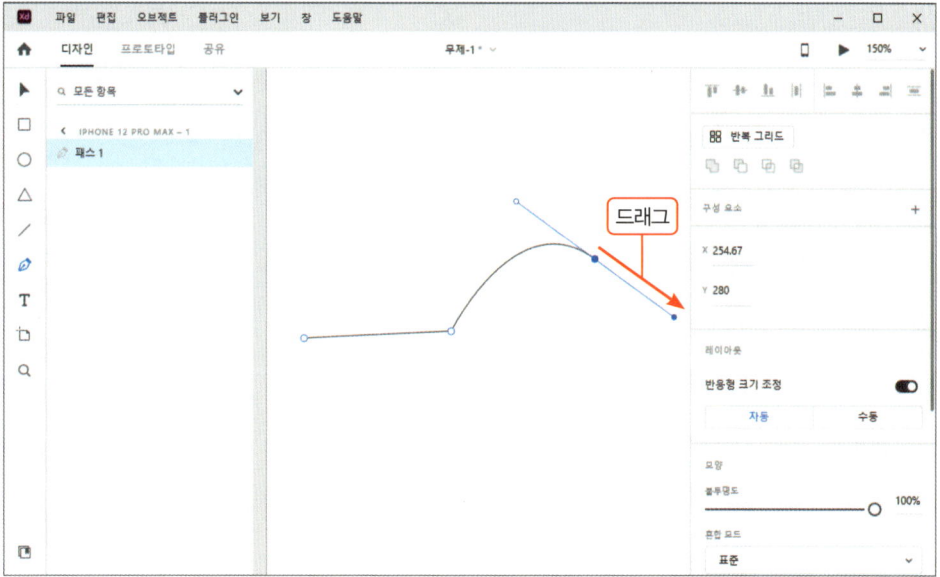

04 방향선을 선택하고 Delete 를 누르면 곡선이 삭제되고 직선으로 변경됩니다.

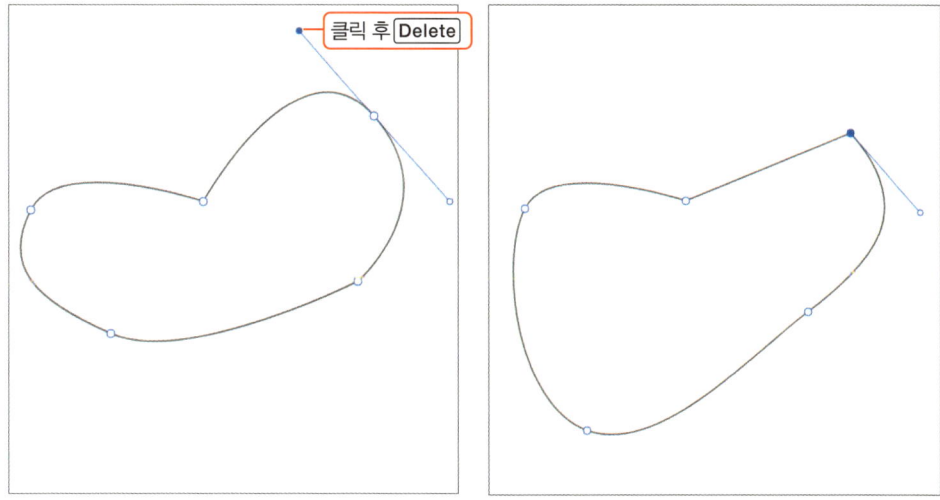

> **TIP** [선택] 도구로 선을 선택하고 직선 사이의 점을 더블클릭하면 곡선으로 변경할 수 있습니다.

05 [선택] 도구로 선을 선택하면 기준점이 사라져 버립니다. 이때 더블클릭하면 기준점이 나타나 편집할 수 있습니다.

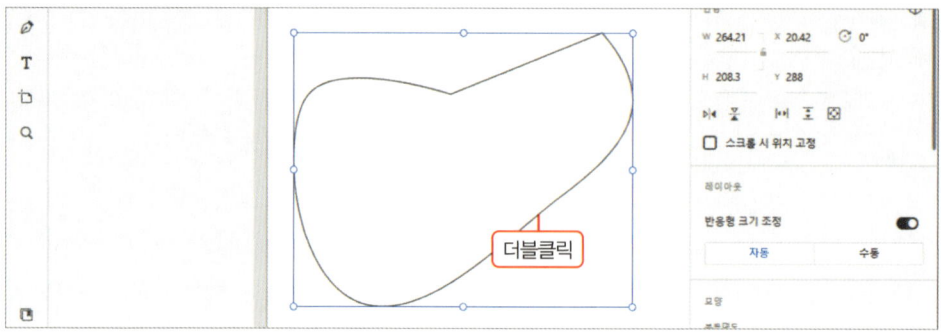

06 기준점이 없는 곳에 클릭하면 기준점을 만들 수도 있습니다. 다시 Delete 를 누르면 기준점이 삭제됩니다.

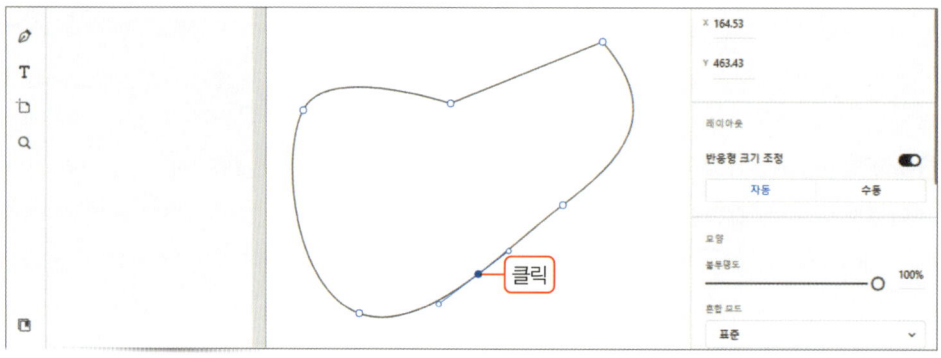

07 가이드 기준점을 더블클릭하면 직선이 되고, 다시 더블클릭하면 방향선이 생깁니다.

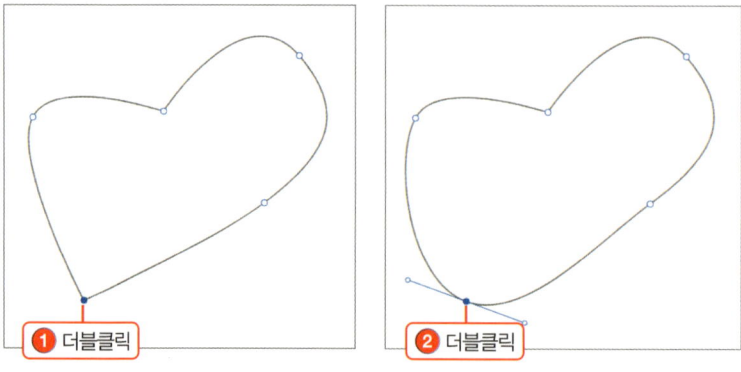

도형과 색상 지정

앞서 각종 도형 도구 혹은 [펜] 도구로 그린 패스를 닫힌 형태로 연결하면 셰이프(Shape)가 됩니다.

01 [사각형] 도구로 사각형을 하나 그립니다. [선택] 도구를 클릭하고 사각형을 선택한 상태에서 Alt +드래그해서 복제합니다.

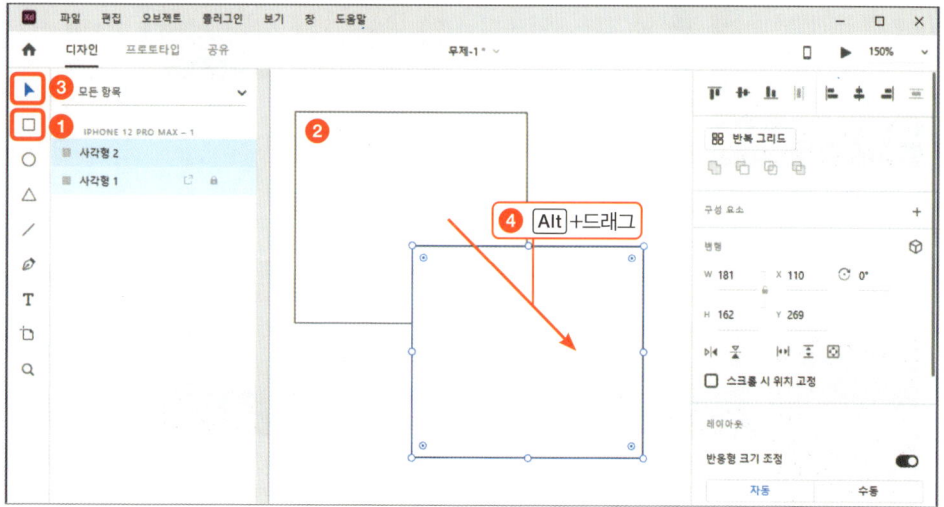

02 오른쪽 옵션 패널의 [채우기]에서 색을 선택하면 색이 채워집니다. 기본적으로 [단색]입니다. [단색]은 한 가지 색상 100%가 채워집니다. 색상 피커 창을 클릭하거나 오른쪽 [스포이트] 아이콘을 클릭하면 원하는 색상을 추출할 수 있습니다.

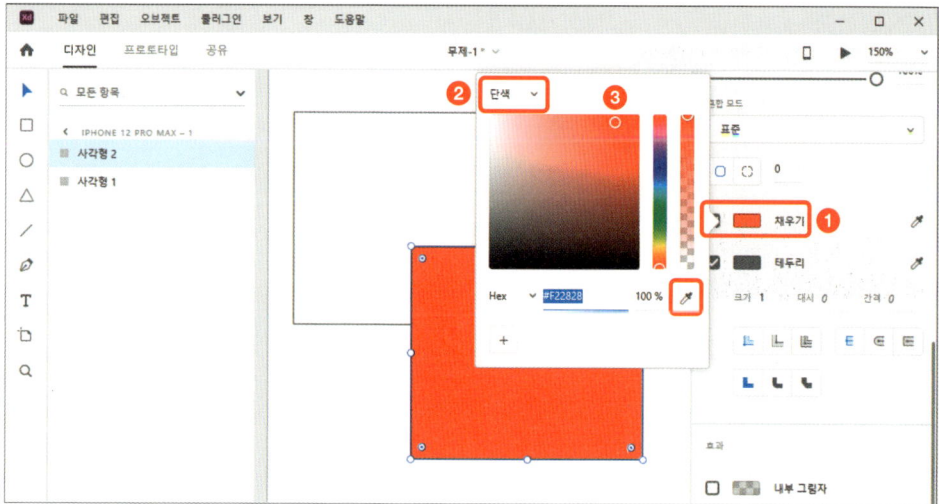

03 색상 옵션 창에서 상단 [단색]을 클릭하면 [단색], [선형 그레이디언트], [방사형 그레이디언트], [각도 그레이디언트]가 나옵니다.

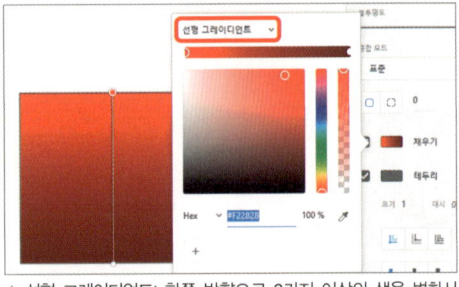

▲ 선형 그레이디언트: 한쪽 방향으로 2가지 이상의 색을 변화시킬 수 있습니다.

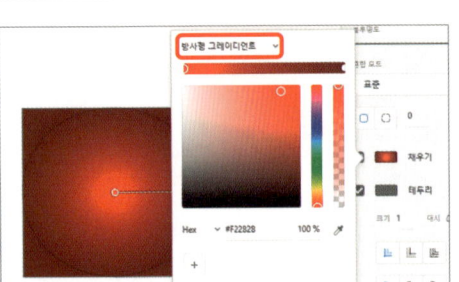

▲ 방사형 그레이디언트: 원형 방향으로 2가지 이상 색을 변화시킬 수 있습니다.

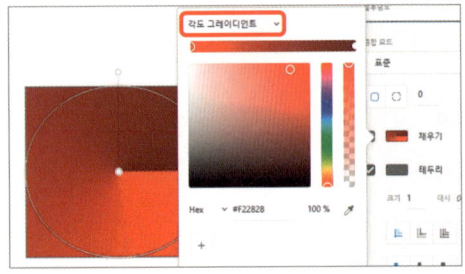

▲ 각도 그레이디언트: 365° 각도에 따라 색을 변화시킬 수 있습니다.

04 색상 옵션 창에서 색상 모드는 [Hex], [RGB], [HSB] 3가지를 선택할 수 있습니다.

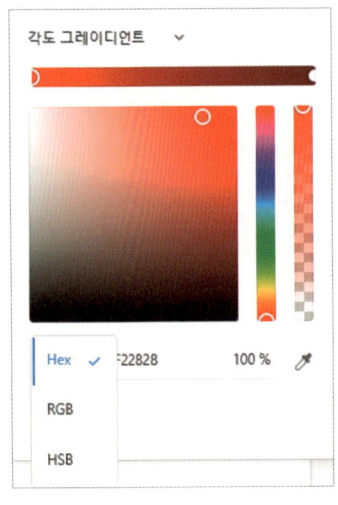

- **Hex**: 웹상 16진수값으로 색상을 표현한 값 #으로 시작하여 6자리를 넣습니다.
- **RGB**: 빨강(Red), 녹색(Green), 파랑(Blue) 색의 삼원색으로 표현합니다.
- **HSB**: 색상(Hue), 채도(Saturation), 명도(Brightness)를 나타내는 색 표기법입니다.

05 그레이디언트 색상을 지정할 때는 아래 [+] 아이콘을 클릭해서 색을 저장할 수 있습니다. 저장된 색을 창 밖으로 드래그하면 삭제됩니다. 색은 그레이디언트는 최소한 좌우 색상으로 2개가 들어가며, 상단 색상 바를 클릭하면 색이 추가됩니다. 그레이디언트 색도 색상 바에서 바깥으로 드래그하면 삭제됩니다.

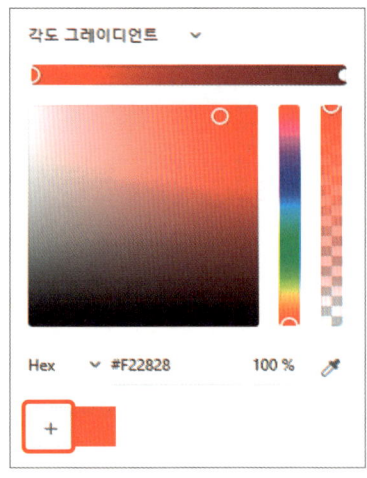 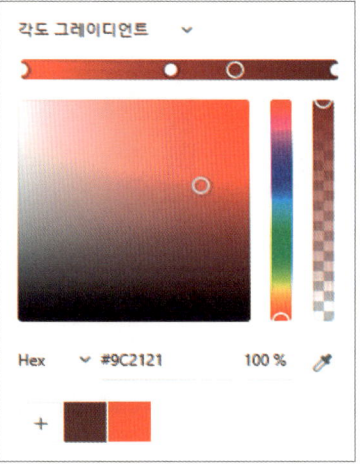

06 도형에는 채우기 색상뿐 아니라 테두리(외곽선) 색상도 지정할 수 있습니다. 테두리 굵기는 [크기] 값을 입력해 조정할 수 있습니다. [채우기]와 [테두리] 모두에 체크를 해제하면 색상이 지정되지 않습니다.

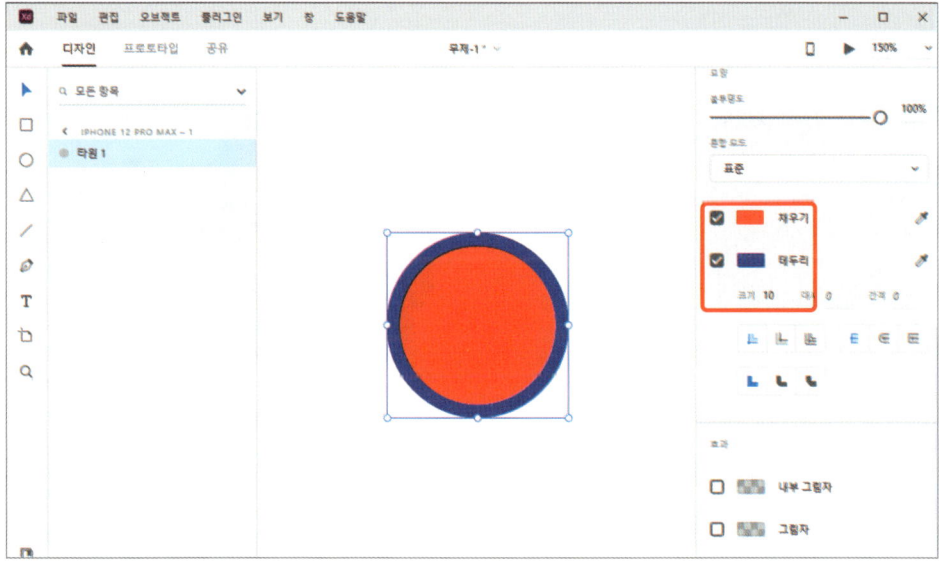

07 도형에서 테두리의 위치는 [안쪽 선], [바깥쪽 선], [가운데 선] 3가지 기준으로 변경할 수 있습니다. 사각형 등 각진 다각형의 모서리는 모서리가 직각인 [마이터 연결], 모서리가 둥근 [원형 연결], 모서리가 사선으로 잘린 [경사 연결] 3가지 기준으로 변경할 수 있습니다.

▲ 마이터 연결

▲ 원형 연결

▲ 경사 연결

08 오른쪽 옵션 패널에서 [효과] 부분을 보면 [내부 그림자]와 [그림자]를 각각 지정할 수 있습니다. 여기서 그림자의 색상을 지정하거나 [X]와 [Y]로 그림자의 가로세로 위치를 지정하고, [B]로 그림자 경계선의 흐린 정도를 지정합니다.

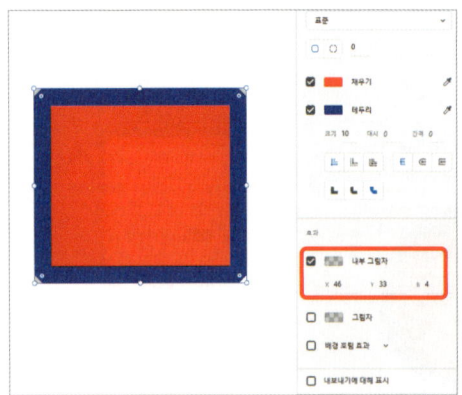
▲ 내부 그림자

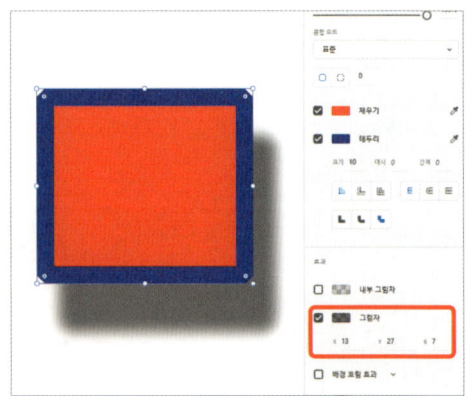
▲ 그림자

09 [배경 흐림 효과]에 체크하면 배경이 비치는 정도에 따라 불투명 효과를 지정할 수 있습니다.

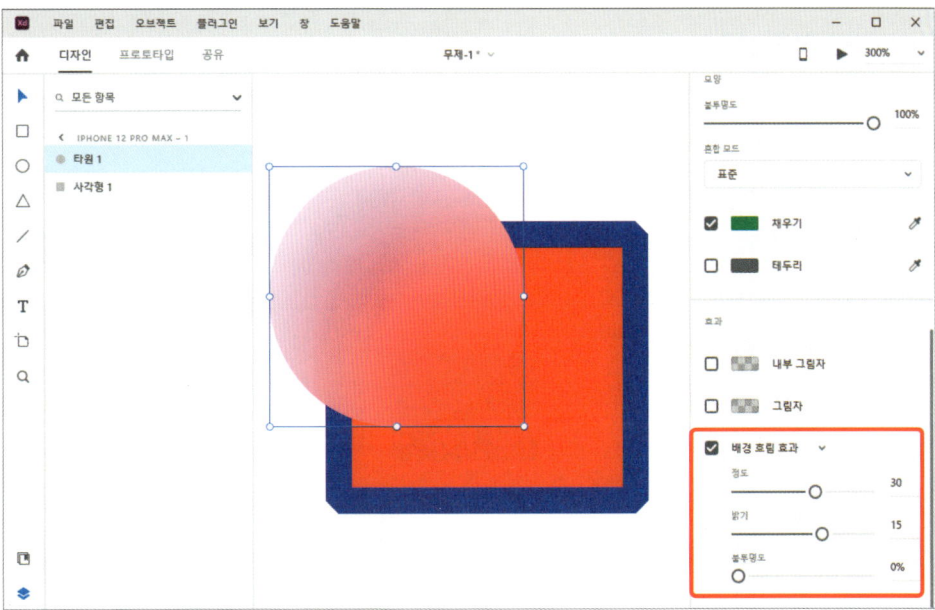

10 [배경 흐림 효과]를 클릭하면 [오브젝트 흐림 효과]로 변경할 수 있습니다. 이 옵션으로 오브젝트 가장자리의 흐림 정도를 표현할 수 있습니다.

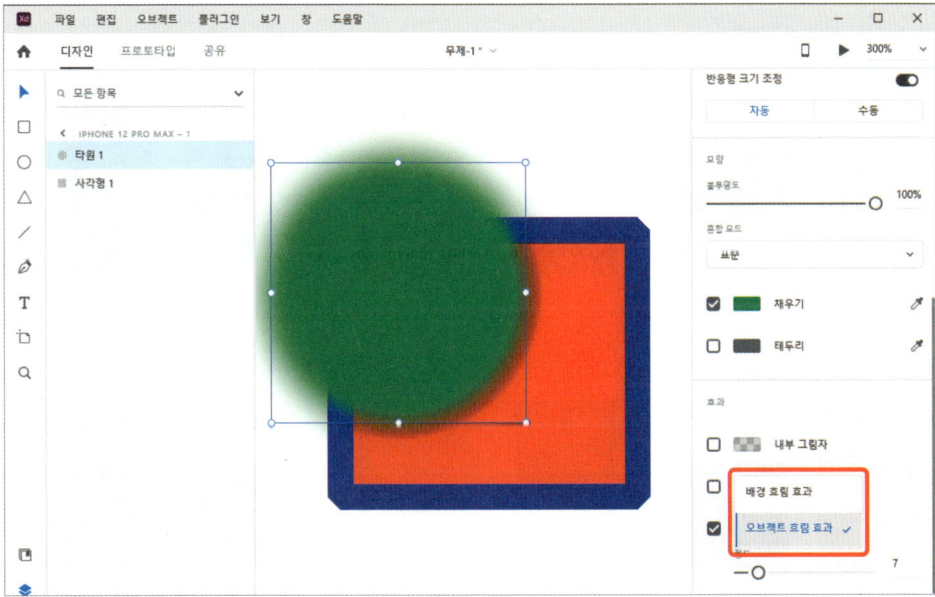

오브젝트와 레이어 활용하기

오브젝트 정렬하기

01 새로운 아트보드를 만들고 3개의 사각형을 임의로 그립니다. 오른쪽 옵션 패널의 정렬 아이콘을 이용해 사각형을 정렬해보겠습니다.

02 [선택] 도구로 사각형 3개를 모두 선택한 상태에서 오른쪽 옵션 패널에서 정렬 아이콘을 선택하면 사각형이 정렬됩니다.

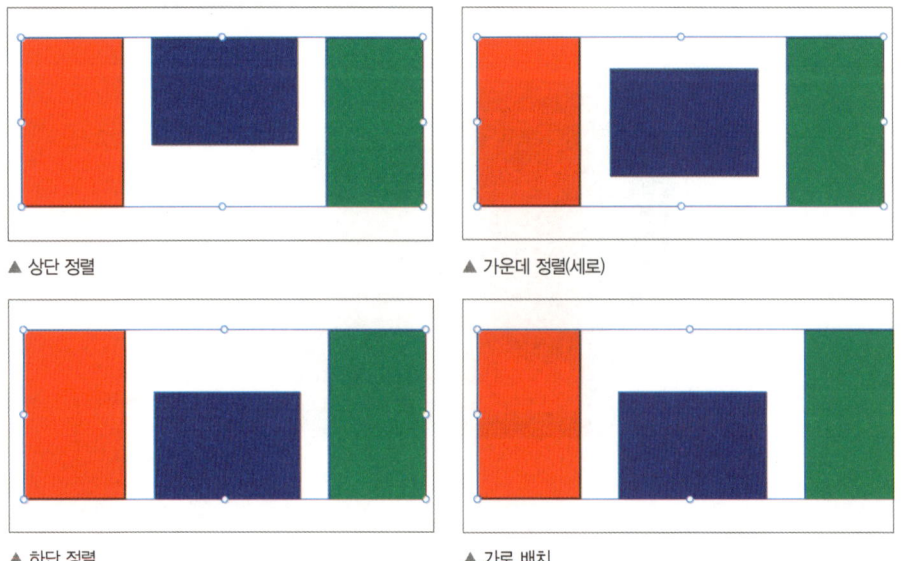

▲ 상단 정렬   ▲ 가운데 정렬(세로)

▲ 하단 정렬   ▲ 가로 배치

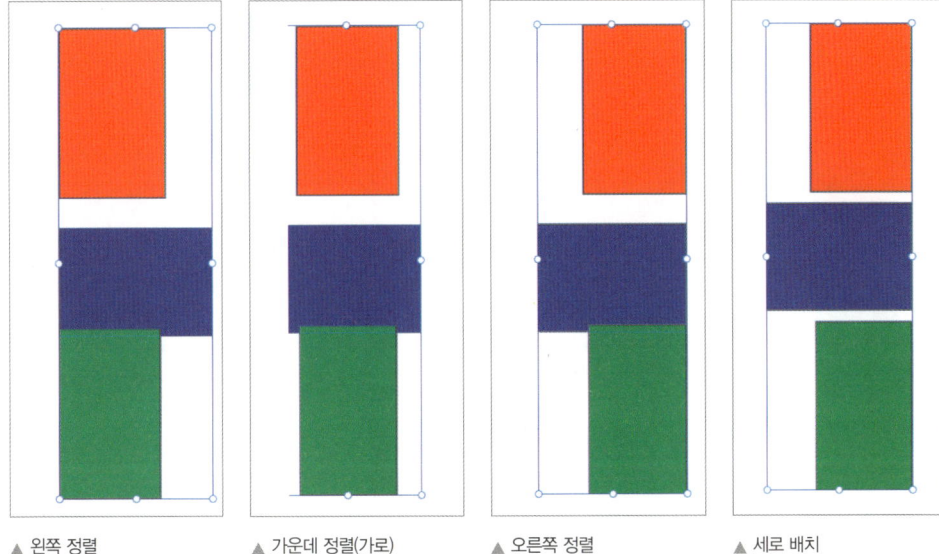

▲ 왼쪽 정렬　　▲ 가운데 정렬(가로)　　▲ 오른쪽 정렬　　▲ 세로 배치

03 여러 오브젝트가 겹친 상태에서 오브젝트의 앞뒤 순서를 지정하려면, 원하는 오브젝트를 선택한 후 마우스 오른쪽 버튼을 클릭하고 [맨 앞으로 가져오기], [앞으로 가져오기], [뒤로 보내기], [맨 뒤로 보내기]를 각각 선택할 수 있습니다.

- 맨 앞으로 가져오기(Shift+Ctrl+]): 오브젝트를 제일 상위로 정렬합니다.
- 앞으로 가져오기(Ctrl+]): 한 칸씩 앞으로 가져옵니다. 클릭할 때마다 한 칸씩 이동됩니다.
- 맨 뒤로 보내기(Shift+Ctrl+[): 제일 하위로 정렬합니다.
- 뒤로 보내기(Shift+[): 한 칸씩 뒤로 갑니다. 클릭할 때마다 한 칸씩 이동됩니다.

오브젝트 추가, 빼기, 교차, 오버랩 제외하기

01 새로운 아트보드를 생성합니다. 2개의 오브젝트를 겹쳐서 그립니다. 오른쪽 옵션 패널의 패스파인더의 [추가], [빼기], [교차], [오버랩 제외] 아이콘을 이용해 두 오브젝트의 모양을 변경해보겠습니다.

02 사각형 2개를 선택한 상태에서 오른쪽 옵션 패널의 [추가]와 [빼기]를 각각 선택해보면 오브젝트를 합치거나 뒤에 있는 오브젝트에서 앞의 오브젝트와 겹친 부분만 뺄 수도 있습니다.

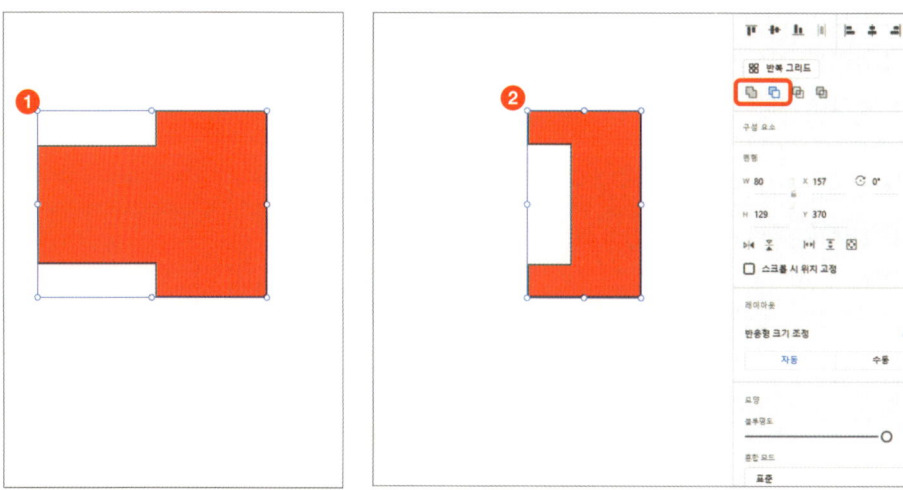

① **추가** : 하단 오브젝트 색상을 기준으로 상위 겹친 오브젝트를 하나로 합칩니다.

② **빼기** : 상하 오브젝트 겹친 부분을 뺍니다. 기준점은 하단 오브젝트가 남습니다. 만약 반대로 하려면 깊이 정렬을 하여 상하단을 반전시켜야 합니다.

03 Ctrl + Z 를 눌러 사각형을 원래 상태로 되돌립니다. 이번에는 도형의 순서를 반대로 바꿔 보세요. 그런 다음 [교차], [오버랩 제외]를 각각 선택해봅니다.

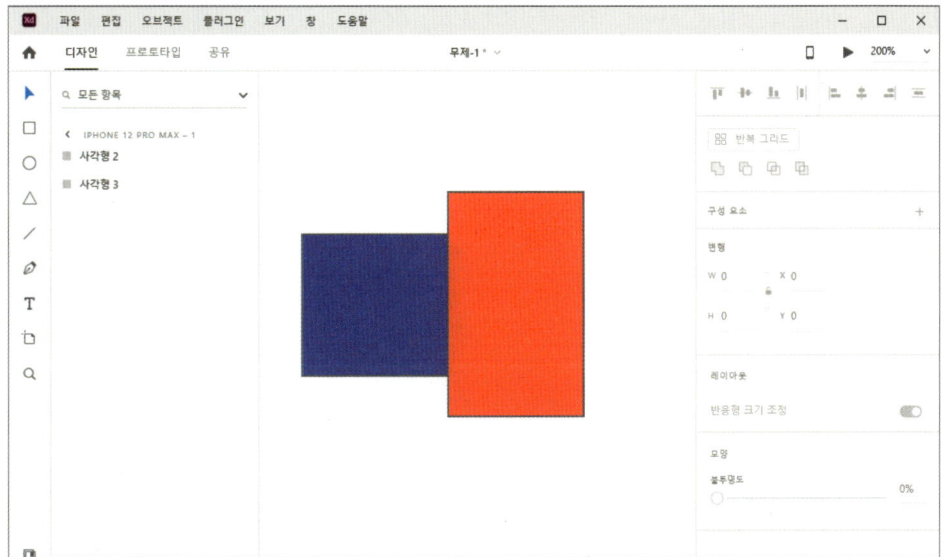

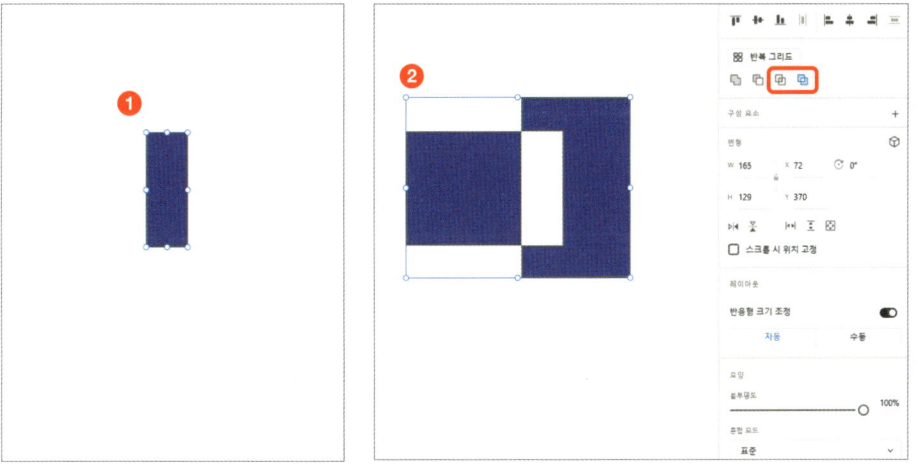

① **교차** : 2개 오브젝트가 겹치는 부분만 남습니다.
② **오버랩 제외** : 2개 오브젝트가 겹치지 않은 부분이 남습니다.

레이어

01 레이어는 포토샵 레이어와 같은 원리입니다. 먼저 Ctrl+O를 눌러 새 문서를 만들고 사각형, 원형, 삼각형을 각각 그립니다. 왼쪽 하단에 [에셋], [레이어], [플러그인] 3가지 옵션 중 중간에 있는 [레이어]를 클릭합니다.

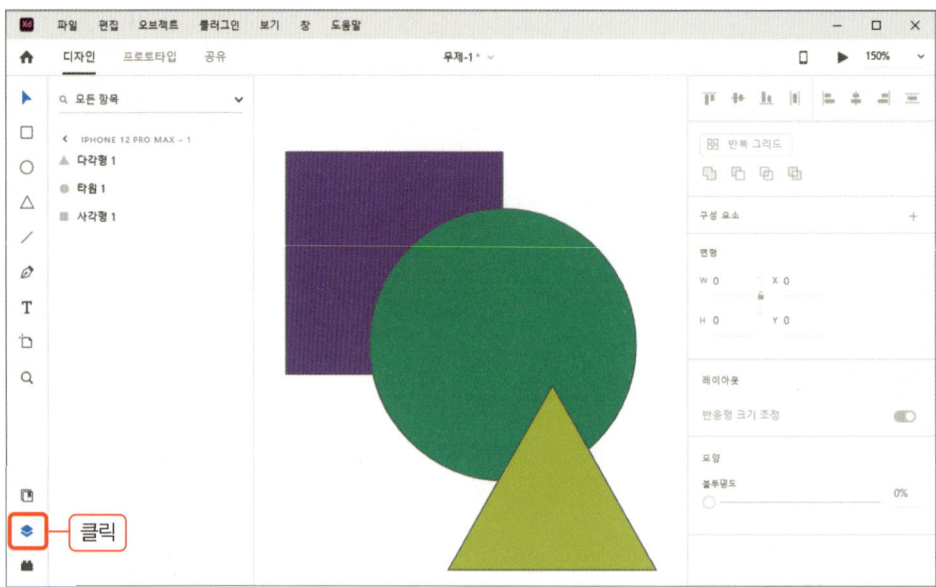

02 왼쪽 레이어 목록을 보면 그린 순서에 따라 사각형, 타원, 삼각형이 차곡차곡 쌓입니다. 레이어를 원하는 위치로 드래그하면 순서를 바꿀 수 있습니다.

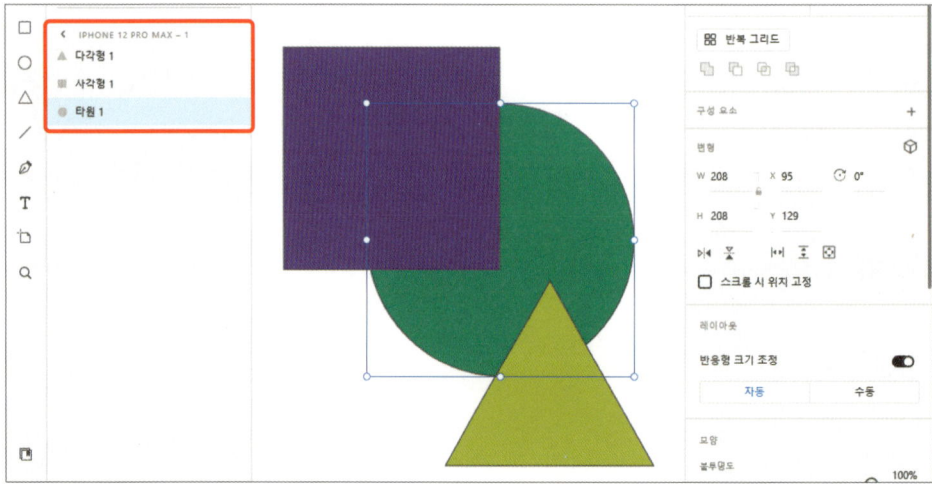

03 아트보드에서 타원을 오른쪽 마우스 버튼으로 클릭한 후 [맨 앞으로 가져오기](Shift + Ctrl +])를 선택하면, 레이어 목록에서도 동시에 맨 위로 이동됩니다.

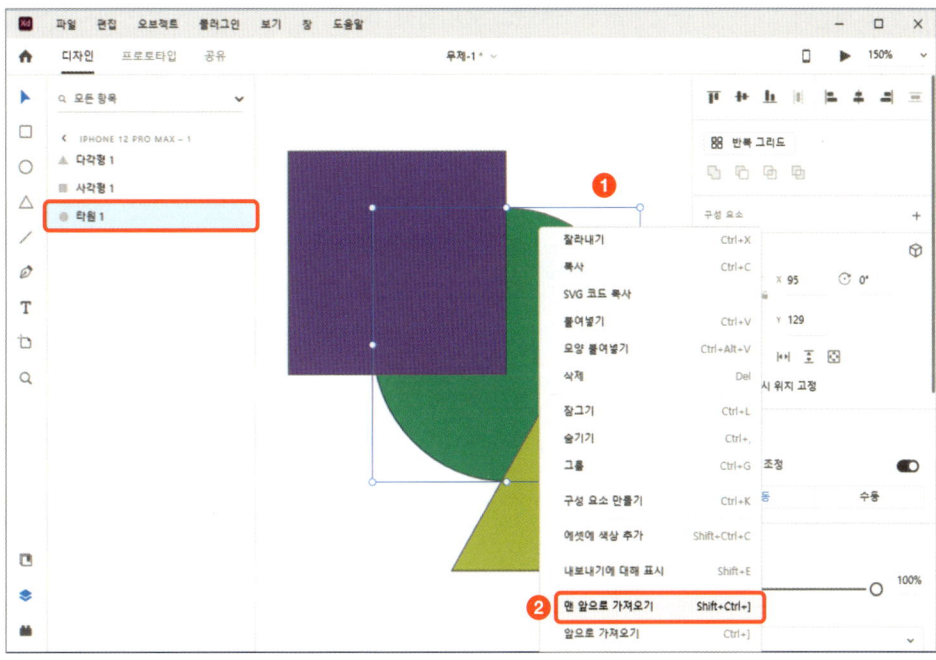

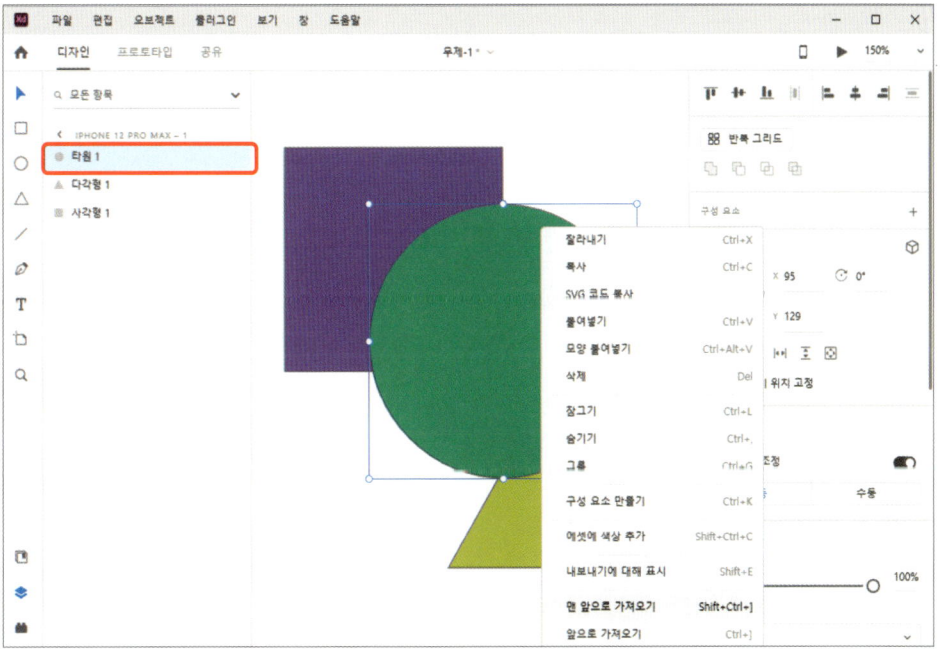

04 레이어는 아트보드별로 따로 정리되어 있으며, 아트보드 제목을 클릭하면 해당 레이어를 볼 수 있습니다. 레이어 목록에서 해당 아트보드 제목을 더블클릭해서 세부 레이어를 확인할 수 있으며, 뒤쪽 화살표 아이콘을 클릭해 상위 아트보드로 이동합니다.

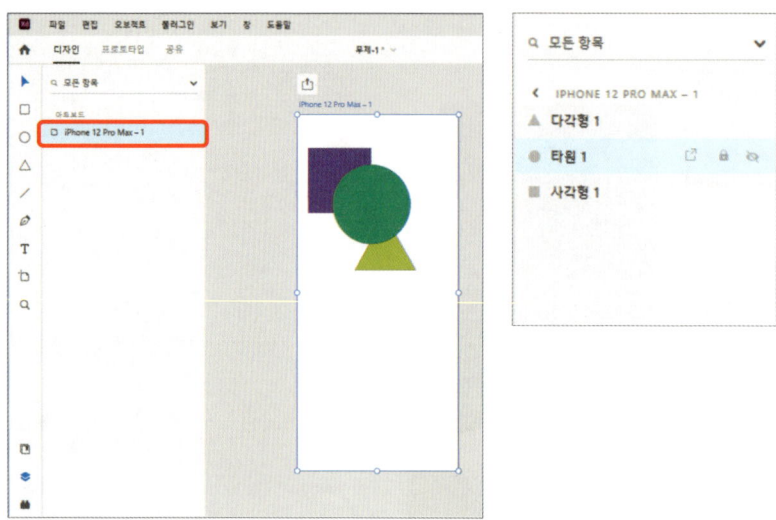

05 원하는 도형을 선택하고 레이어 목록에서 [눈] 아이콘을 클릭하면 보이지 않게 숨길 수 있습니다.

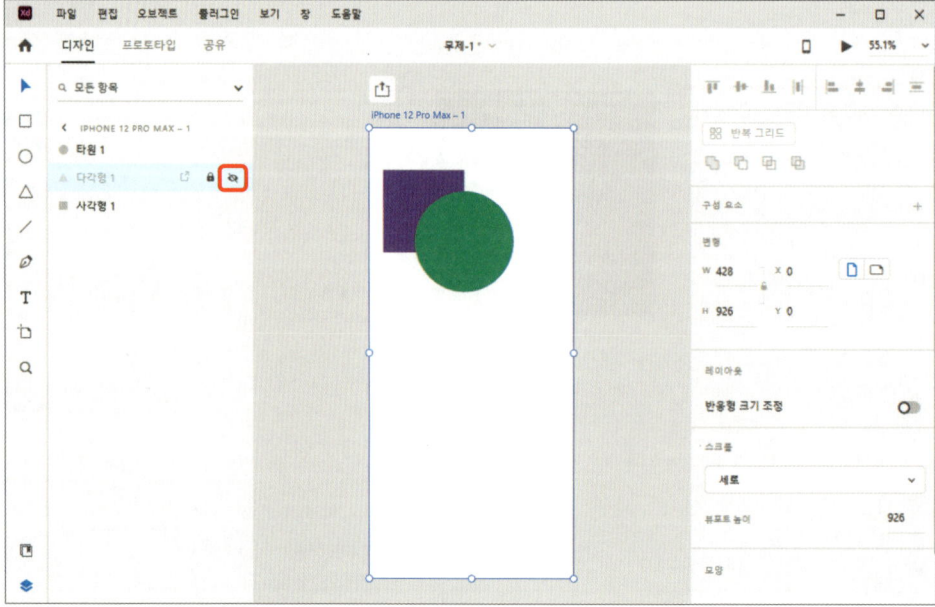

06 레이어의 [자물쇠] 🔒 아이콘을 클릭하거나 Ctrl + L 을 눌러 잠금 처리하거나 잠금을 해제할 수 있습니다.

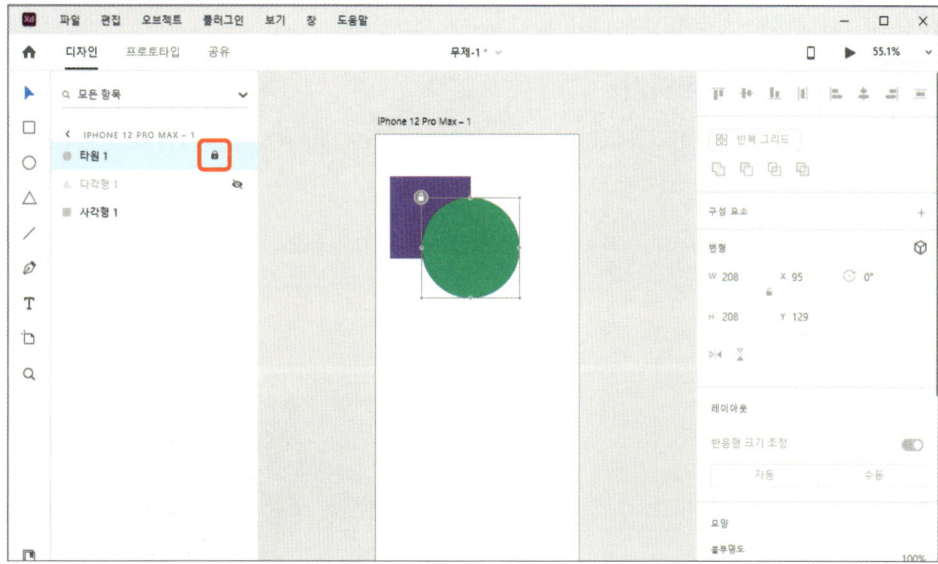

07 레이어별로 [내보내기] 아이콘을 활성화하면 디자인 완성 시 오브젝트를 하나하나 내보낼 수 있습니다.

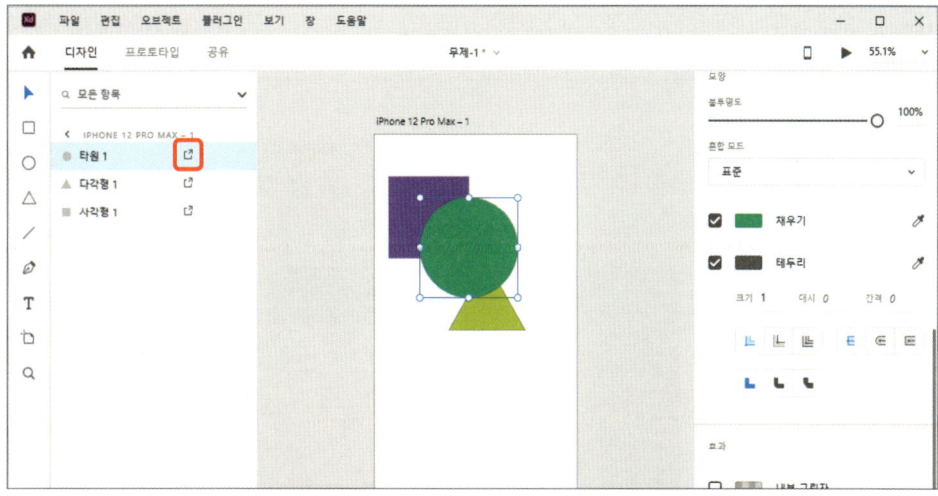

> **TIP** 오른쪽 옵션 패널 맨 아래에 있는 [내보내기에 대해 표시]에 체크하면 모든 레이어에 [내보내기] 옵션이 활성화됩니다.

이미지 편집하고 텍스트 입력하기

Adobe XD는 이미지의 색을 보정하거나 수정할 때는 포토샵과 연동하여 수정할 수 있습니다.

이미지 불러오고 편집하기

01 새로운 문서를 생성합니다. [파일 - 가져오기](Shift + Ctrl + I)를 선택하고 예제 파일 [rose.jpg] 이미지를 불러옵니다.

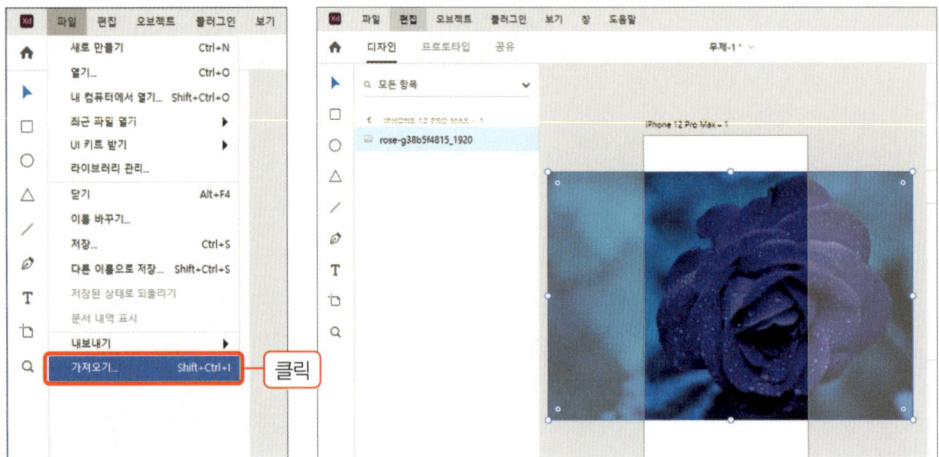

02 이미지 위에 오른쪽 마우스 버튼을 클릭한 후 [Photoshop에서 편집]을 선택합니다.

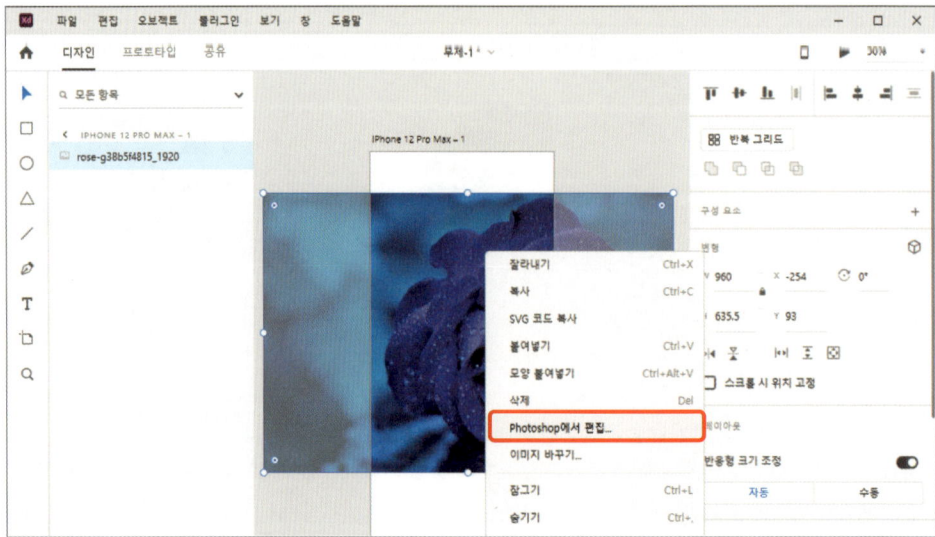

03 포토샵에서 사진 편집을 적용한 후 저장([Ctrl]+[S])하면 Adobe XD에서도 이미지가 그대로 변경됩니다. 포토샵에서 [Ctrl]+[Z]와 [Ctrl]+[S]를 각각 누른 후 다시 Adobe XD로 넘어옵니다.

 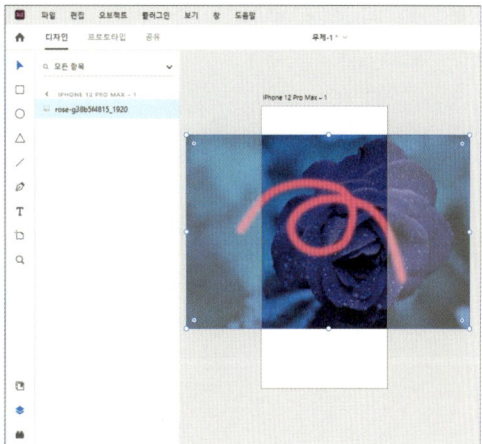

04 이미지를 선택한 후 오른쪽 옵션 패널에서 [변형]의 [X: 0, Y: 0]으로 지정하면 이미지가 화면의 상단 왼쪽 끝 위치로 이동됩니다.

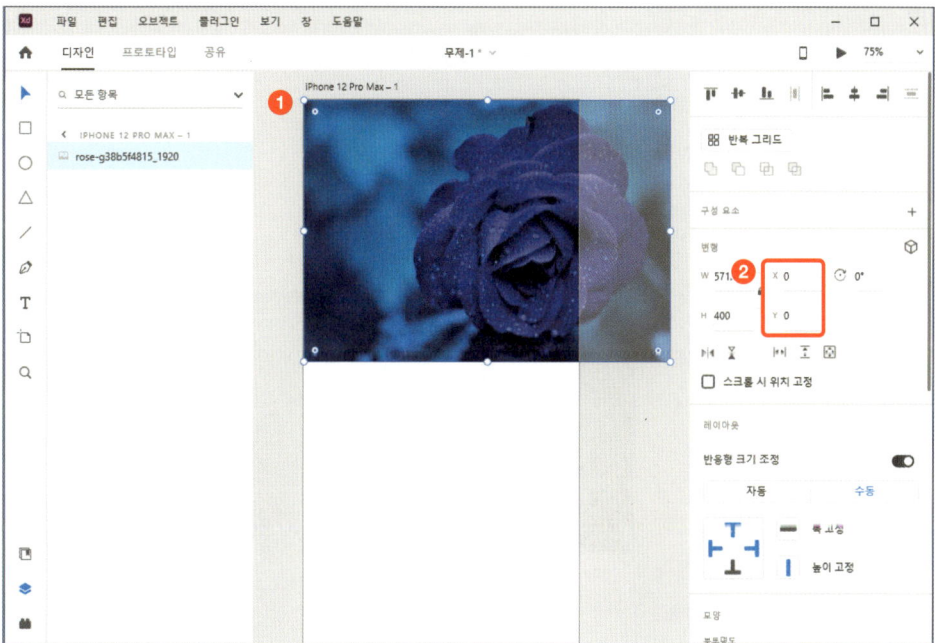

Adobe XD 기능 활용하기 | LESSON 01

05 [자물쇠] 아이콘을 비활성화하고 [W]와 [H] 값을 변경하면 이미지의 원래 비율에 상관없이 원하는 가로세로 길이로 이미지를 조정할 수 있습니다.

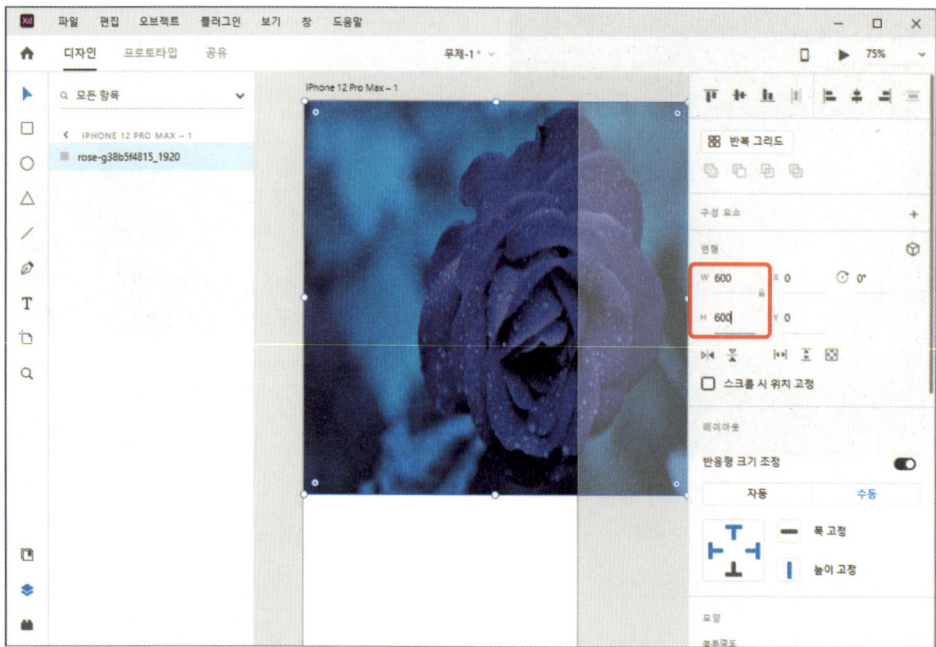

06 이미지를 선택한 상태에서 [가로로 뒤집기] 와 [세로로 뒤집기] 아이콘을 클릭해 이미지를 거울 반사 형태로 반전할 수 있습니다.

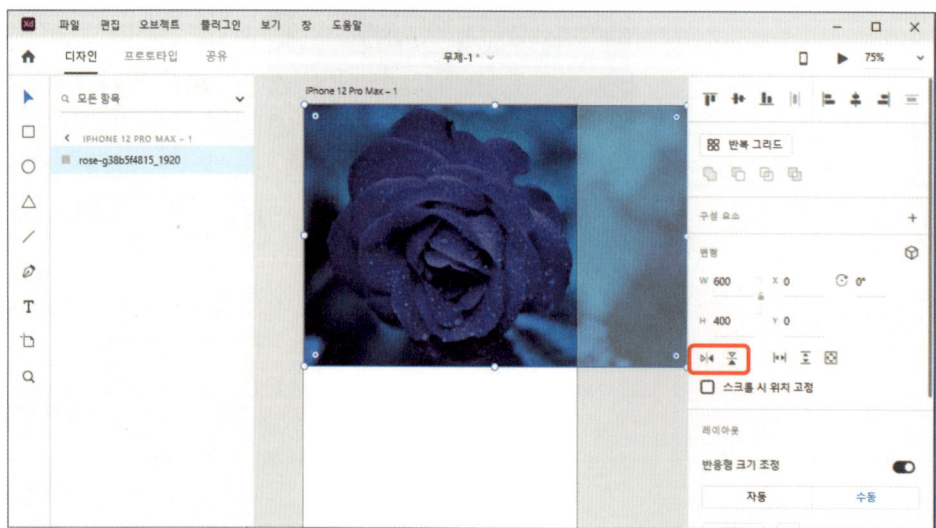

07 이미지를 선택한 상태에서 [가로 스크롤] ⊞, [세로 스크롤] ⊟, [가로 및 세로 스크롤] ⊞ 을 클릭하면 이미지를 사각형 형태로 상하좌우에서 크롭할 수 있습니다.

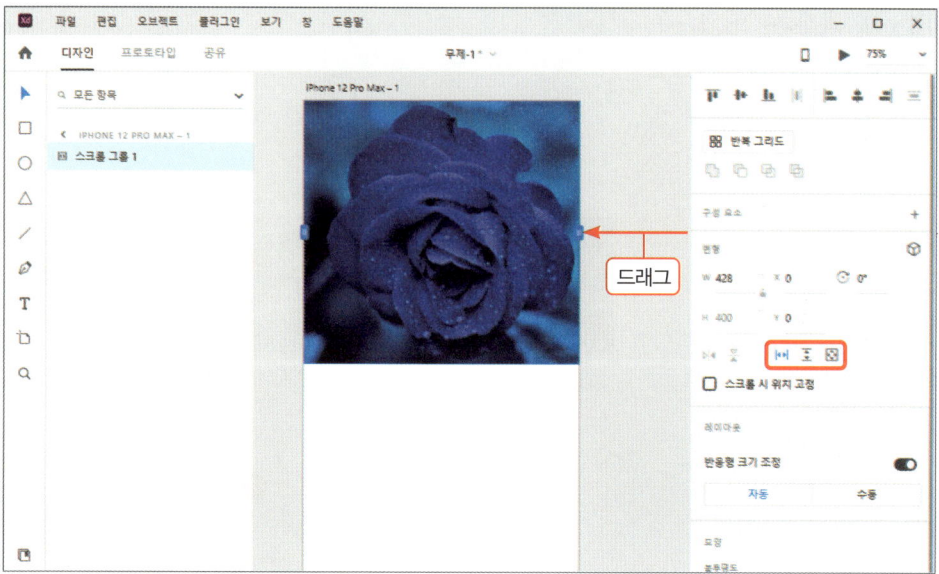

08 이미지도 도형처럼 불투명도 조절이 가능하며 그림자 효과를 줄 수 있습니다.

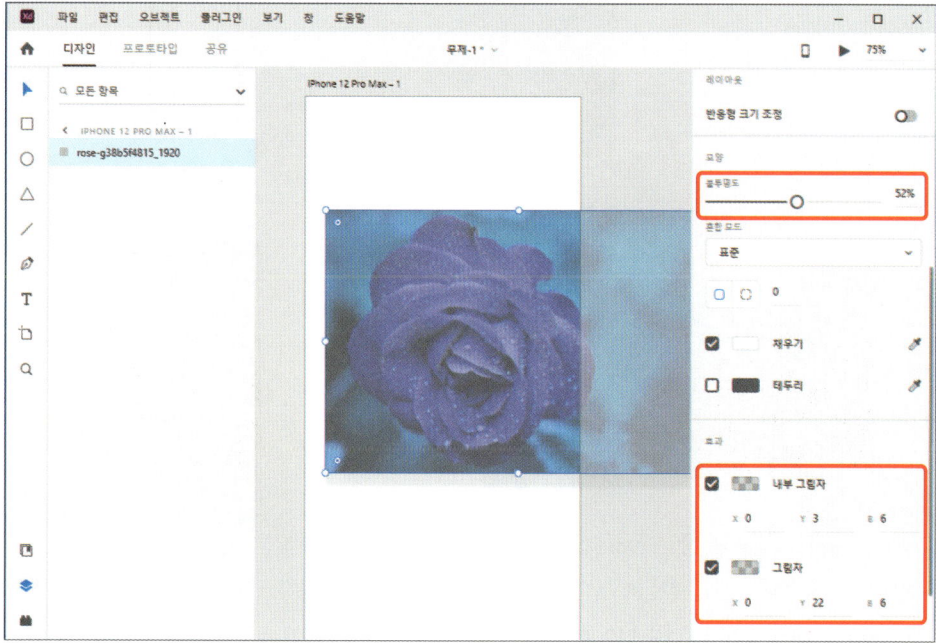

Adobe XD 기능 활용하기 | LESSON 01 | 73

09 이미지와 다른 오브젝트를 겹친 상태에서 혼합 모드를 지정하면 색상에 따라 합성된 이미지를 연출할 수 있습니다.

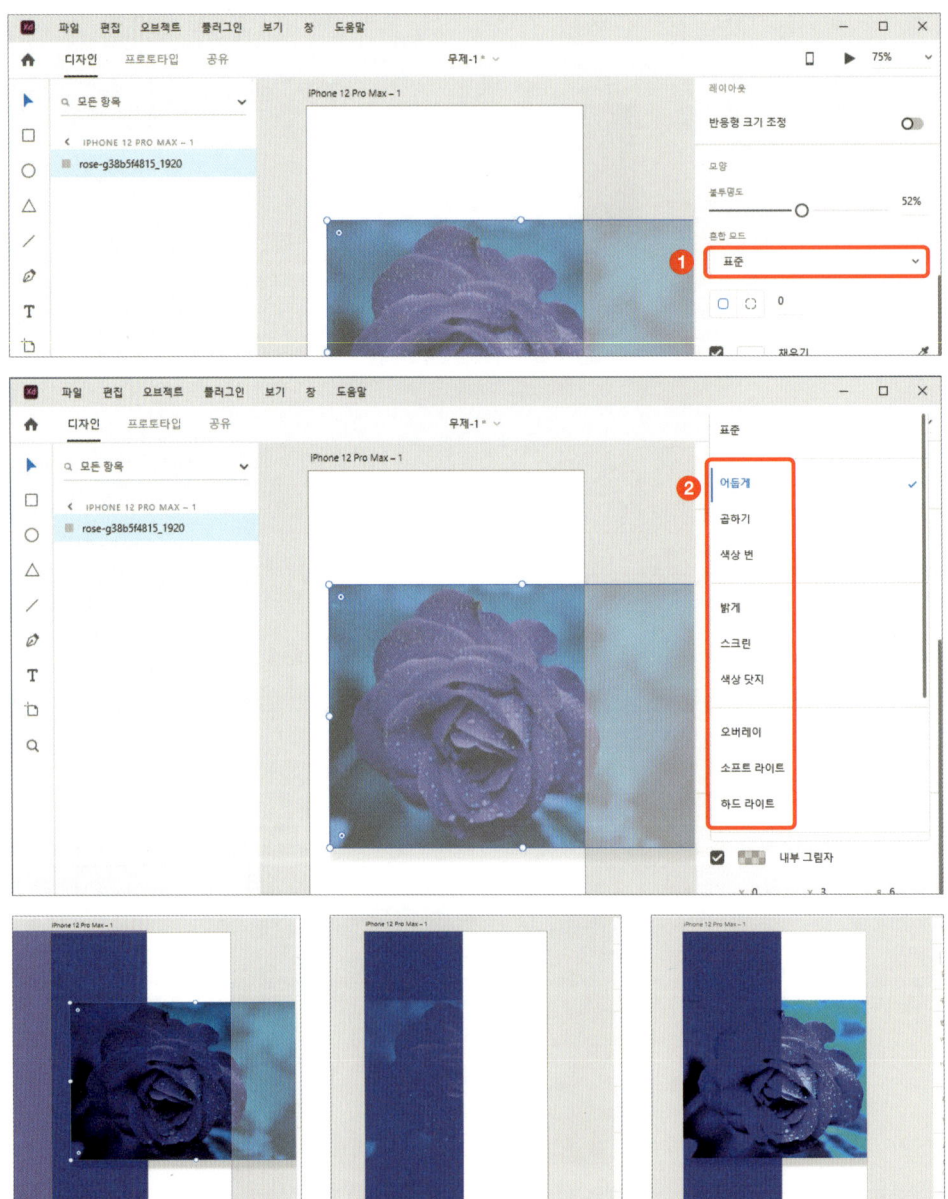

- **어둡게, 곱하기, 색상 번**: 배경 이미지와 함께 혼합하여 어두운 색상이 섞입니다.
- **밝게, 스크린, 색상 닷지**: 배경 이미지와 함께 혼합하여 밝은 색상이 섞입니다.
- **오버레이, 소프트 라이트, 하드 라이트**: 기본 색상을 그대로 둔 상태에서 혼합 색상이 섞입니다.

이미지에 마스크 적용하기

이미지에 마스크를 적용하는 방법은 2가지가 있습니다.

01 새로운 문서를 생성하고 원형 오브젝트를 그립니다.

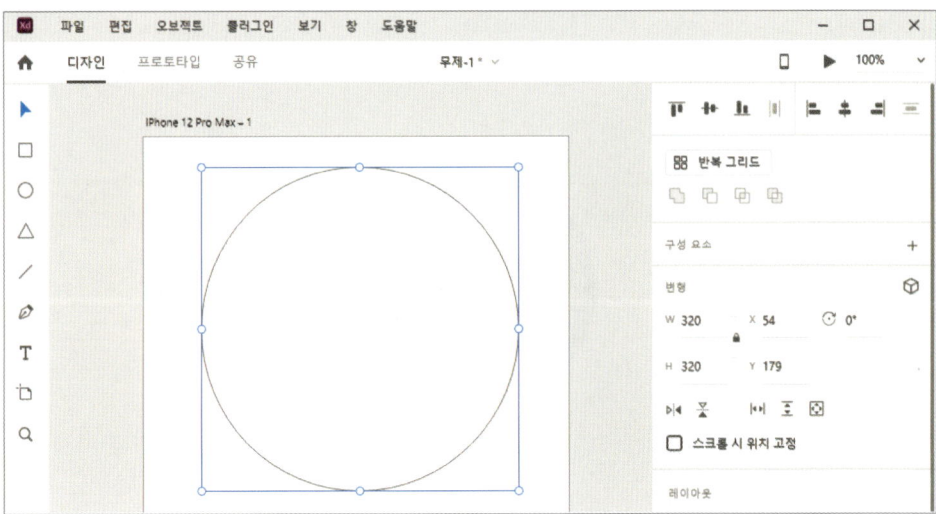

02 [파일 – 가져오기](Shift + Ctrl + I)를 선택해 예제 파일 [블루장미.jpg]를 불러옵니다.

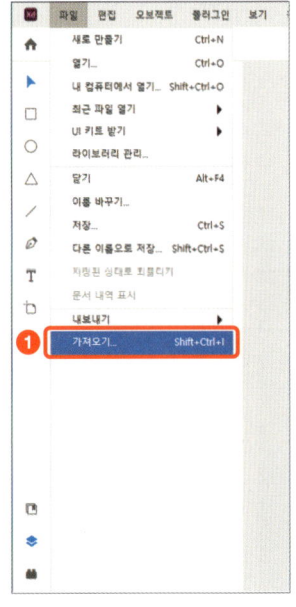 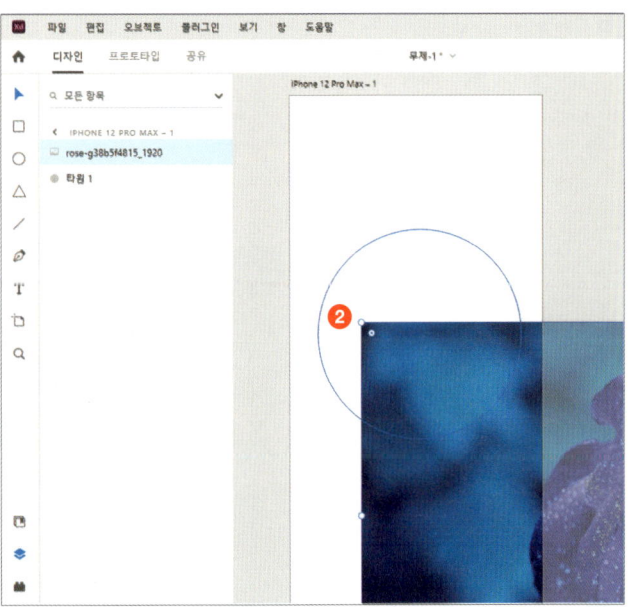

03 원형과 이미지를 선택한 상태에서 마우스 오른쪽 버튼을 클릭하고 [모양으로 마스크 만들기] (Shift + Ctrl + M)를 누르면 됩니다.

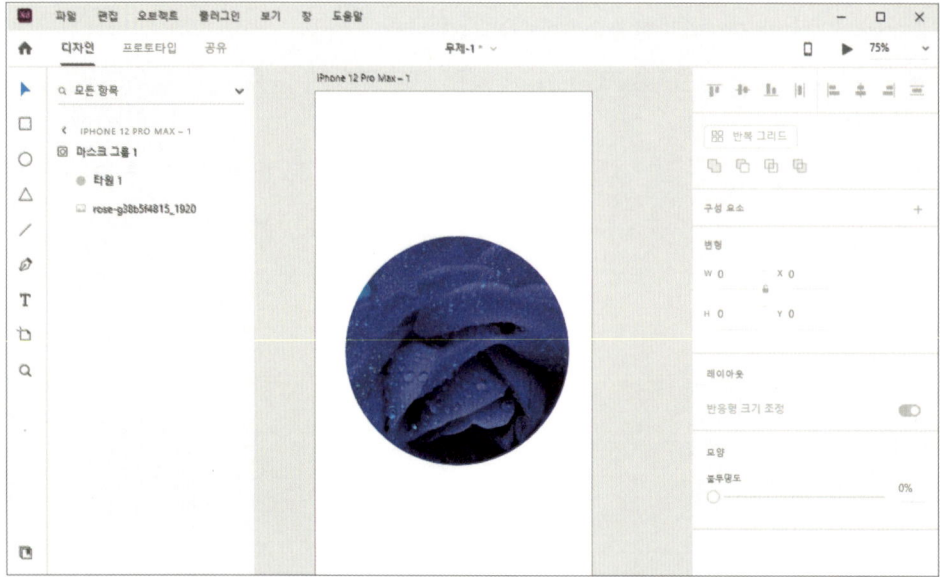

04 원형 마스크를 더블클릭하면 이미지의 위치를 옮길 수 있습니다.

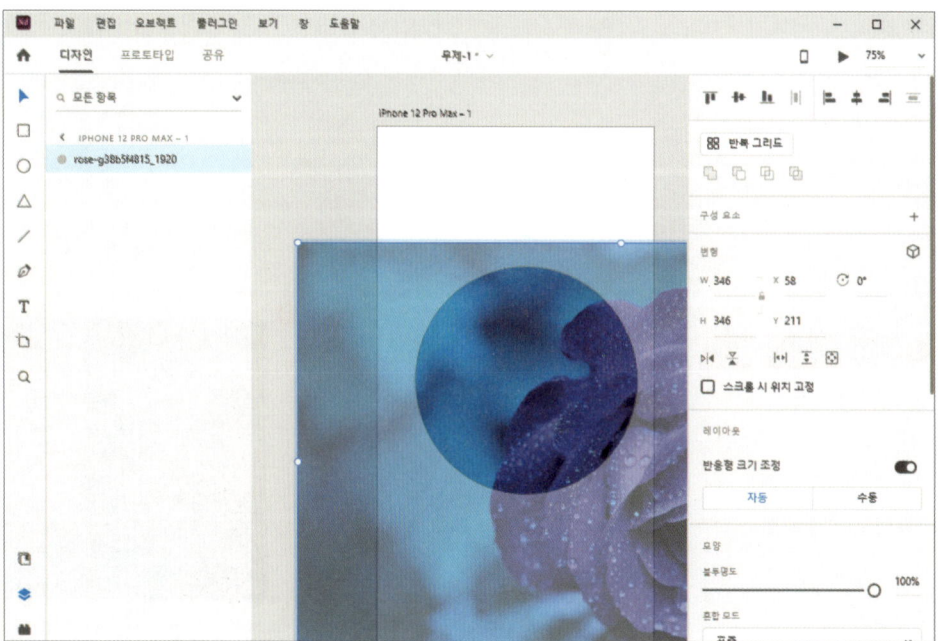

05 탐색기나 바탕화면에 있는 이미지 파일을 Adobe XD 화면의 오브젝트 위에 드래그해도 마스크가 바로 적용됩니다.

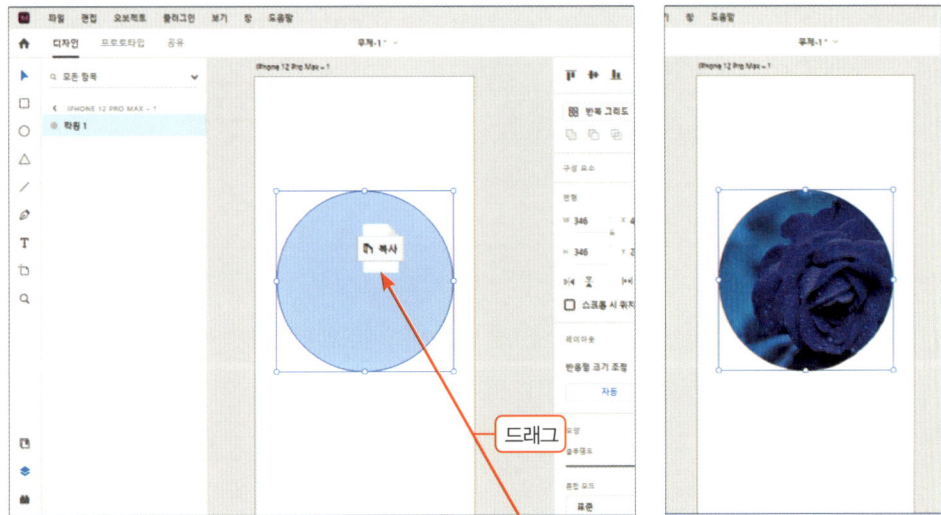

텍스트 사용하기

01 새로운 아트보드를 생성하고 [텍스트] 도구를 선택한 다음 [Adobe XD]를 입력합니다.

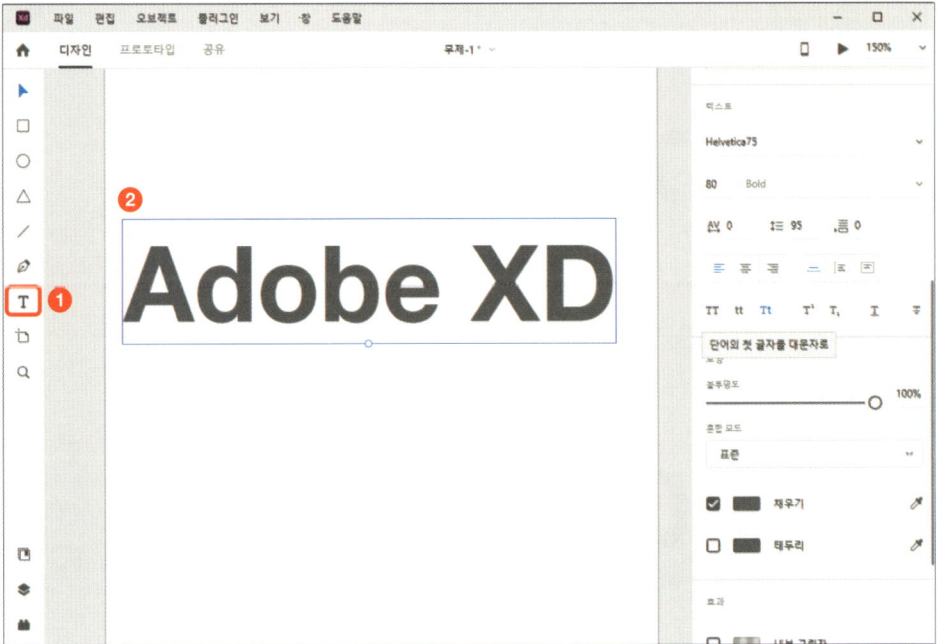

02 오른쪽 옵션 패널의 [텍스트]에서 서식을 지정할 수 있습니다. [서체: Helvetica, 글자 크기: 80, Bold, 행간: 95]로 지정합니다.

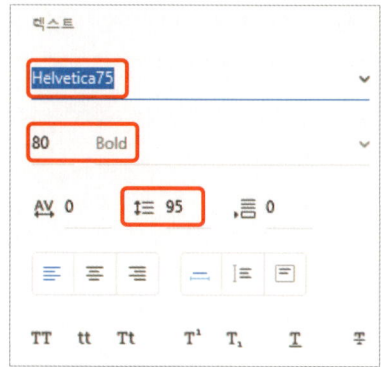

03 텍스트를 선택하고 [자동 대문자], [텍스트 반올림], [텍스트 밑줄]을 각각 적용해봅니다.

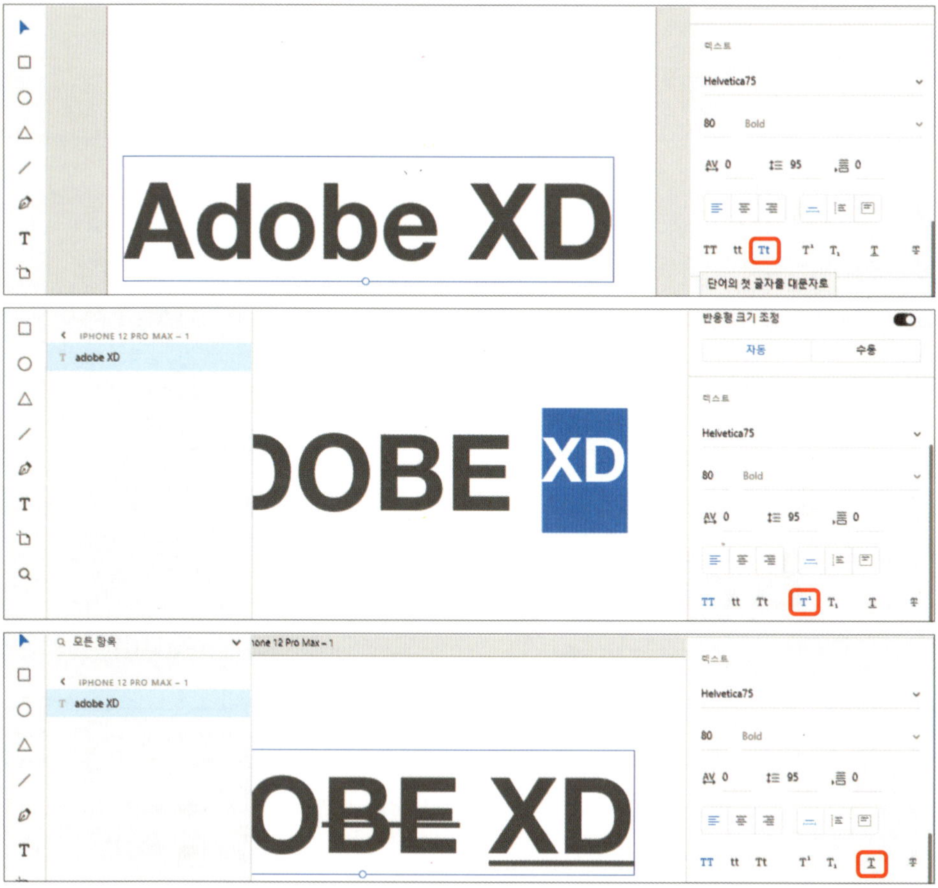

구성 요소와 에셋, 오브젝트와 반복 그리드

우리가 Adobe XD를 사용하는 궁극적인 목적은 UI를 만드는 데 있어 최적화된 프로그램이기 때문입니다. UI에서 사용하는 요소는 이미지를 1배, 2배, 3배 등의 크기로 각각 변환해서 개발자에게 전달해야 합니다.

이런 이유로 초기 개발부터 유지보수까지 UI 인터페이스는 수정과 업데이트를 반복적으로 수행합니다. 그럴 때마다 공통적으로 사용하는 디자인 요소를 손쉽게 만들기 위해 우리는 구성 요소(심볼)를 사용합니다. 구성 요소는 내가 오브젝트가 폰트 색상 등을 고정적으로 템플릿화하여 저장하고 필요할 때마다 꺼내어 사용하거나 응용할 수 있는 기본 틀이 됩니다. 구성 요소는 한 번에 수정할거나 동시 출력할 때 쉽고 빠르게 작업할 수 있습니다.

구성 요소

01 새로운 아트보드를 생성합니다. 새로운 사각형 도형을 그리고 임의의 색상을 지정합니다.

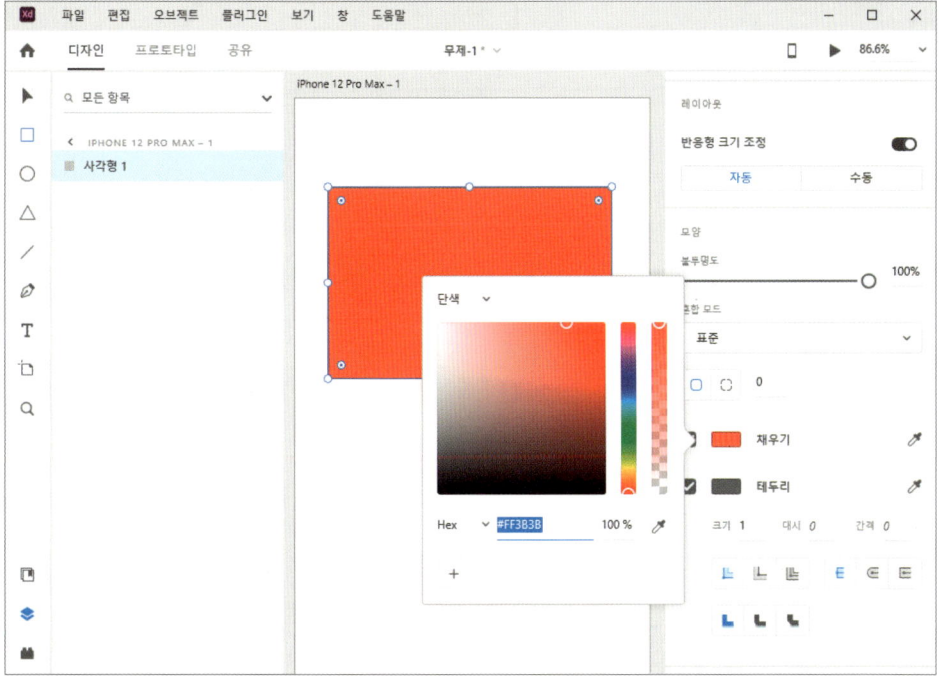

02 오른쪽 마우스 버튼을 누르고 [구성 요소 만들기](Ctrl + K)를 선택합니다.

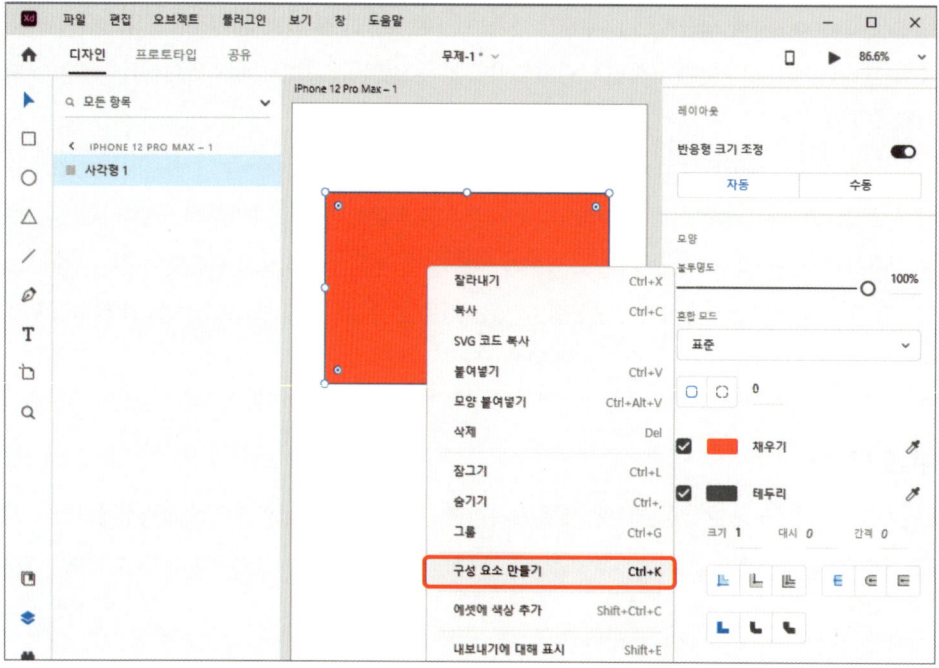

03 오브젝트가 구성 요소로 지정되면 녹색 테두리가 표시되고 왼쪽 상단에 마름모꼴 형태가 보입니다. 이것은 구성 요소가 원본이라는 의미입니다. 이 구성 요소를 다른 곳에서 복제해서 쓰더라도, 원본만 수정하면 모든 복사본이 자동으로 일괄 변경됩니다. 이 부분은 초보자들이 헷갈려 할 수 있는 내용이니 명심하세요.

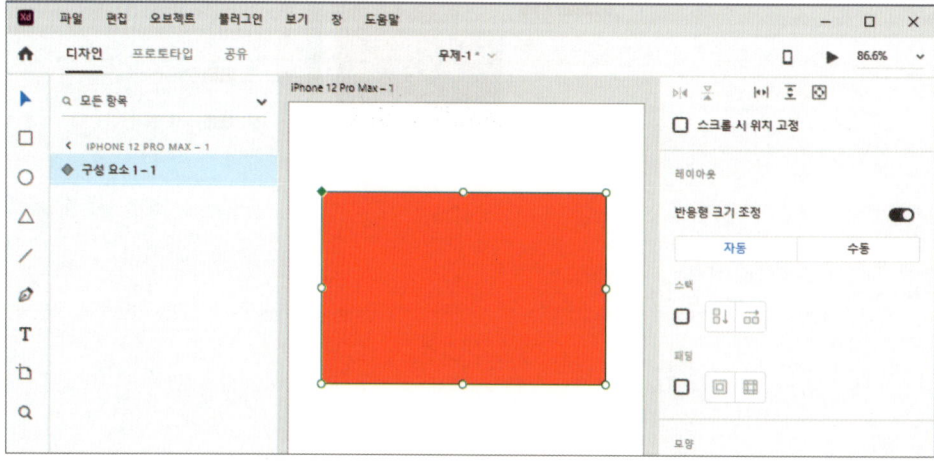

04 구성 요소 원본은 문서 에셋에서 수정을 할 수 있습니다. 오른쪽 구성 요소 목록에서 구성 요소에 오른쪽 마우스 버튼을 클릭하고 [**주요 구성 요소 편집**]을 선택합니다. 여기서 구성 요소 원본을 편집하면 복제된 모든 구성 요소가 수정됩니다.

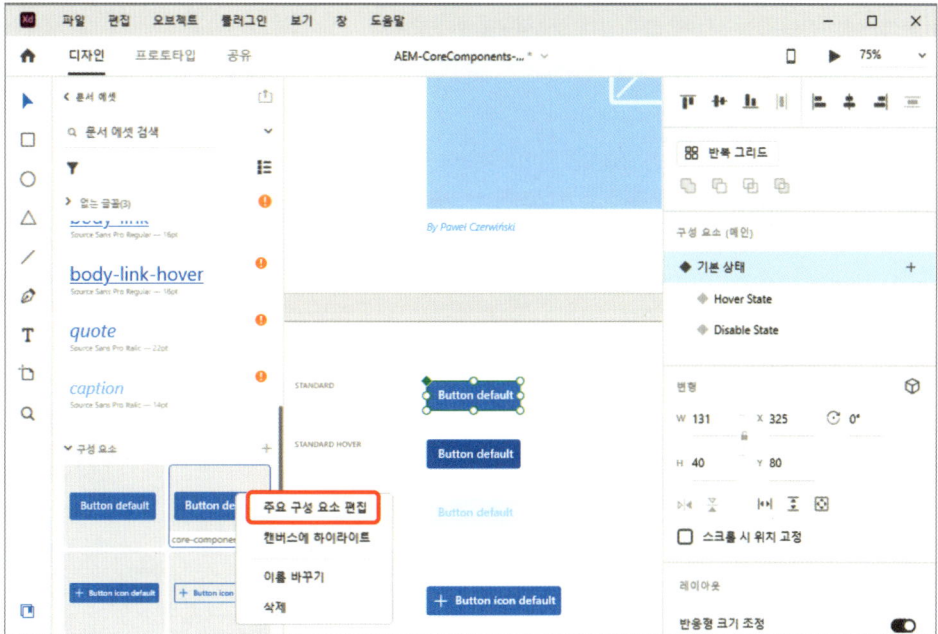

05 아트보드에서 구성 요소 원본을 삭제해도 언제든지 다시 꺼내어 쓸 수 있습니다. 구성 요소를 복제하면 왼쪽 상단 마름모꼴 형태가 색이 비워진 상태로 보이며 화면으로 드래그해서 언제든지 재사용할 수 있습니다.

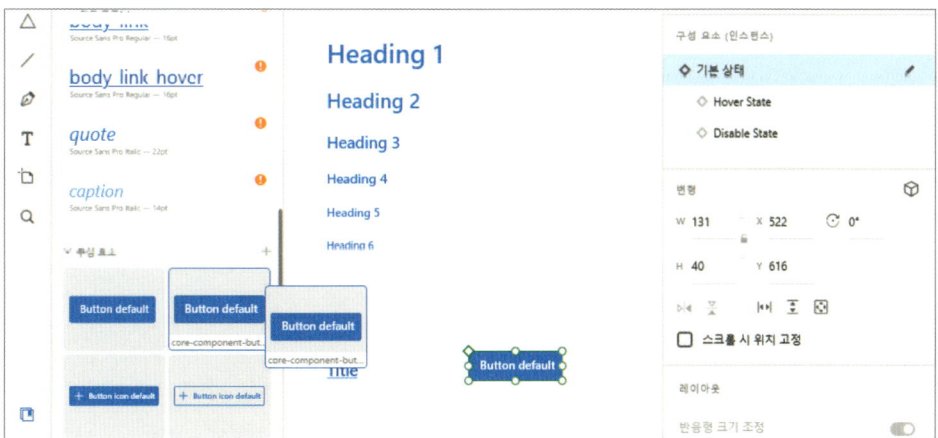

에셋

구성 요소가 저장될 때 라이브러리에 속한 템플릿이 제공되는데 폰트, 색상, UI 템플릿 등을 관리할 수 있는 공간입니다. 에셋은 크게 [색상], [문자 스타일], [구성 요소] 3가지로 제공됩니다.

- **색상**: 색상 정보 값을 저장해 놓고 언제든지 적용할 수 있습니다.
- **문자 스타일**: 폰트, 글자 크기 등을 저장하고 각 페이지에 맞게 언제든지 적용할 수 있고 재사용할 수 있습니다.
- **구성 요소**: 사용자가 원하는 UI 템플릿을 가이드화하여 저장한 후 언제든지 적용할 수 있습니다.

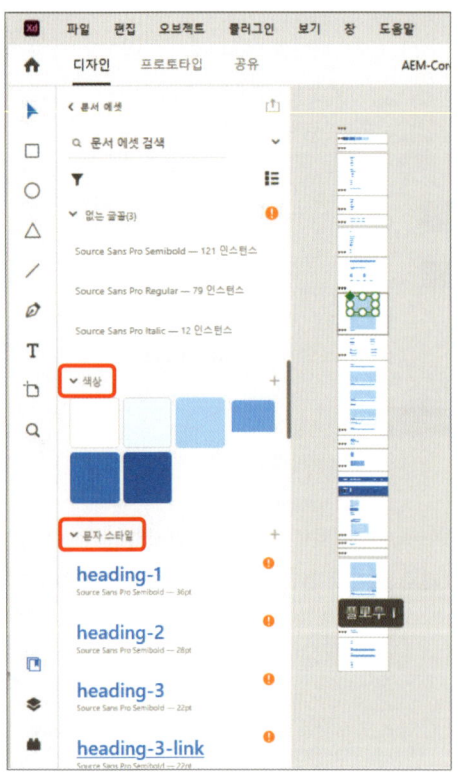 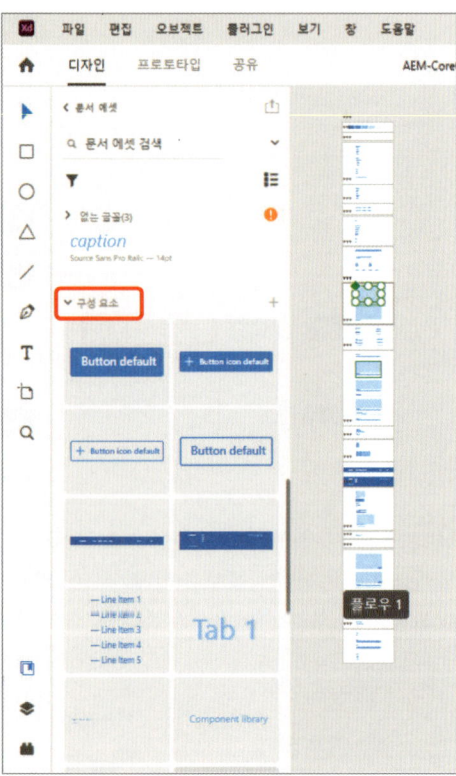

반복 그리드

01 새로운 아트보드를 생성하고 원형을 그립니다. 원형이 선택된 상태에서 오른쪽 옵션 패널에서 [반복 그리드]를 클릭합니다.

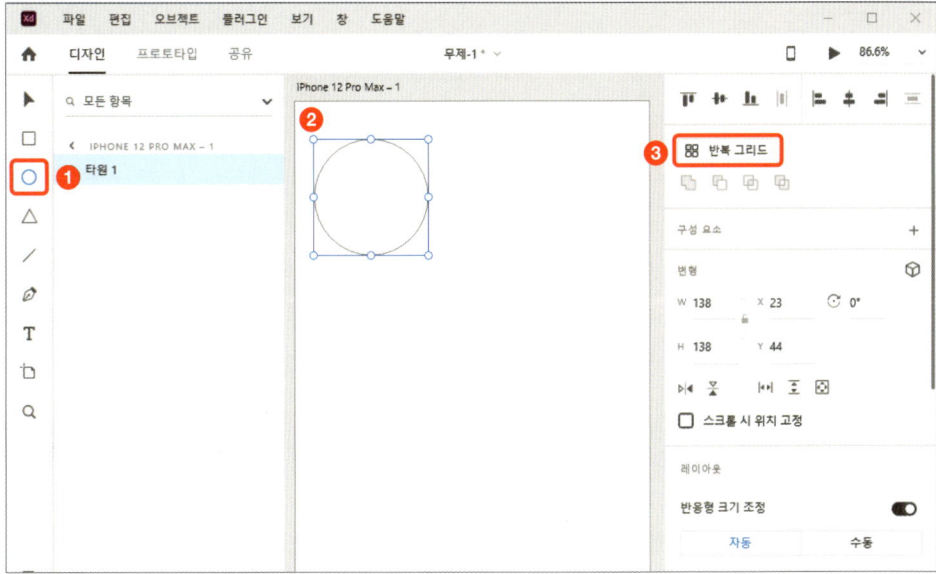

02 원형에 녹색 그리드가 나타납니다. 그리드의 오른쪽 녹색 버튼을 옆으로 드래그합니다.

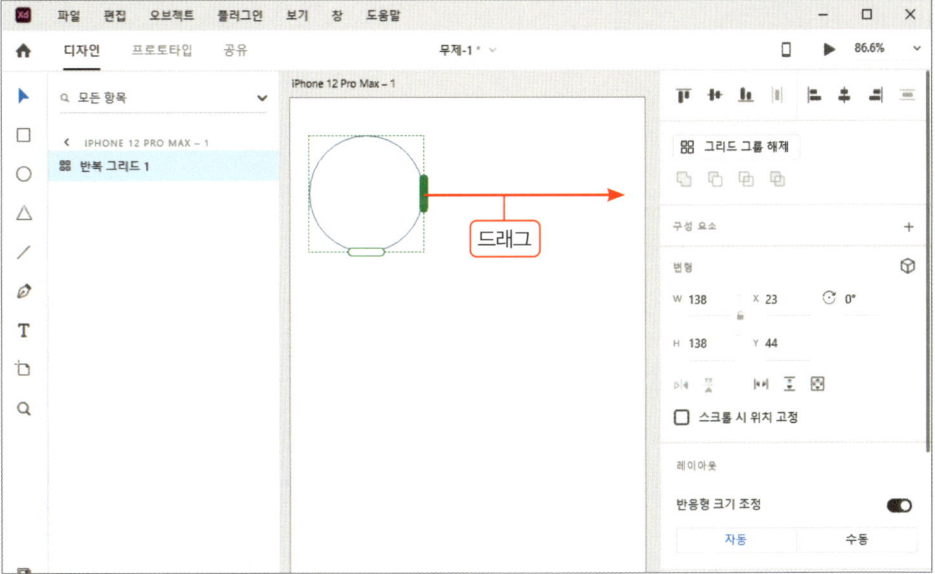

03 처음 그렸던 원형이 일정한 간격을 유지하며 반복적으로 그려집니다. 이번에는 녹색 버튼을 아래로 드래그합니다.

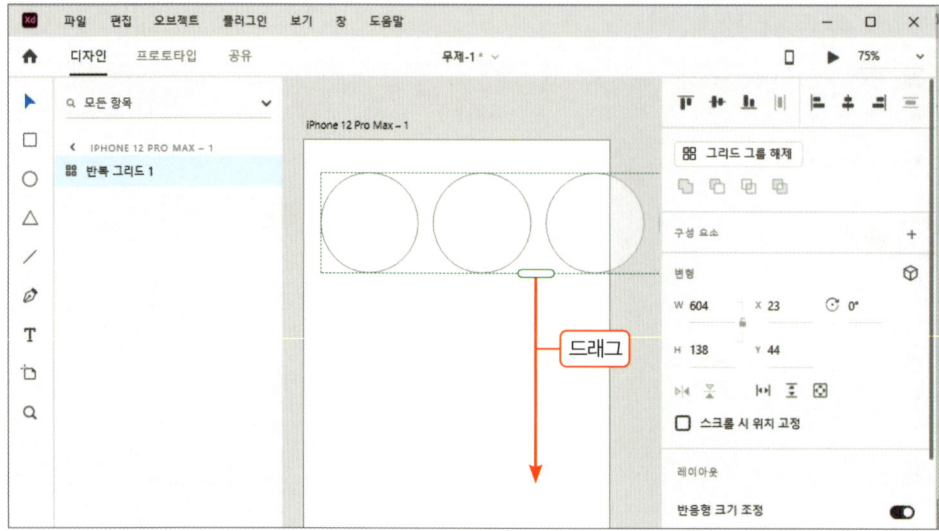

04 세로로 녹색 버튼을 드래그하면 도형이 아래로 복사되며 그려집니다.

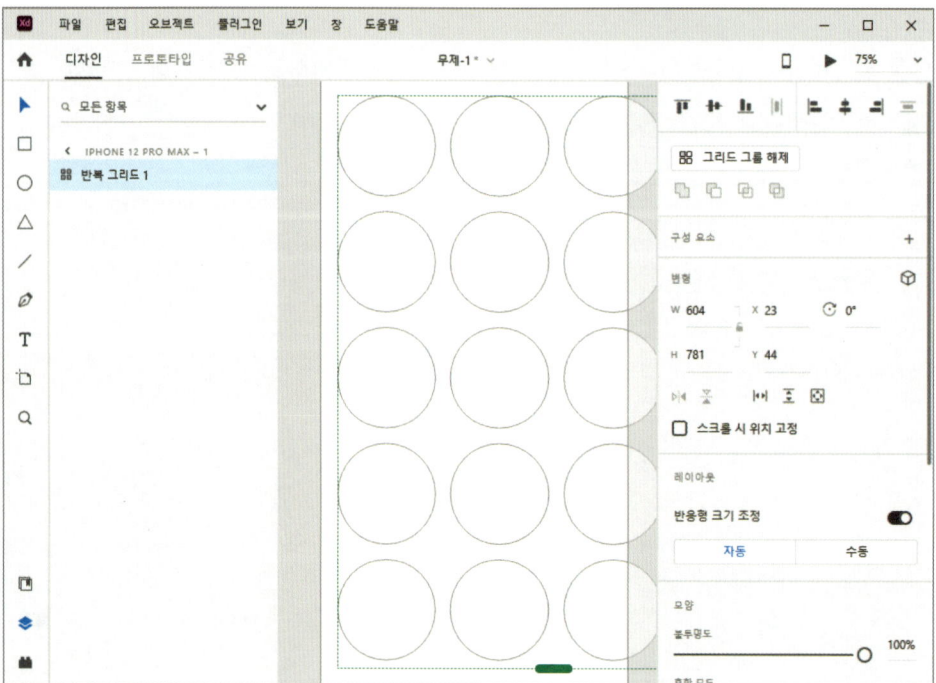

05 도형과 도형 사이 간격에 커서를 가져가면 분홍색 간격 영역이 표시됩니다. 간격 영역을 드래그하면 반복 그리드의 모든 간격이 같은 길이로 한 번에 조정됩니다. 이것은 Sketch나 타 프로그램에서 없었던 내용이며 과거 포토샵으로 하나하나 수정해야 했던 단순 반복된 작업이 한번에 해결되는 기능입니다.

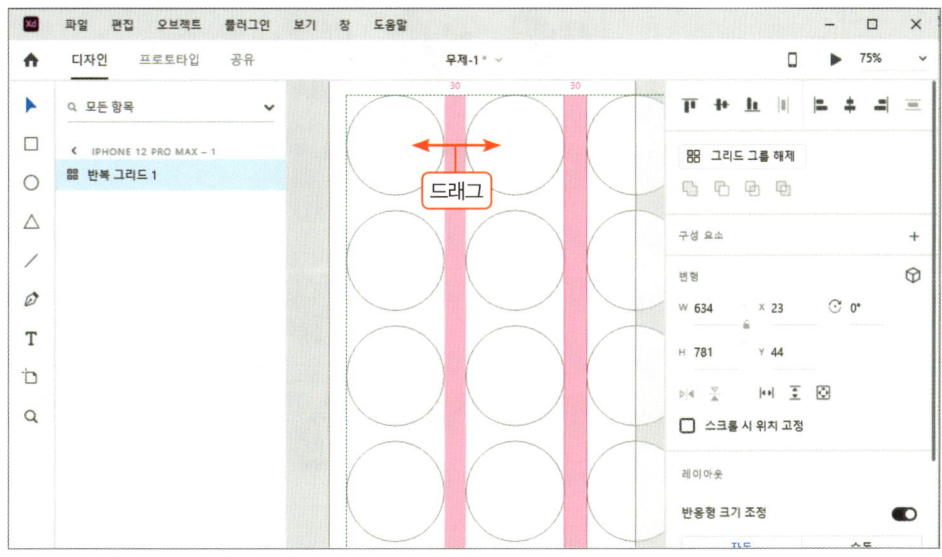

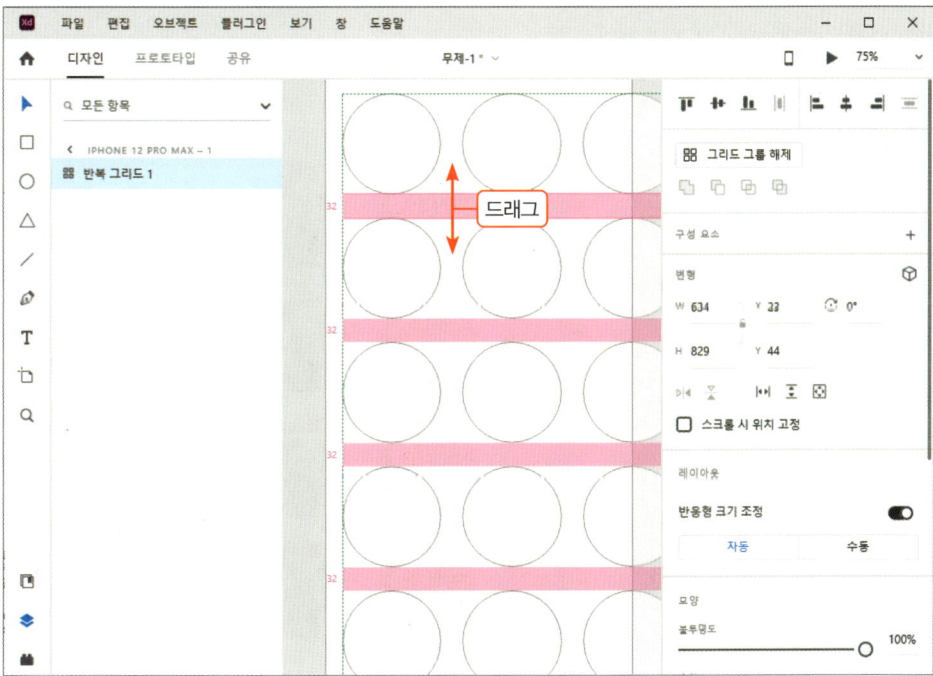

06 반복된 도형에 아무 곳에나 이미지를 드래그해서 마스크를 씌우면 모든 도형에 같은 이미지가 채워집니다.

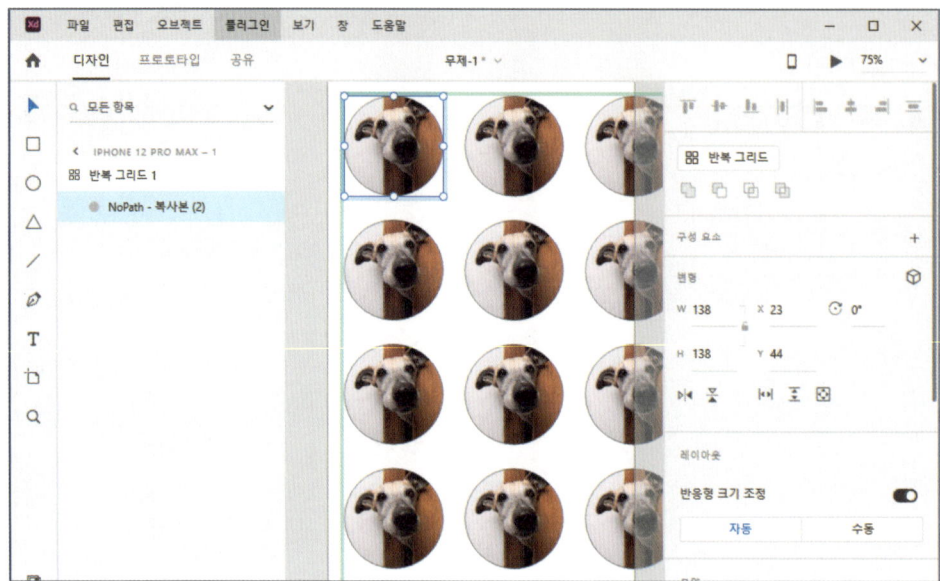

07 다른 도형에 이미지를 드래그해서 넣으면 이미지가 번갈아 가며 표시됩니다. 여러 이미지를 한꺼번에 드래드하면 이미지가 각각 도형에 배치됩니다.

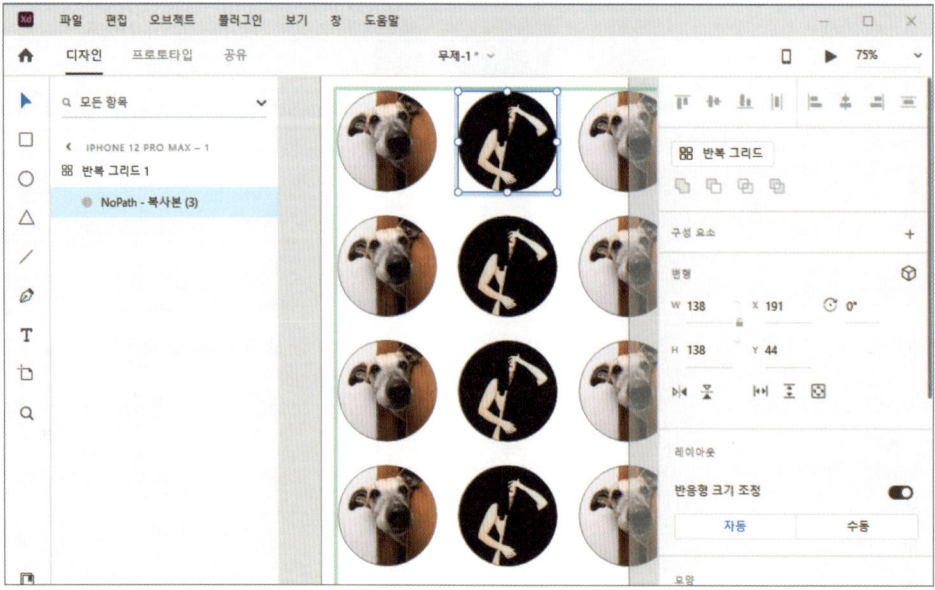

반응형 웹에 적합한 화면 구성하기

반응형 웹을 구현하려면 화면 요소가 다양한 크기에 맞게 조정되어야 합니다.

01 새로운 아트보드를 생성합니다. [사각형] 도구를 이용하여 사각형을 그리고 파란색을 지정해 제목 영역을 나타냅니다. 아트보드 제목을 선택하고 오른쪽 옵션 패널의 [반응형 크기 조정]을 활성화합니다.

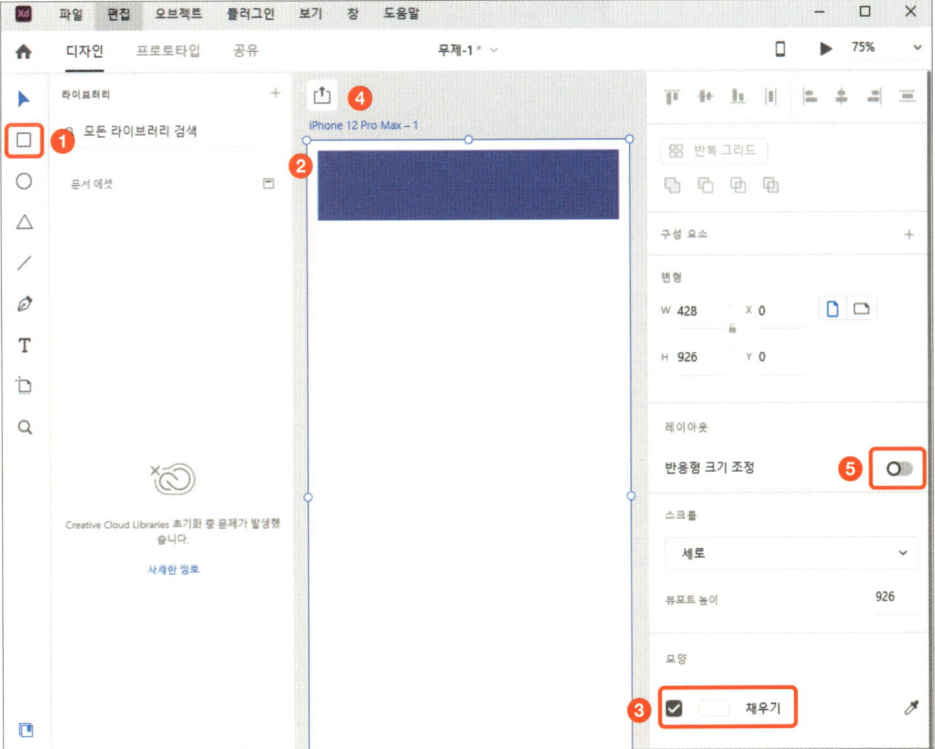

Adobe XD 기능 활용하기 | LESSON 01

02 파란 사각형을 선택하고 오른쪽 옵션 패널의 [반응형 크기 조정]에서 [수동]을 클릭합니다. 좌우 상위만 선택하고, [폭 고정]은 해제, [높이 고정]은 활성화합니다.

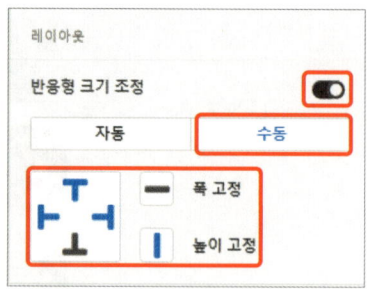

03 아트보드 제목을 선택하고 아트보드 크기를 옆으로 늘려봅니다. 파란 사각형이 가변적으로 좌우 바깥 여백, 상위 여백이 고정된 상태로 늘어납니다. 이런 방식으로 반응형 웹에 최적화된 UI를 만들 수 있습니다.

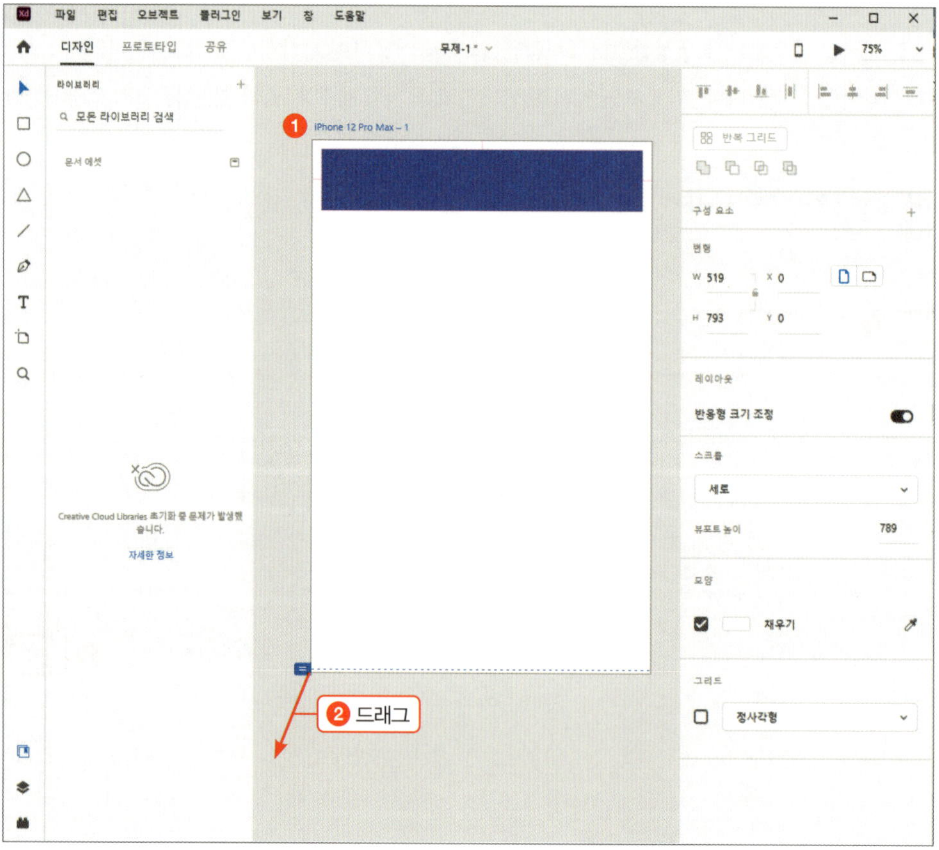

안쪽 패딩 여백 지정하기

01 앞서 그린 사각형 위에 가로 200px, 세로 40px인 흰 사각형을 만듭니다.

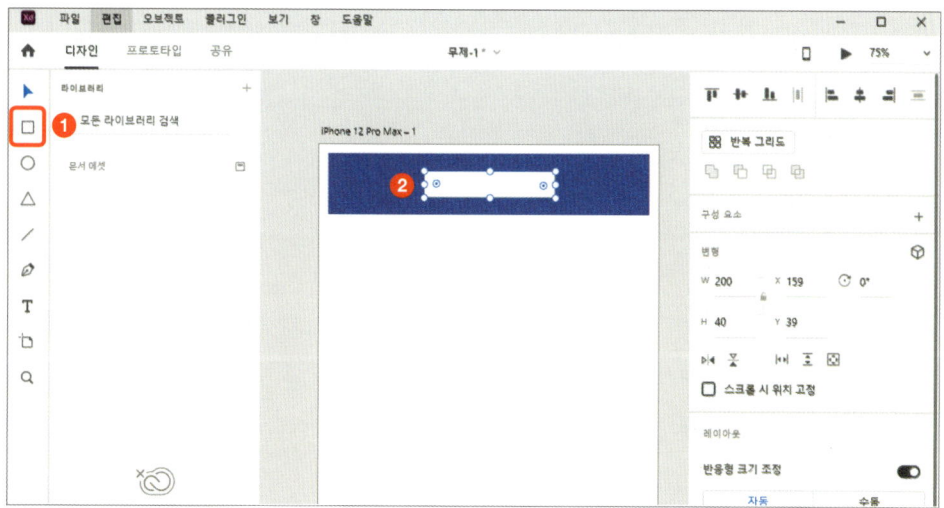

02 파란 사각형과 흰 사각형을 함께 선택하고 오른쪽 마우스를 클릭한 뒤 [구성 요소 만들기](Ctrl + K)를 선택합니다.

03 오른쪽 옵션 패널에서 [반응형 크기 조정]의 [패딩]을 체크합니다. 오른쪽에 [패딩] 아이콘을 선택하면 상하좌우 동일한 패딩 값을 지정하며, [모든 패딩 값] 아이콘을 선택하면 상하좌우에 각각 다른 패딩 값을 넣을 수 있습니다. 여기서는 [패딩] 을 선택하고 일괄 [25px]로 지정합니다. 이 상태에서 아트보드를 늘려보면 안쪽 여백 패딩 값이 고정되어 움직입니다.

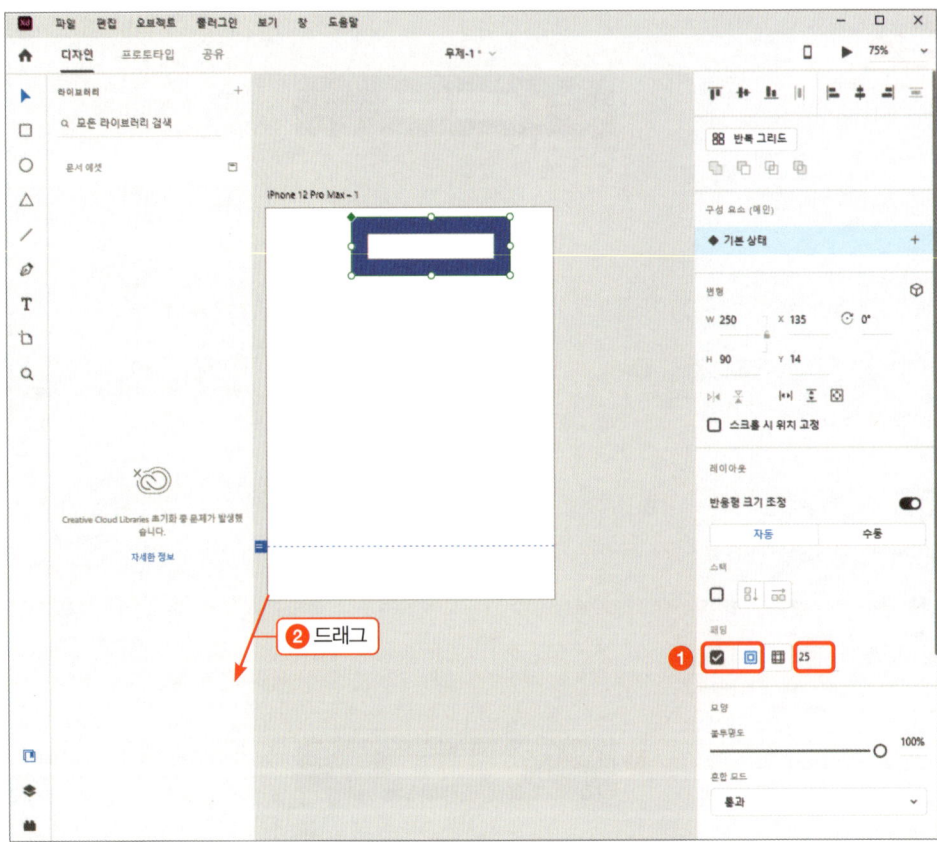

스택

01 새로운 아트보드를 추가합니다. 흰색 사각형을 그립니다.

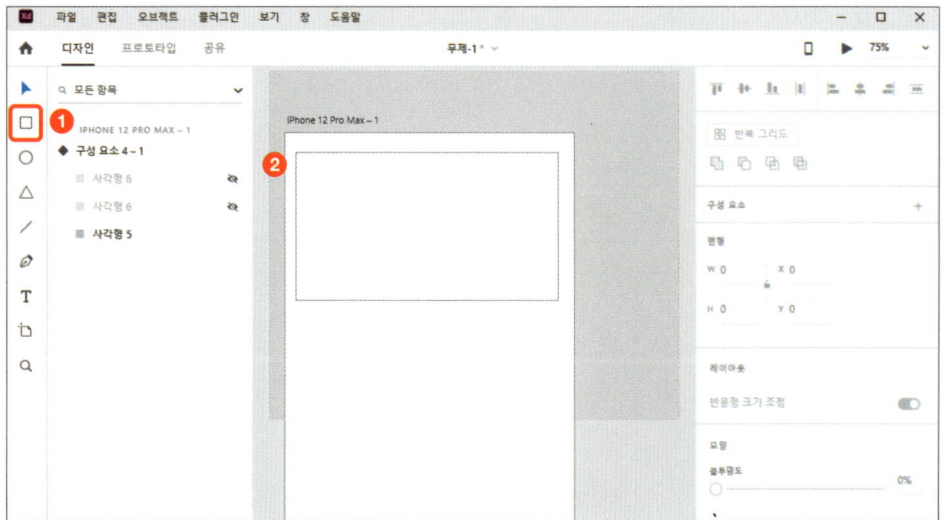

02 그 안에 작은 사각형 2개를 그립니다. 구분을 하기 위해 색상을 채워 줍니다. 사각형을 모두 선택한 뒤 오른쪽 마우스 버튼을 누르고 [**구성 요소 만들기**]([Ctrl]+[K])를 선택해 구성 요소로 만듭니다.

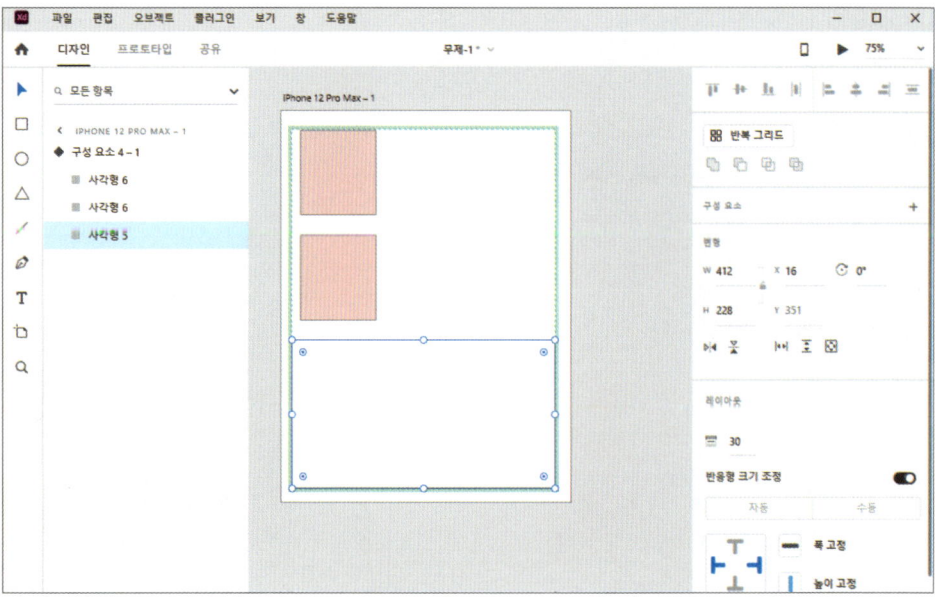

03 오른쪽 패널 옵션에서 [스택]에 체크하고 [세로 스택] 아이콘을 활성화합니다. 공간 이동 시 여백 공간이 스냅이 걸려 일정한 간격으로 이동됩니다.

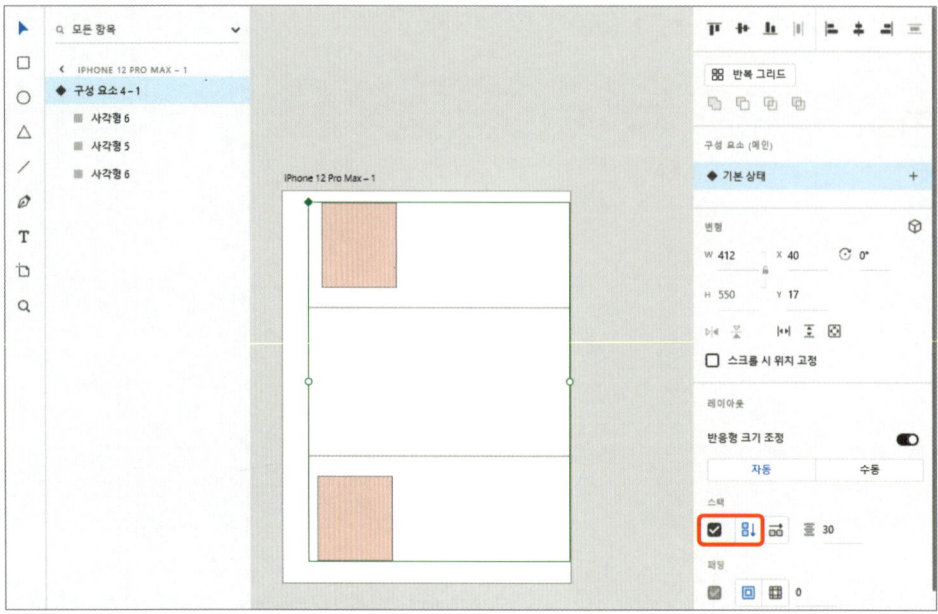

04 레이아웃 위아래 간격이 [30]으로 설정되어 있습니다. 이 수치는 원하는 값으로 변경 가능합니다. 이렇게 좌우 상하 간격으로 수치를 조정하며 스택을 만들 수 있습니다.

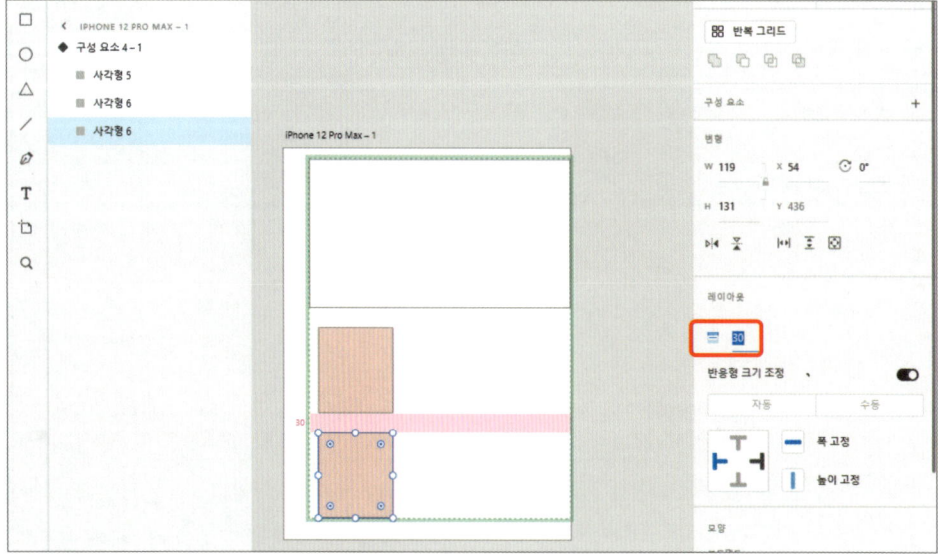

iframe 기능으로 부분 스크롤링 구현하기

01 새로운 아트보드를 생성합니다. [사각형] 도구로 아트보드에 [W: 200, H: 110] 크기의 사각형을 그립니다. [반복 그리드]를 클릭합니다.

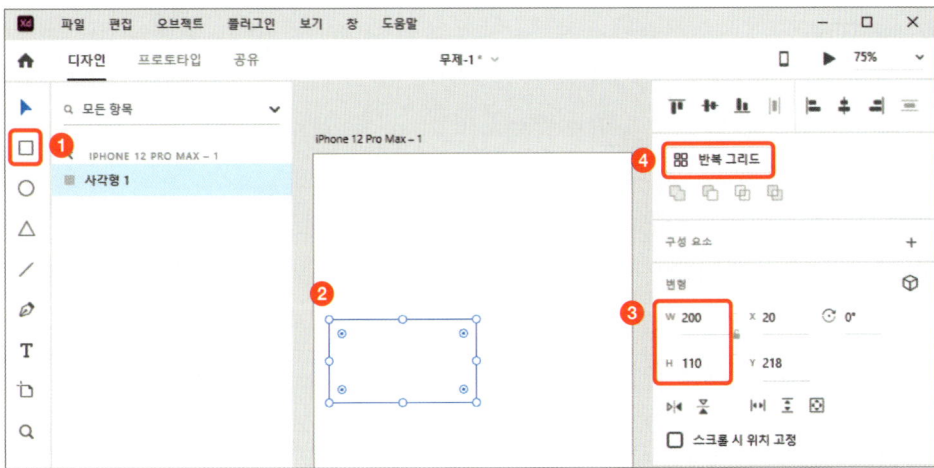

02 반복 그리드를 아트보드 바깥까지 오른쪽으로 드래그해 늘립니다.

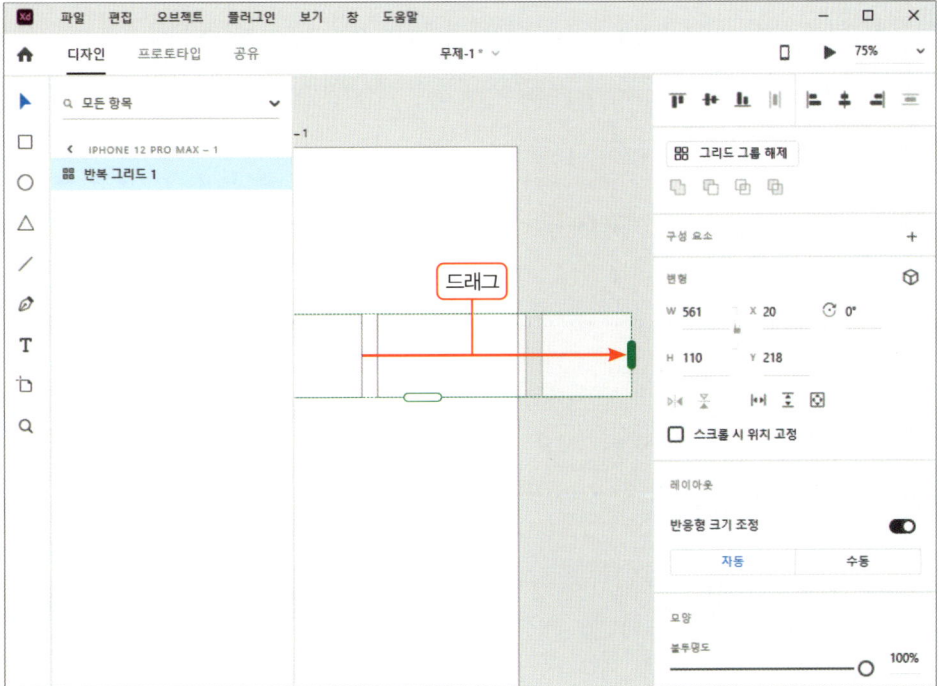

03 오른쪽 옵션 패널에서 [가로 스크롤] 아이콘(Shift + Alt + H)을 클릭해서 스크롤 iFrame 효과를 만듭니다.

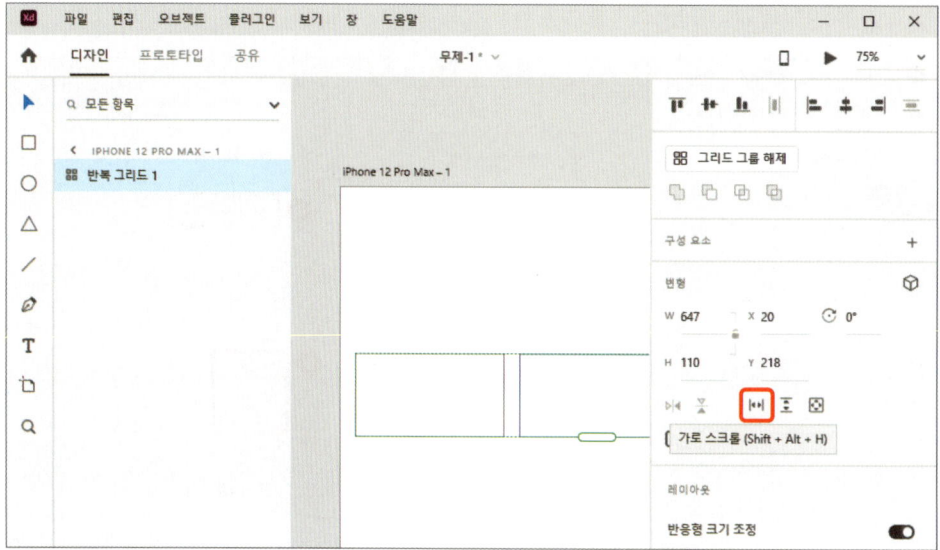

04 좌우에 파란색 그리드가 생기면서 스크롤을 움직일 수 있는 핸들이 생깁니다. 사용할 수 있는 스크롤 크기를 원하는 만큼 지정하면 해당 프레임 영역 안에서 스크롤이 형성됩니다.

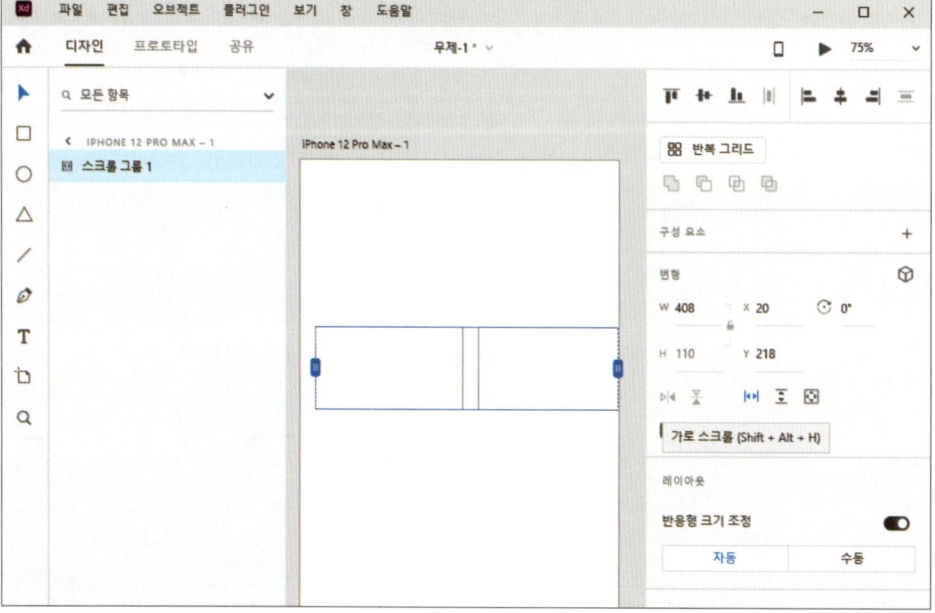

05 [데스크탑 미리보기] ▶ 아이콘을 클릭해 미리보기 창을 띄우고 가로로 스크롤을 움직여보세요.

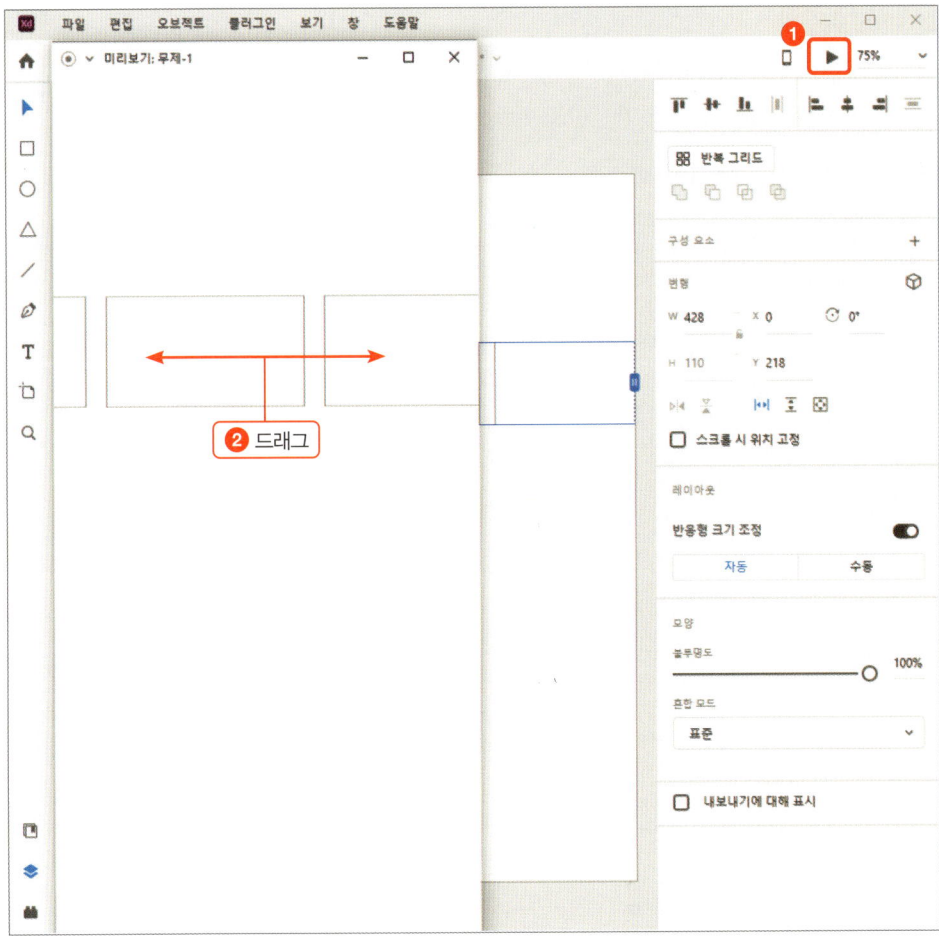

세로 전체 화면 스크롤링

화면은 높이 고정 크기로 되어 있으나 콘텐츠가 넘쳐나서 더 이상 표현할 수 없게 될 때 기존 스크롤 고정 값을 변경하면 원하는 만큼 높이 콘텐츠를 넣을 수 있습니다.

01 새로운 아트보드를 추가하고 아트보드를 선택한 상태에서 아래로 드래그합니다. 파란 점선 경계선이 나타나는데 이는 처음 기본 값 높이를 알려주는 가이드 선입니다.

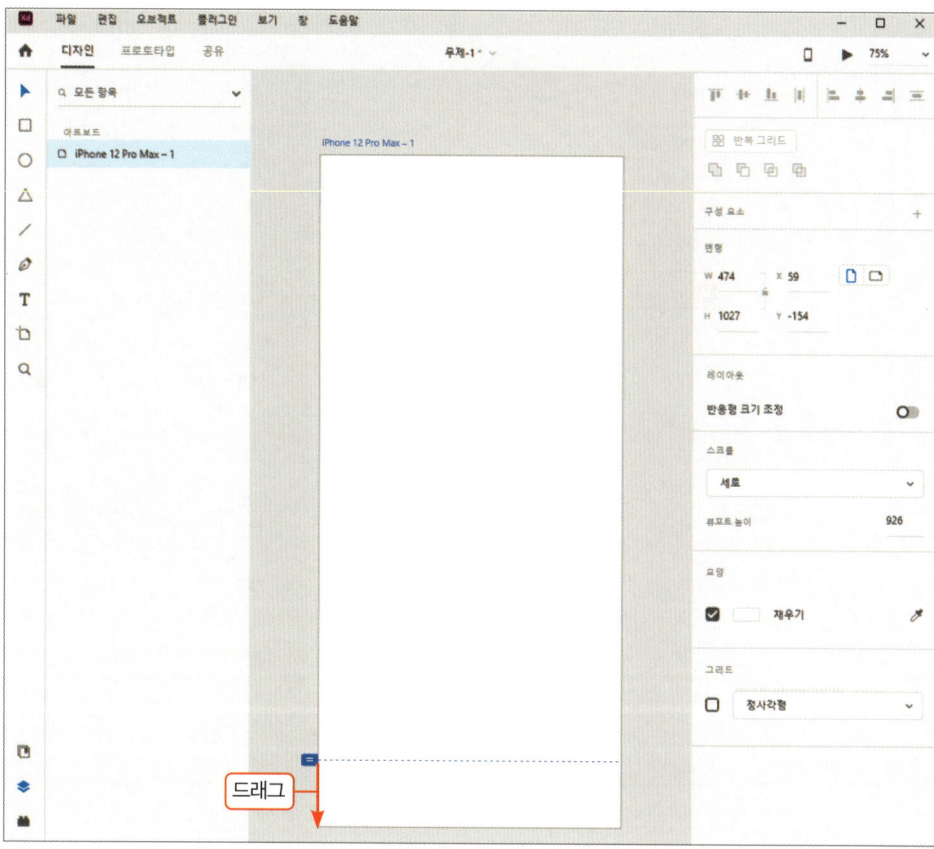

02 기본 값 높이에 맞춰 하단 바 메뉴에 사각형을 그립니다. 이 부분이 스크롤과 무관하게 고정되어 움직이지 않게 하려면 오른쪽 옵션 패널에서 [스크롤 시 위치 고정]에 체크합니다.

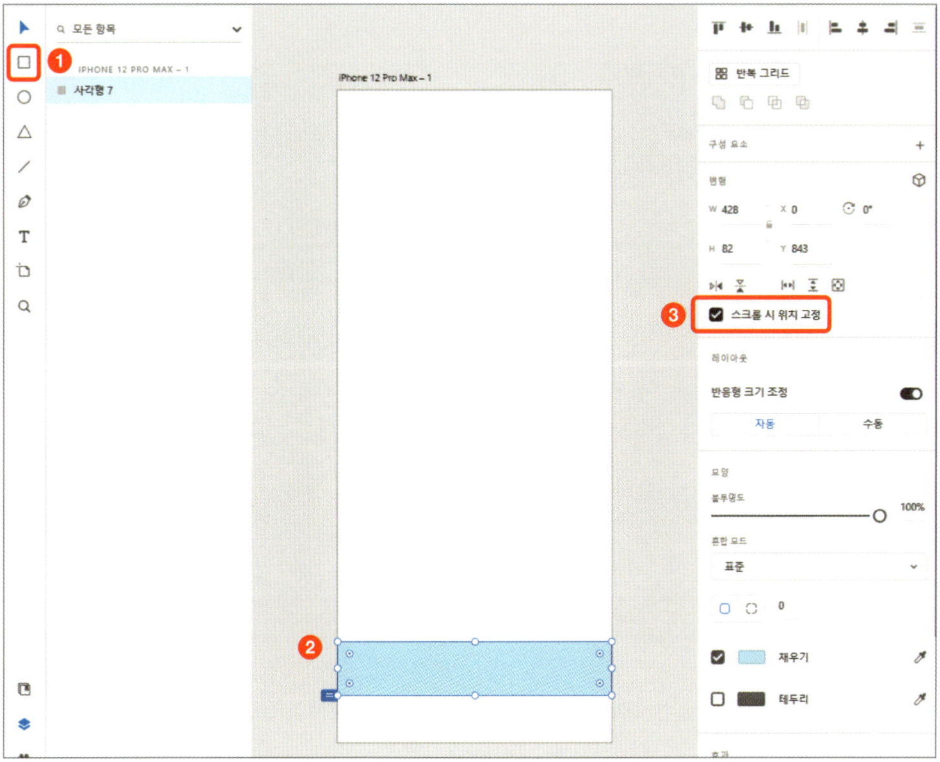

03 미리보기에서 확인해보면 하단 바가 고정되어 움직이지 않는 것을 알 수 있습니다.

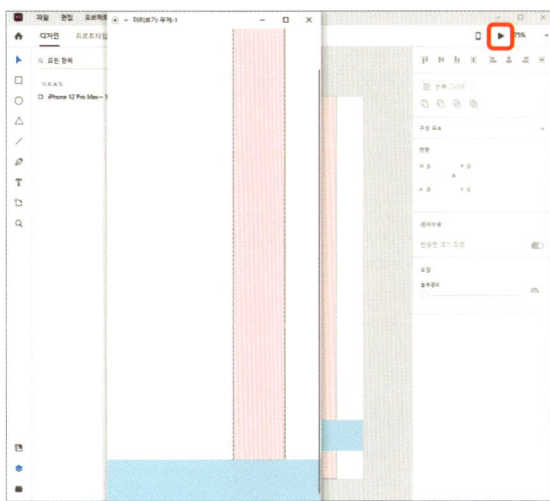

그리드

01 아트보드 왼쪽을 기준으로 오른쪽으로 드래그하면 세로 그리드 가이드라인을 표시할 수 있습니다.

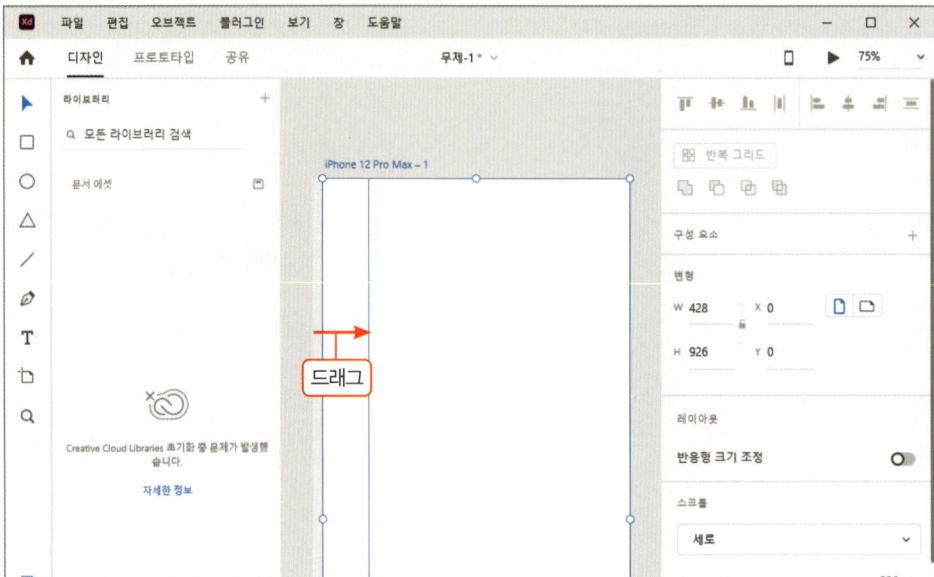

02 상단에서 아래로 드래그하면 가로 그리드 가이드라인을 빼서 쓸 수 있습니다.

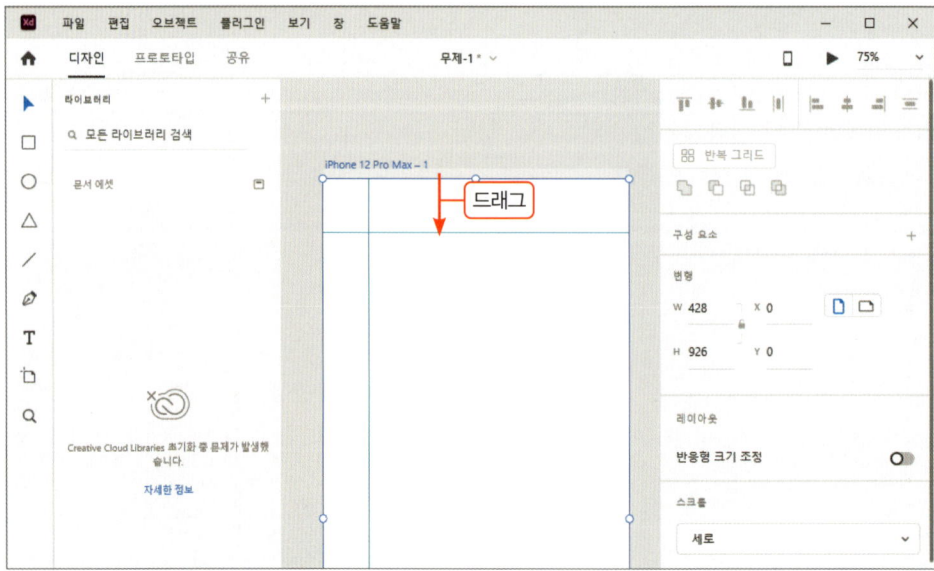

03 오른쪽 옵션 패널에서 [그리드]에 체크하고 [레이아웃]을 선택합니다.

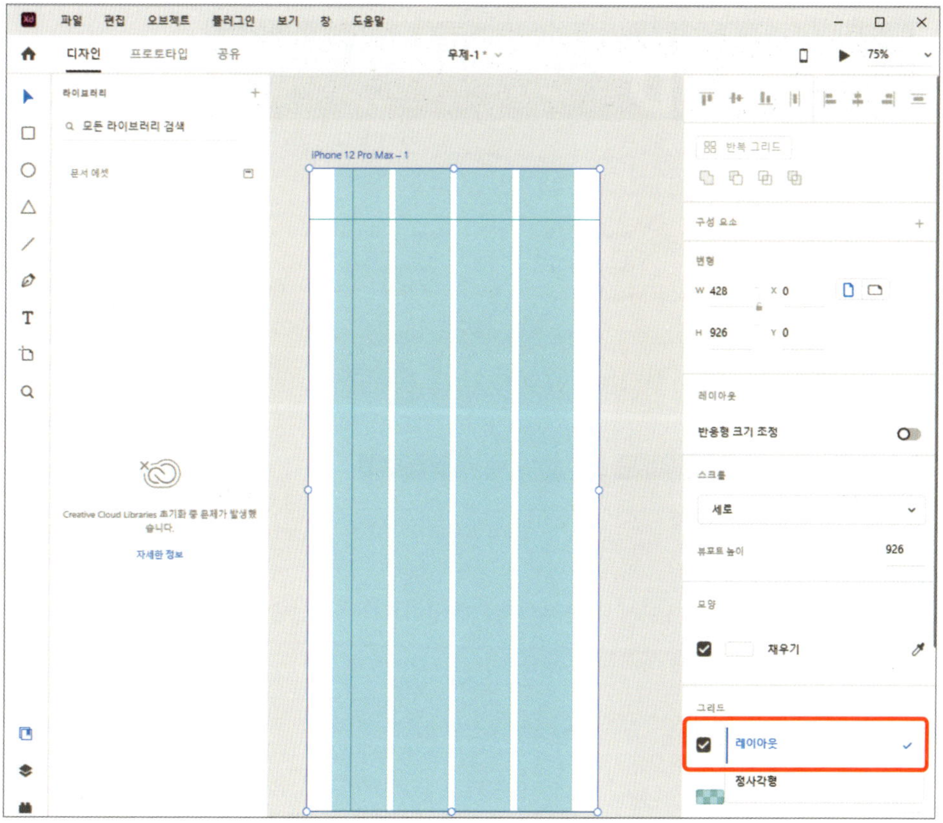

04 [열: 4, 간격 폭: 10, 열 폭: 81]로 지정합니다.

- **열:** 세로 컬럼(column)의 개수를 지정합니다.
- **간격 폭:** 컬럼과 컬럼 사이의 여백, 즉 거터(gutter)의 폭을 지정합니다.
- **열 폭:** 콘텐츠 영역 밖 좌우의 여백, 즉 마진(margin)의 폭을 지정합니다.

TIP 컬럼에 따라 그리드의 열, 간격 폭, 옆 폭을 미리 만들어 보려면 gridcalculator.dk를 참조해 보세요.

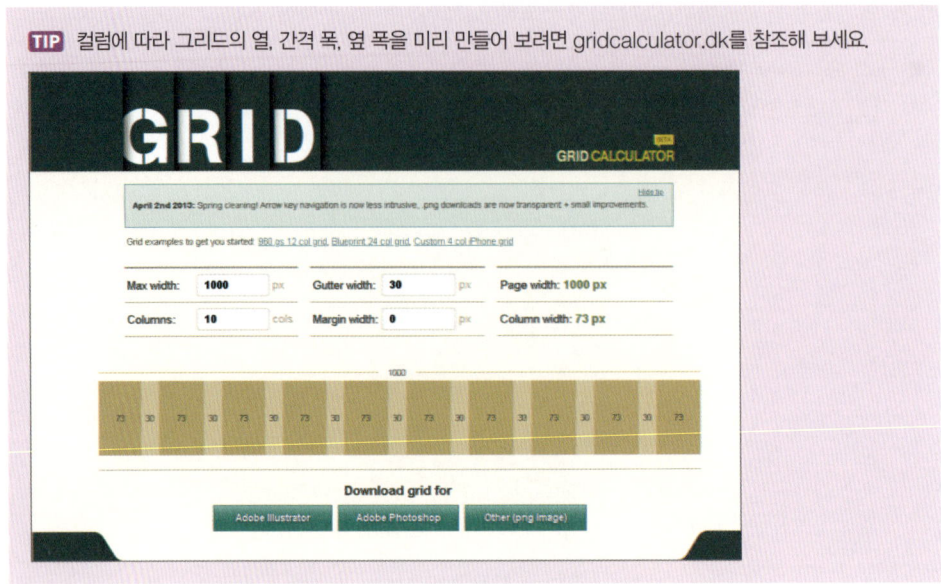

04 오른쪽 옵션 패널에서 [정사각형]을 선택하면 아트보드에 모눈종이 눈금이 나타납니다. 기본 정사각형 눈금의 크기는 가로세로 8px입니다.

LESSON 02 Adobe XD 프로토타입

디자인에 움직이는 애니메이션 적용하기

디자인 작업이 완료되면 Adobe XD에서 강력한 기능인 프로토타입을 제작할 수 있습니다. 인터랙션을 지정한 모션 및 실제 제어할 수 있는 화면 전환 요소를 다룹니다. [프로토타입] 탭의 화면은 다음과 같습니다.

① **디바이스 미리보기**: Adobe XD 모바일 미리보기 앱을 다운로드하고 이를 모바일 화면에서 공유할 수 있습니다.

② **데스크탑 미리보기**: 프로토타입에서 만들었던 인터랙션 디자인을 재생할 수 있습니다.

③ 화면 인터페이스를 확대/축소할 수 있습니다.

④ **트리거**: [탭], [드래그], [키 및 게임 패드], [음성] 등 프로토타입 인터랙션을 개시하는 요소를 선택합니다.

⑤ **유형**: [전환], [자동 애니메이트], [오버레이], [다음으로 스크롤], [이전 아트보드], [오디오 재생], [음성 재생] 등 인터랙션에 발생하는 동작을 지원합니다.

⑥ **대상**: 애니메이션 후 이동하는 대상을 지정합니다.

⑦ **애니메이션**: [디졸브](화면이 서서히 나타남), [왼쪽/오른쪽/위/아래로 슬라이드], [왼쪽/오른쪽/위/아래로 밀기] 등 아트보드 간 전환 애니메이션을 지원합니다. 슬라이드는 아래 부분이 있는 상태에서 위로 다음 화면이 오버랩되면서 화면이 전환되고, 밀기는 같은 위치에서 화면이 옮겨집니다.

⑧ **이징 효과**: [서서히 끝내기/시작하기/시작-끝내기], [스냅], [와인드업], [바운스] 등 이징(easing) 효과를 적용합니다. 하나씩 직접 적용하면서 눈으로 직접 보면 쉽게 이해할 수 있습니다.

⑨ **재생 시간**: 애니메이션이 동작하는 재생 시간을 조절합니다. 숫자가 높으면 느리게 재생되고 작으면 빠르게 재생됩니다.

01 새로운 문서를 생성합니다. [타원] 도구를 이용하여 입체 구를 만들어볼 것입니다. 완전히 둥근 원을 그린 다음에 [방사형 그레이디언트]를 적용해 같은 계열의 밝은 톤과 어두운 톤을 각각 지정합니다.

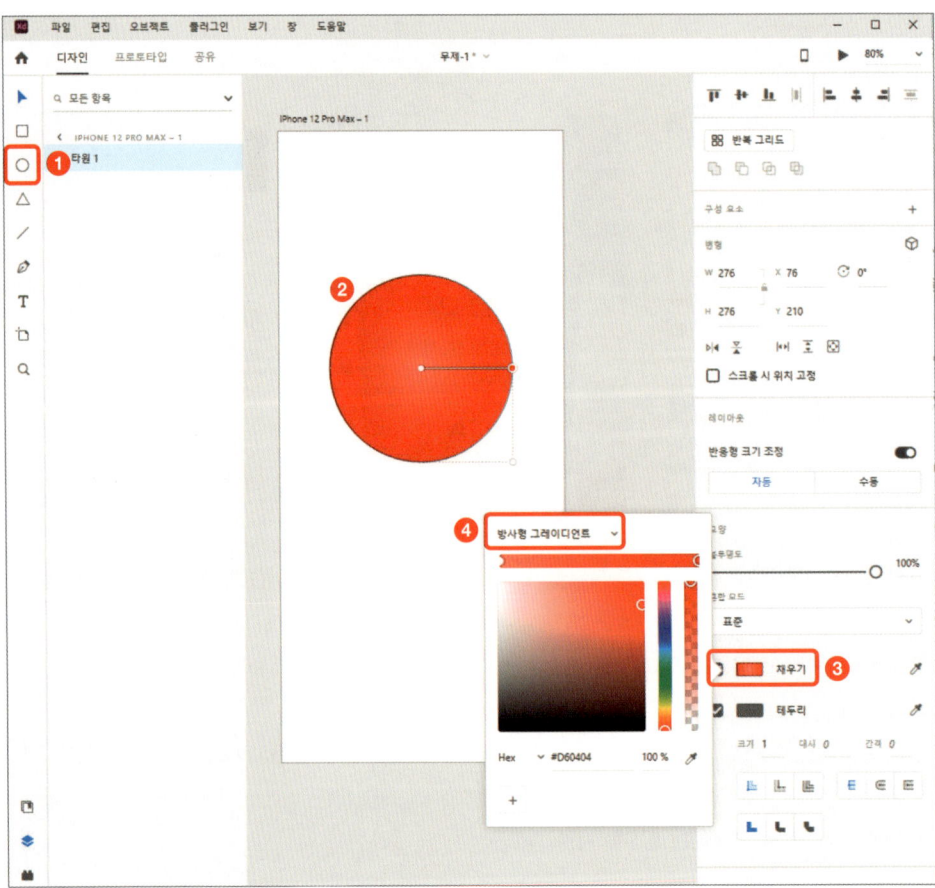

02 이때 45° 각도로 빛이 비춘 화면이라면 밝은 톤을 11시 방향으로 움직여줍니다. 그레이디언트 각도는 원에 표시된 조절 바를 드래그해서 수정할 수 있습니다.

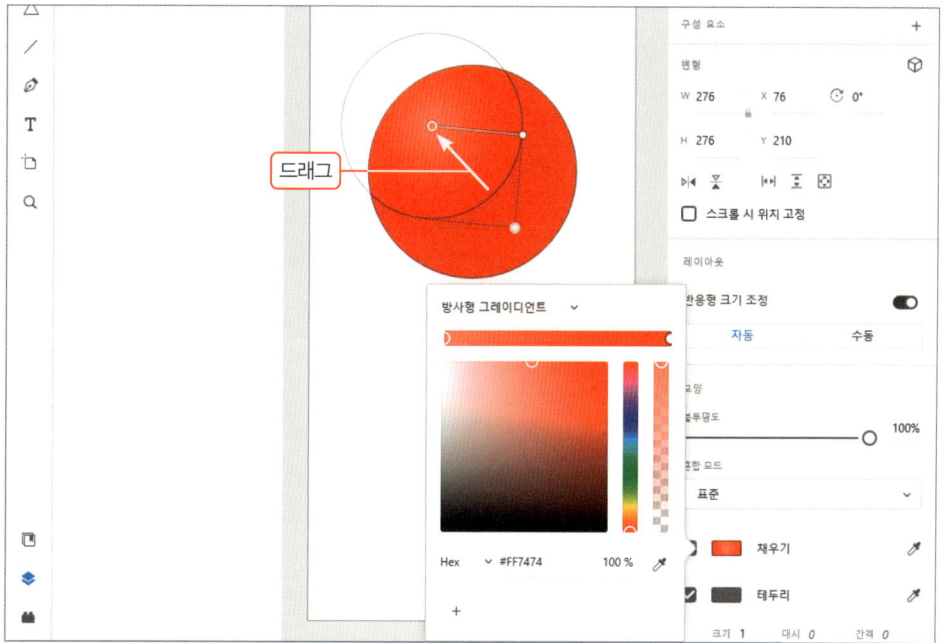

03 아트보드 제목을 선택하고 [편집 – 복제](Ctrl + D)를 선택해 아트보드를 복제합니다.

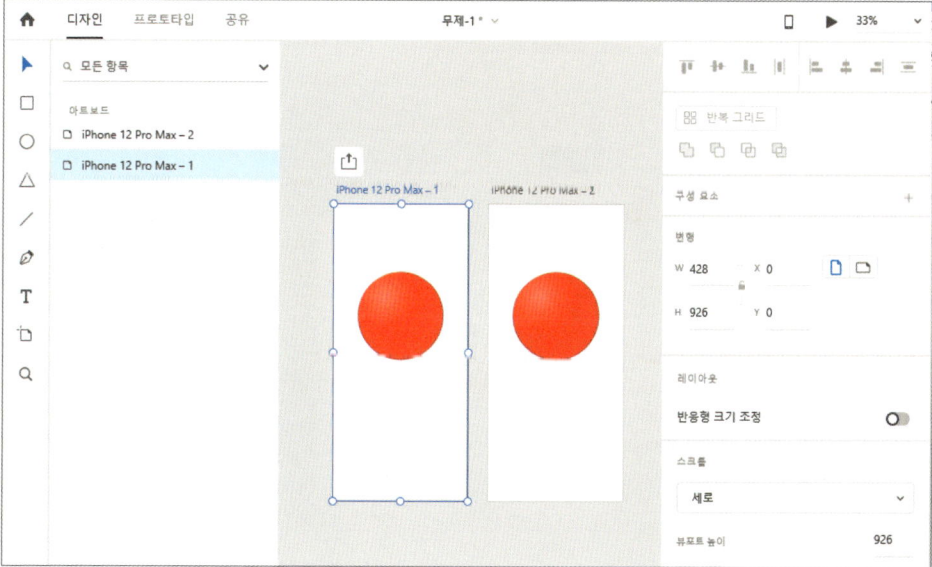

04 두 번째 입체 구를 아래로 Shift +드래그해서 내려줍니다.

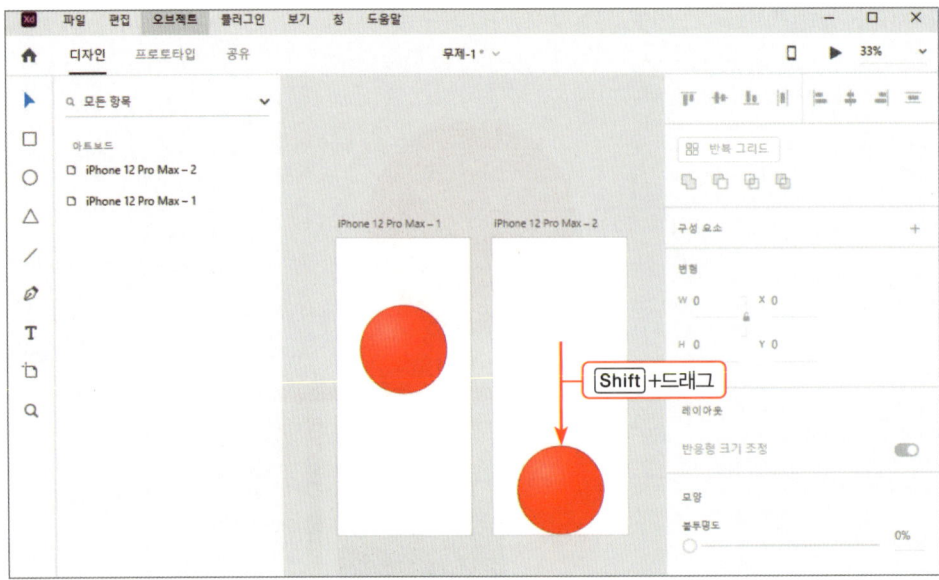

05 상단에 있는 [프로토타입] 탭을 클릭합니다. 처음 만들었던 아트보드 제목을 선택하면 홈 아이콘이 표시되며, 홈 아이콘을 클릭해 파란색으로 표시되면 프로토타입의 시작점으로 지정됩니다. 첫 아트보드 오른쪽 중간 탭 아이콘을 두 번째 아트보드로 드래그해 연결합니다.

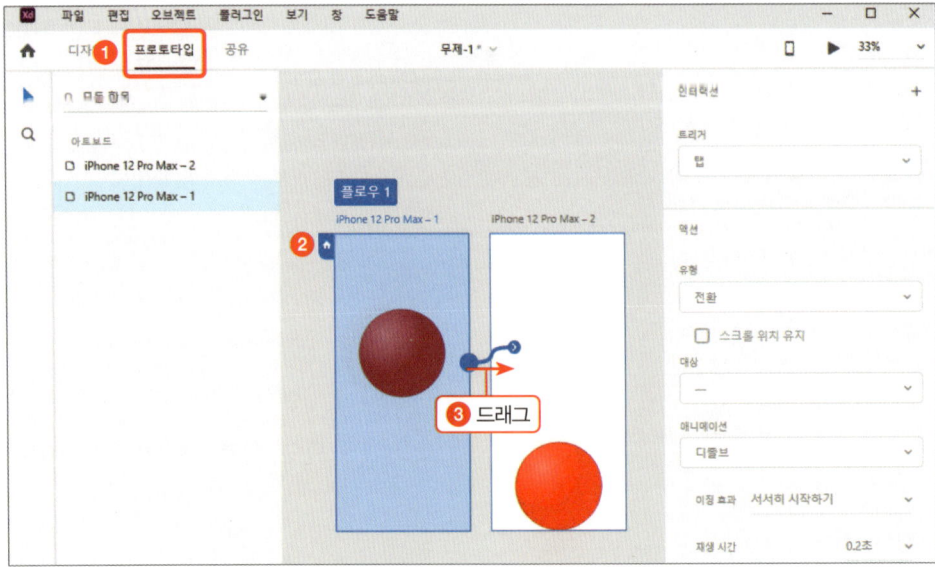

06 [트리거: 탭, 유형: 전환, 대상: 2페이지, 애니메이션: 디졸브, 이징 효과: 서서히 끝내기, 재생 시간: 0.3초]로 지정했습니다. 사용자가 화면을 탭할 때 입체 구가 아래로 서서히 이동하는 애니메이션이 구현됩니다. 그러나 전체 화면이 전환되므로 아직 부자연스러워 보입니다.

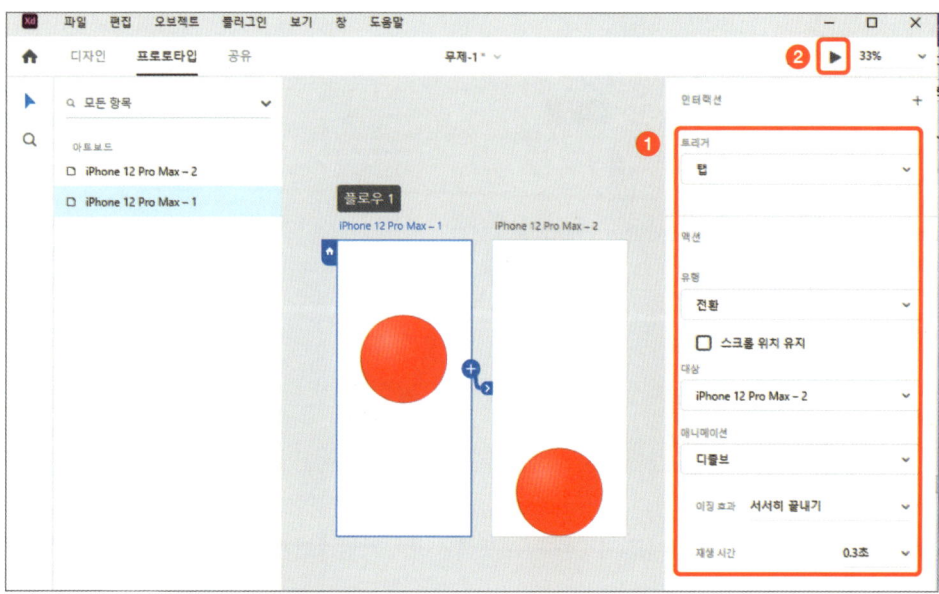

07 공을 직접 선택해서 다음 공으로 움직이도록 지정하면 좀 더 자연스러운 애니메이션을 구현할 수 있습니다. 일단 Delete 를 눌러 이전에 만든 애니메이션을 삭제합니다.

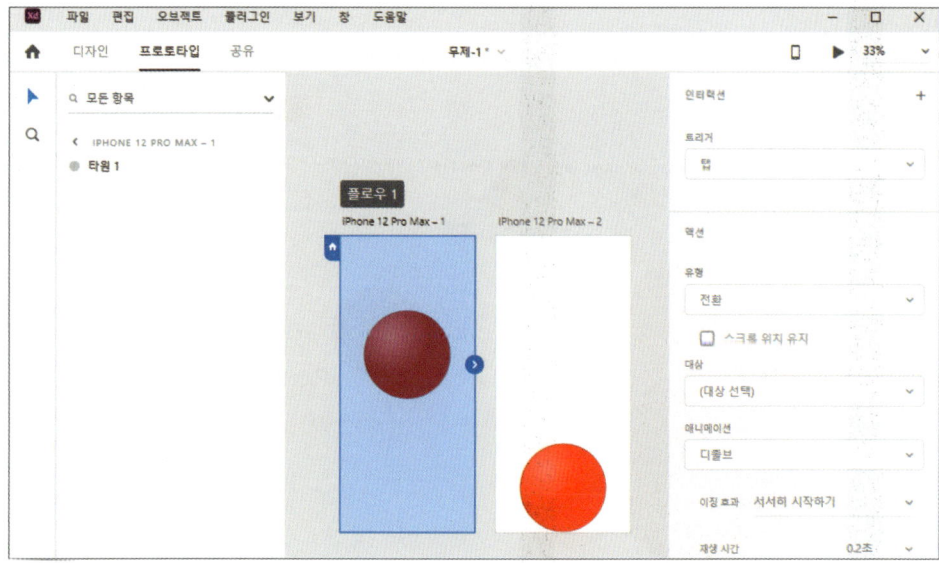

08 이번에는 공을 선택해서 공으로 이어보겠습니다.

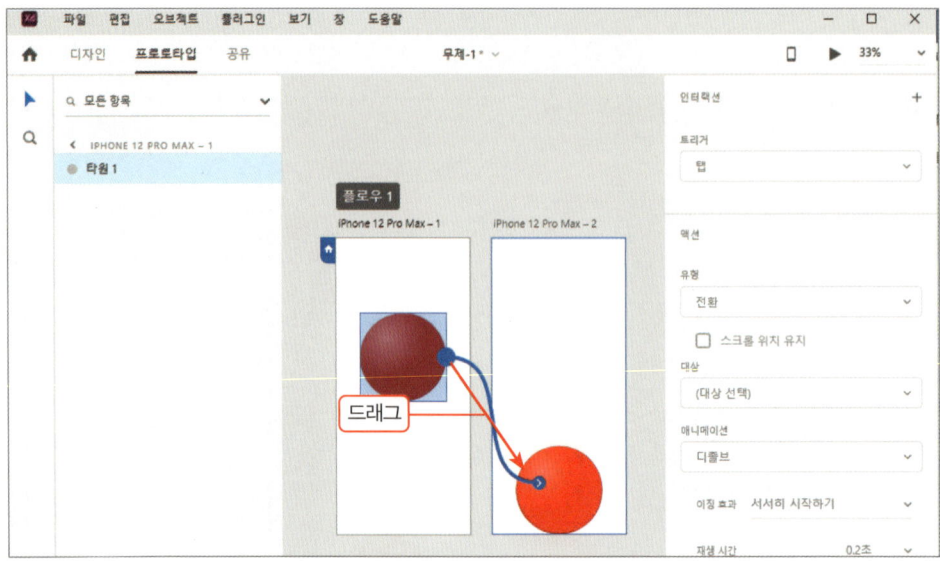

09 [유형: 자동 애니메이트]로 지정한 후 재생하면 공이 자연스럽게 움직입니다.

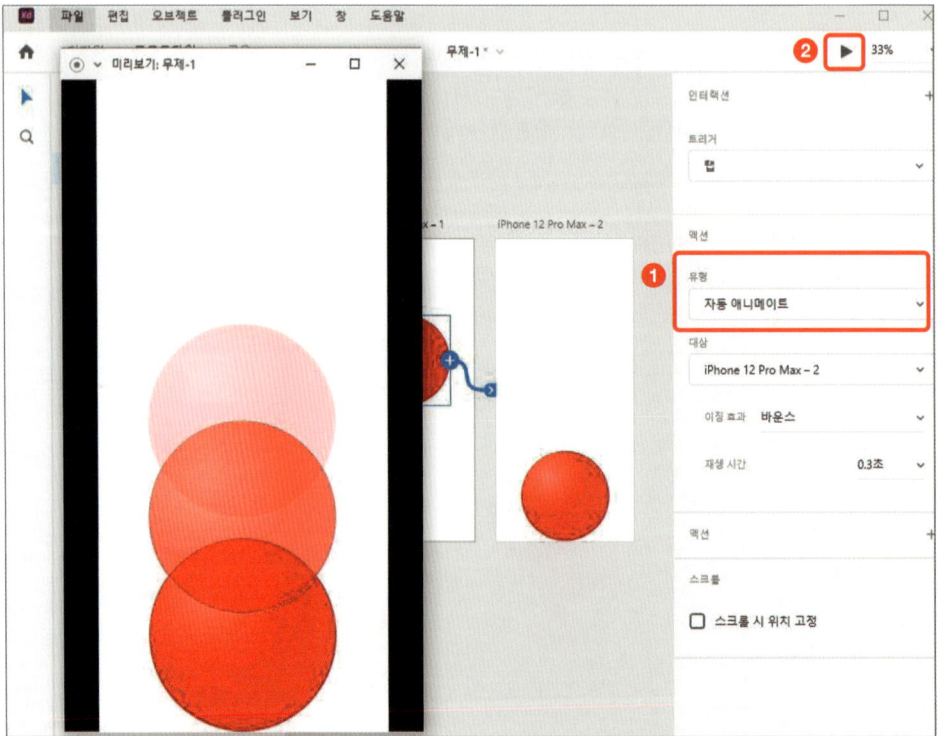

다이얼 및 마우스 오버 상태 추가하기

다이얼 만들기

01 새로운 문서를 생성합니다. [타원] 도구를 이용하여 가로세로 320×320px 크기의 정원을 그립니다.

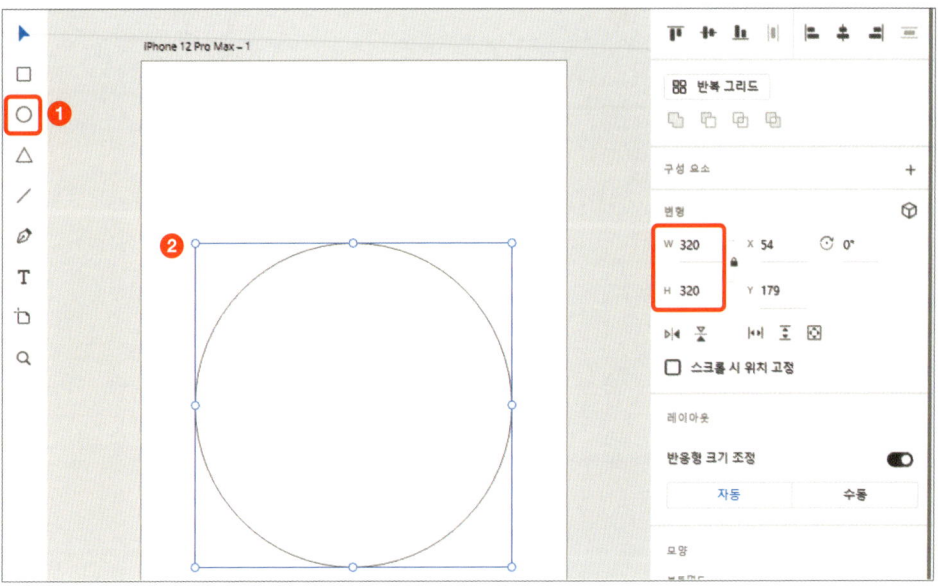

02 타원을 선택하고 Ctrl+C를 눌러 복사하고 Ctrl+V를 눌러 붙여 넣습니다. 레이어에서 [타원 2]와 [타원 1]이 표시되어 두 원이 겹쳐 있음을 나타냅니다.

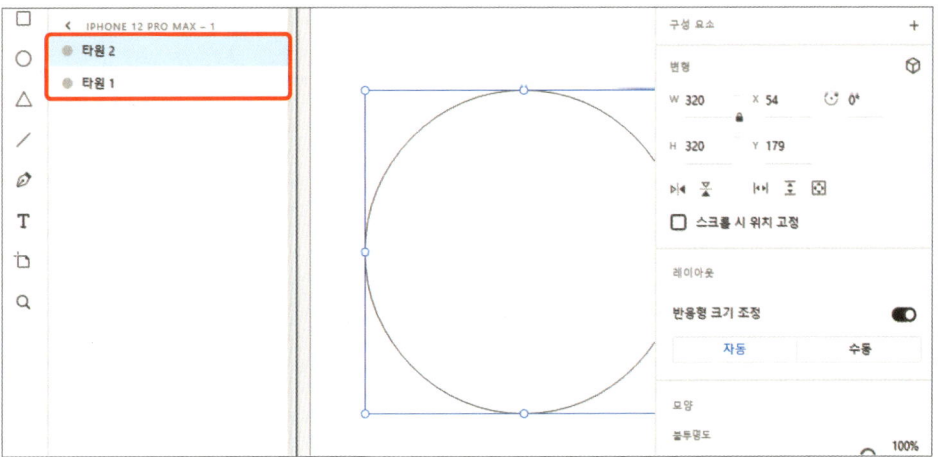

03 복제한 원을 선택하고 안쪽으로 Shift + Alt +드래그해서 원을 작게 그립니다. 큰 원과 작은 원을 각각 선택한 상태에서 오른쪽 옵션 패널의 [빼기] 를 클릭해 도넛 모양으로 만듭니다.

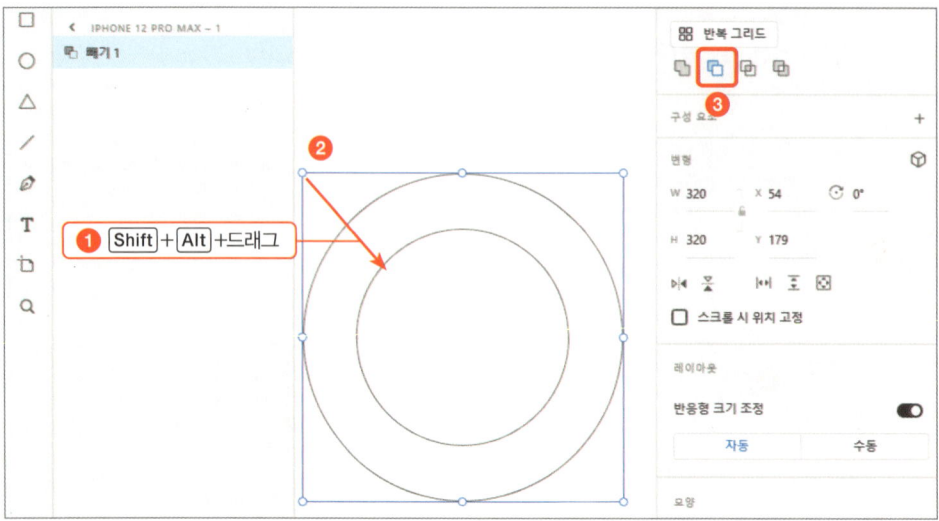

04 도넛 모양에 [#E9F5FF] 색상을 채웁니다. 도넛을 선택하고 Ctrl + C 를 눌러 복사하고 Ctrl + V 를 눌러 붙여 넣습니다.

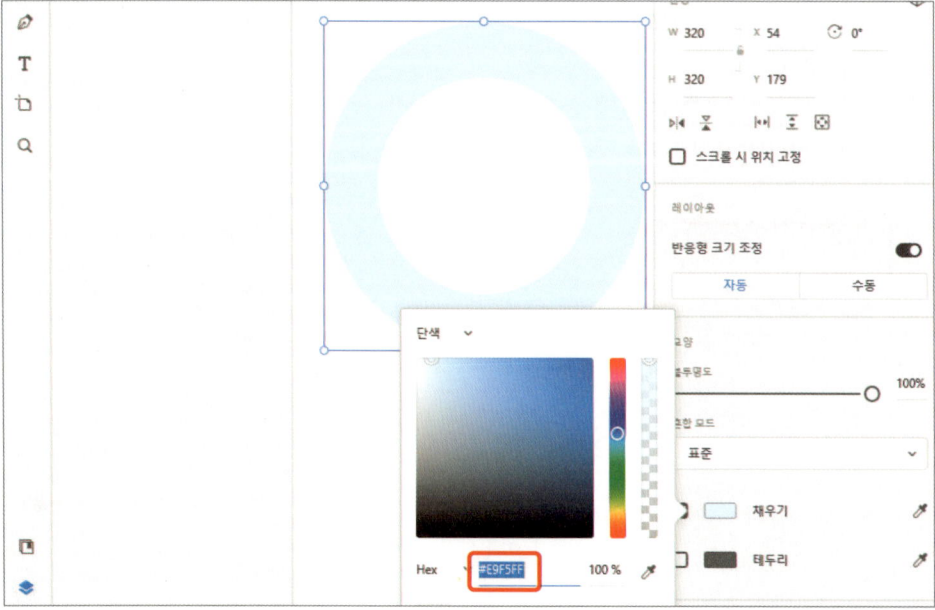

05 [펜] 도구를 이용하여 다음과 같은 모양으로 그려줍니다. 도넛에서 이 부분만 삭제하려고 합니다.

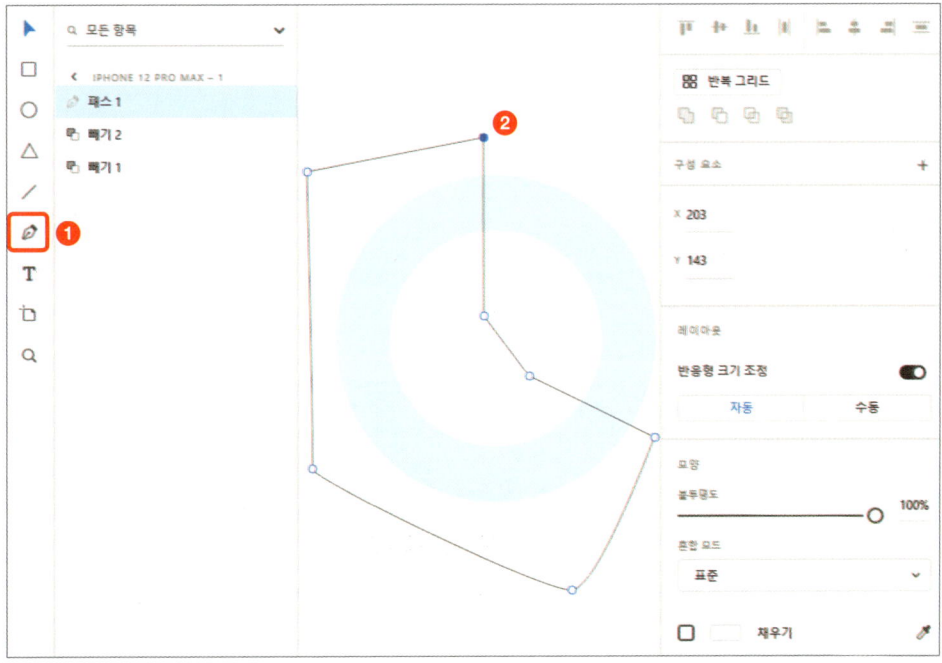

06 패스 영역과 도넛을 함께 선택한 후 오른쪽 옵션 패널에서 [빼기] 아이콘을 클릭합니다.

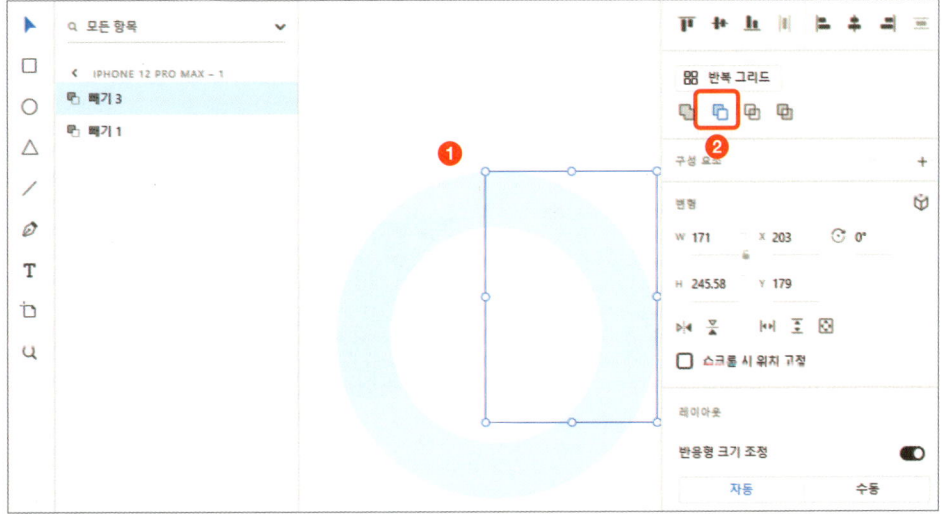

Adobe XD 프로토타입 | LESSON 02 109

07 잘린 도넛 부분에 [#1577CC] 색을 채웁니다.

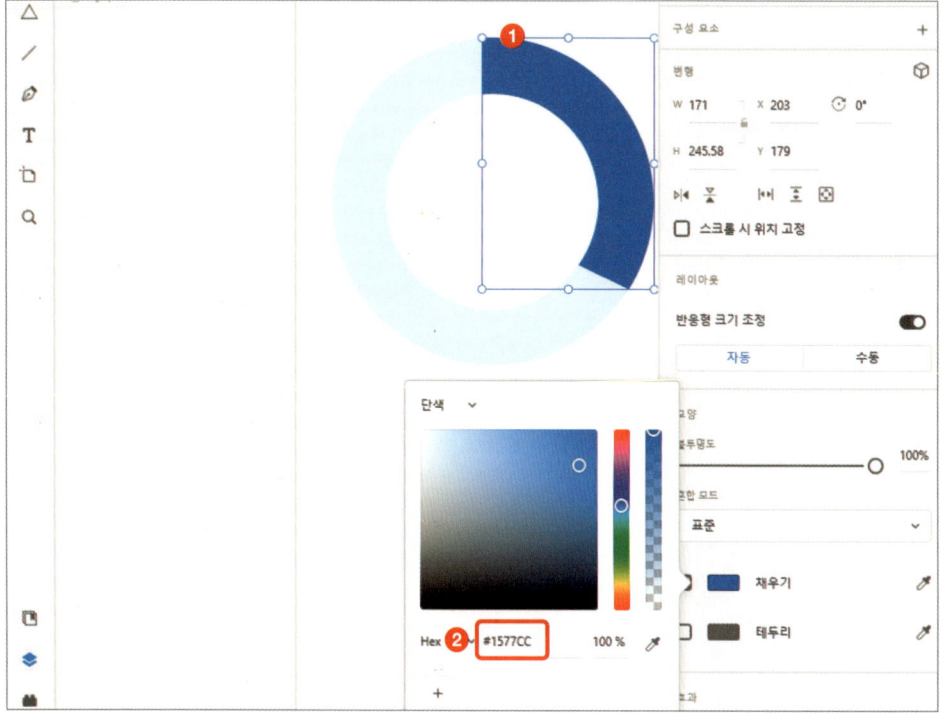

08 도넛 굵기와 같은 높이의 원을 그립니다. 한 번에 그리기 어렵다면, 임의의 크기로 원을 그린 다음 [선택] 도구로 원의 크기와 위치를 바꿔 보세요.

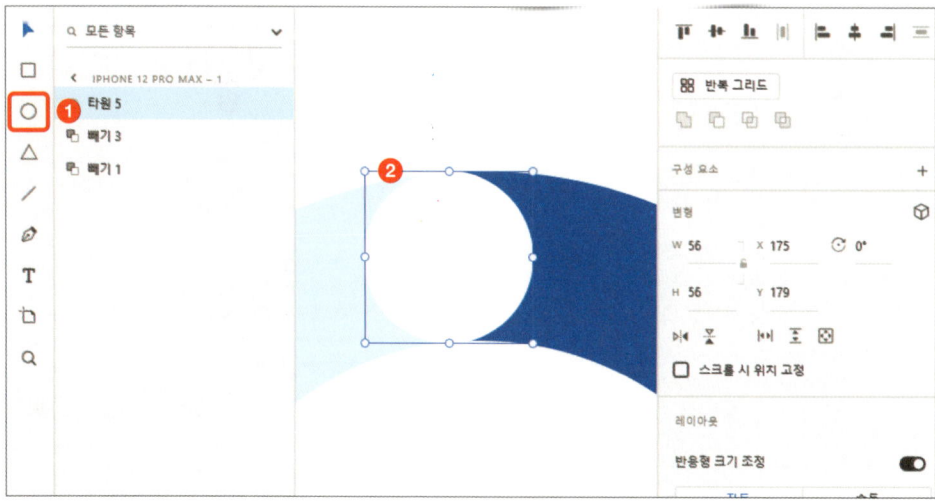

09 작은 원에도 파란색 도넛 부분와 같은 색상([#1577CC])을 채우려고 합니다. 오른쪽 옵션 패널의 [채우기] 오른쪽에 있는 [스포이트] 아이콘을 클릭하고 원하는 지점을 클릭하면 해당 색상을 추출해 적용할 수 있습니다.

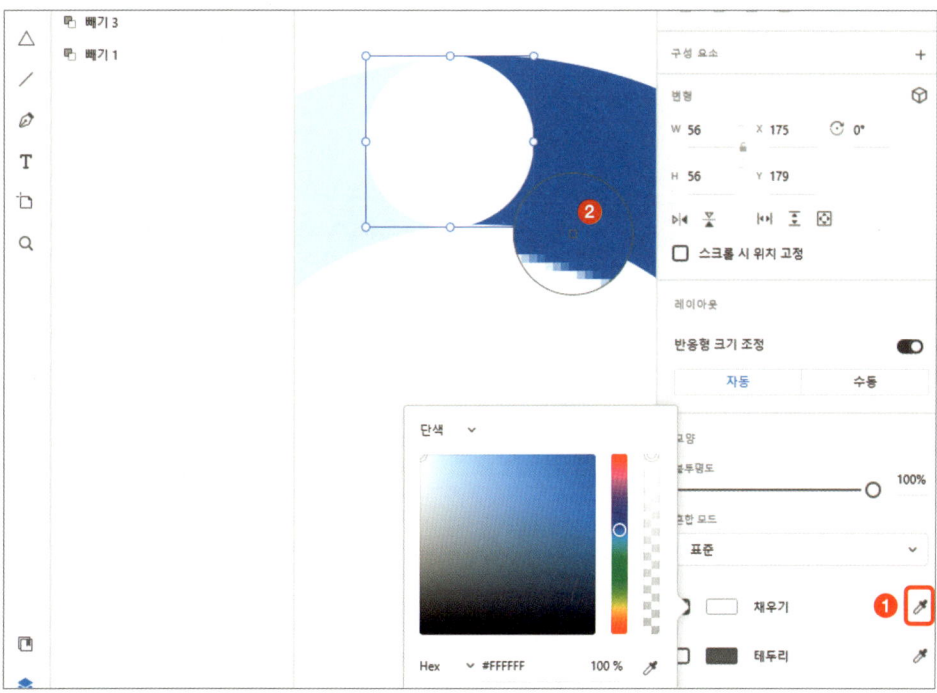

10 작은 원을 도넛 부분 반대쪽에도 Alt +드래그해서 복제합니다.

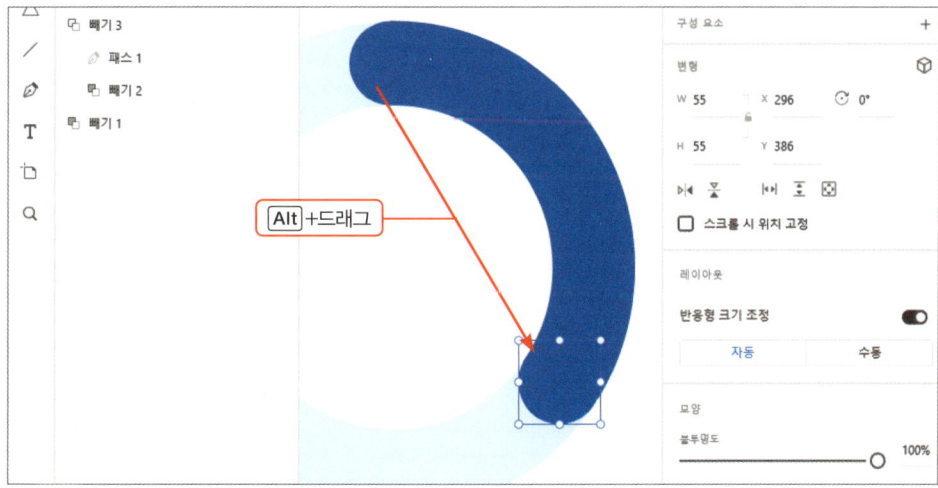

11 파란 원 2개와 도넛 부분을 선택하고 [추가] 아이콘을 클릭해 하나로 합칩니다.

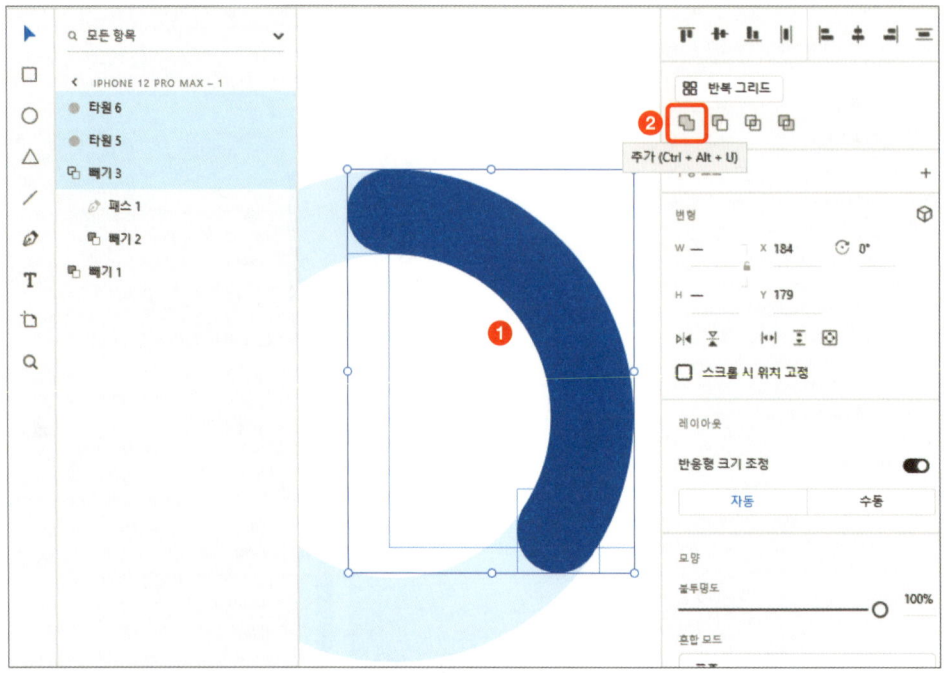

12 전체 도넛과 부분 도넛을 모두 선택하고 Ctrl+C와 Ctrl+V를 눌러 복사 후 붙여 넣습니다. 복사한 두 오브젝트는 Ctrl+G를 눌러 그룹으로 묶습니다.

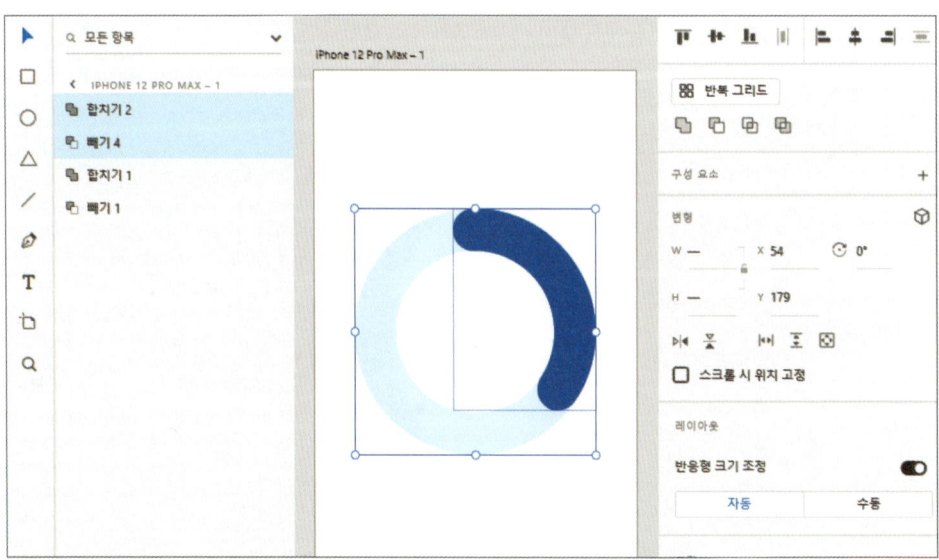

13 복사한 형태를 도넛 중심 기준으로 회전하면 여러 가지 다이얼 모양으로 변경할 수 있습니다.

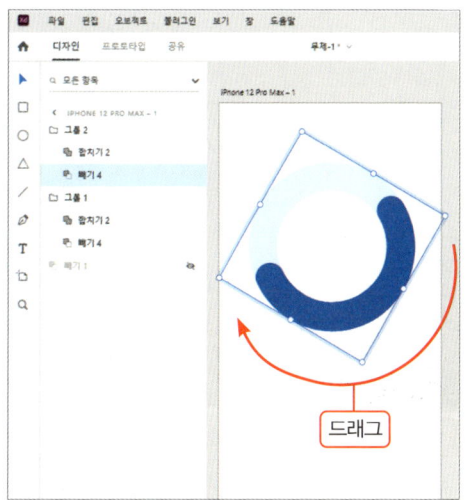
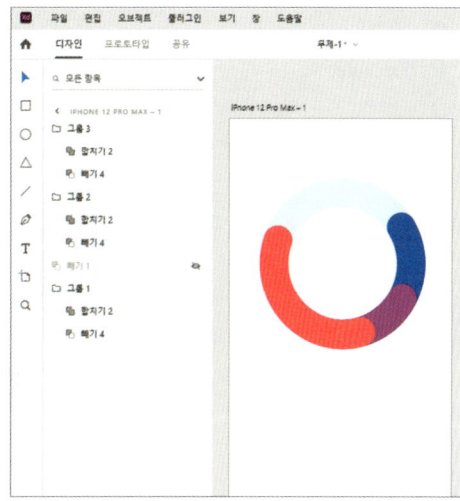

드래그

마우스 오버 상태 표현하기

01 새로운 문서를 생성합니다. 아트보드에 355×125px 크기의 사각형 버튼을 그립니다. 사각형 안쪽 모서리 지점을 안쪽으로 최대한 드래그해서 둥근 모양으로 만듭니다.

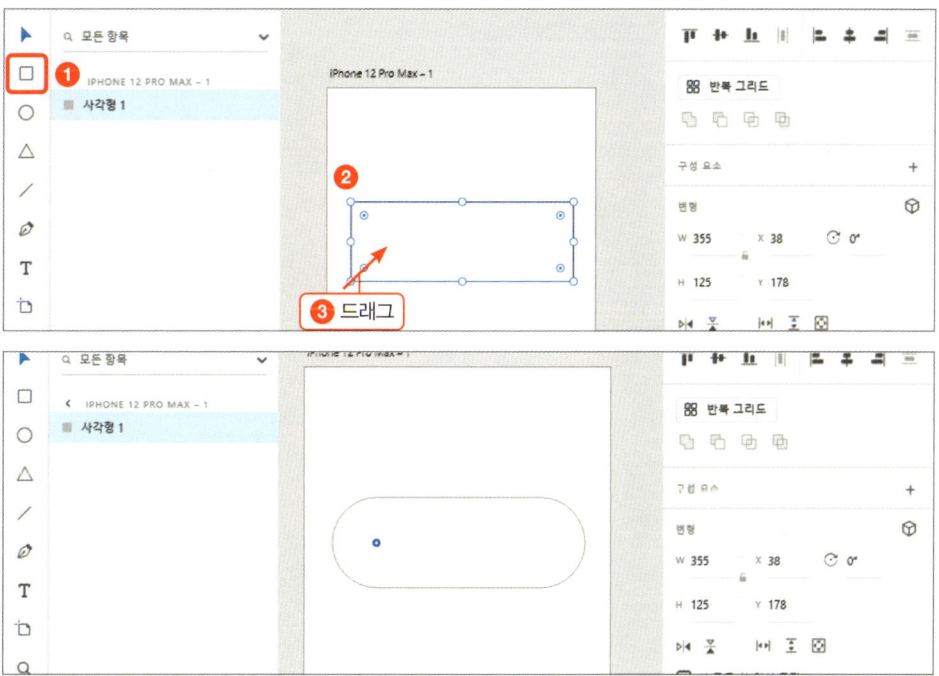

02 버튼을 [#1414FF] 색으로 채웁니다.

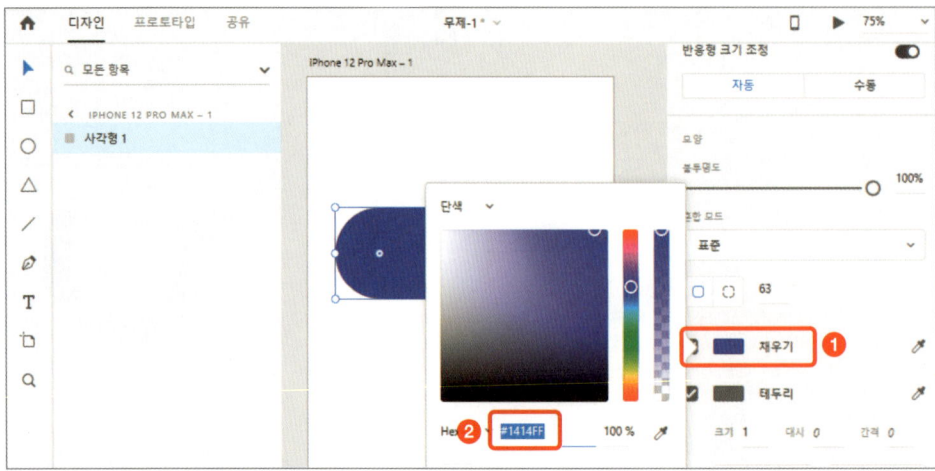

03 [텍스트] 도구를 선택하고 버튼 위에 [롤오버 버튼] 글자를 작성합니다. [글자 크기: 46, 채우기 색상: 흰색, 서체: Segoe UI(기본 서체)]로 지정합니다.

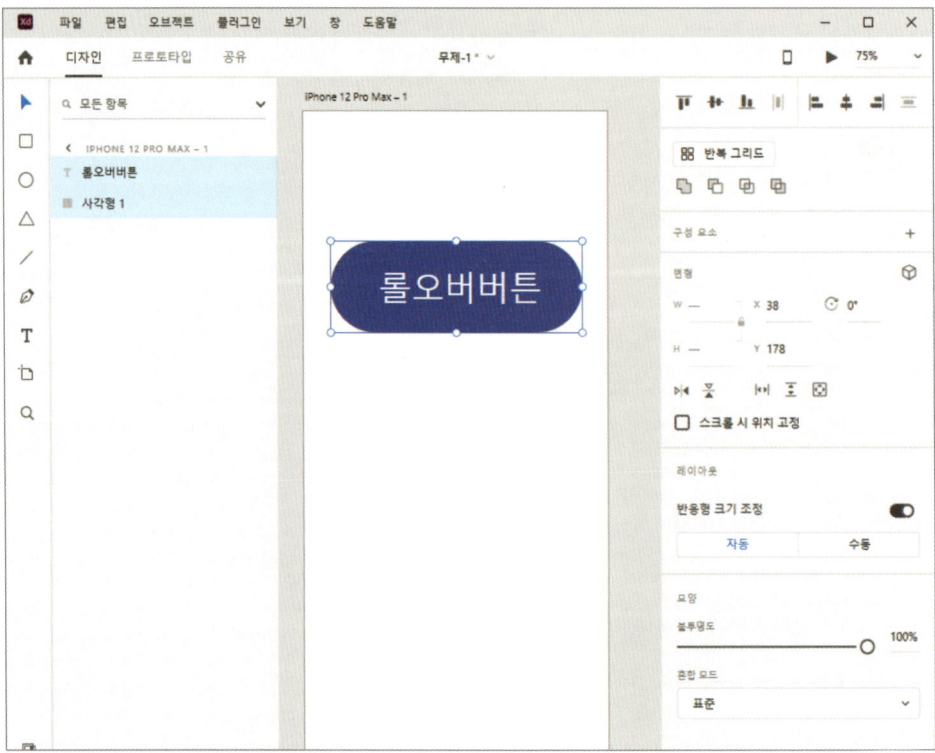

04 글자와 버튼을 선택하고 마우스 오른쪽 버튼을 클릭한 뒤 [구성 요소 만들기](Ctrl + K)를 선택해 구성 요소로 만듭니다.

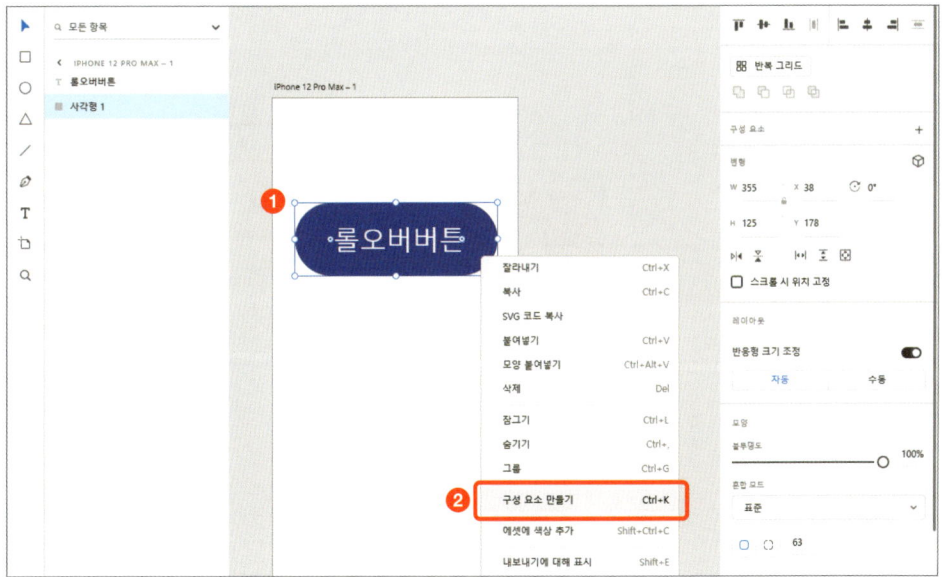

05 구성 요소를 선택한 상태에서 오른쪽 옵션 패널에서 [구성 요소 (메인)] 부분의 [+] 버튼을 누르고 [마우스 오버 상태]를 선택합니다.

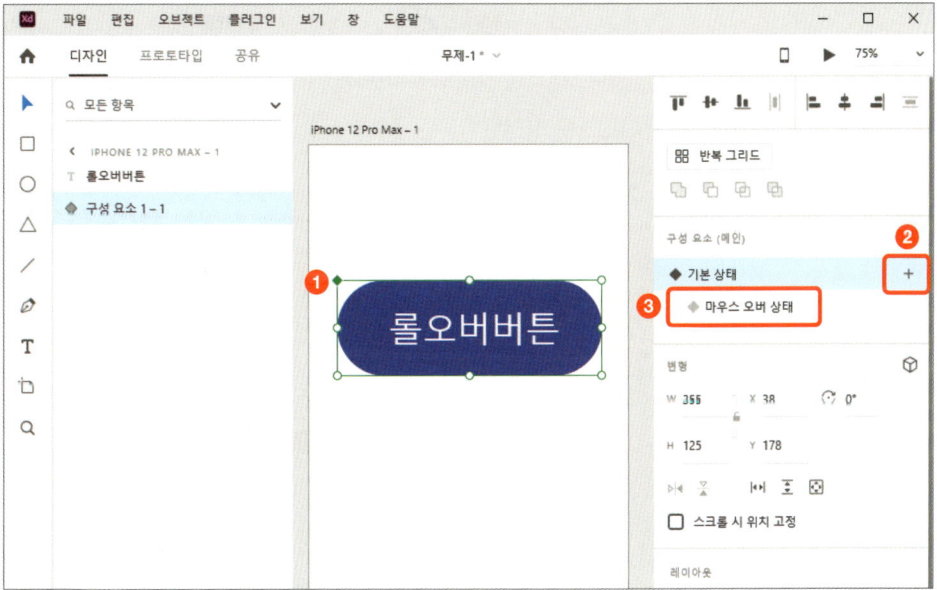

Adobe XD 프로토타입 | LESSON 02

06 오른쪽 옵션 패널의 [구성 요소 (메인)]에서 [기본 상태]와 [마우스 오버 상태]를 각각 선택해 버튼의 상태를 제어할 수 있습니다. [마우스 오버 상태]가 선택된 상태에서 버튼에 다른 채우기 색상([#FF14B1])을 적용합니다.

07 [기본 상태]를 선택한 후 [데스크탑 미리보기] ▶ 아이콘을 클릭해 재생합니다.

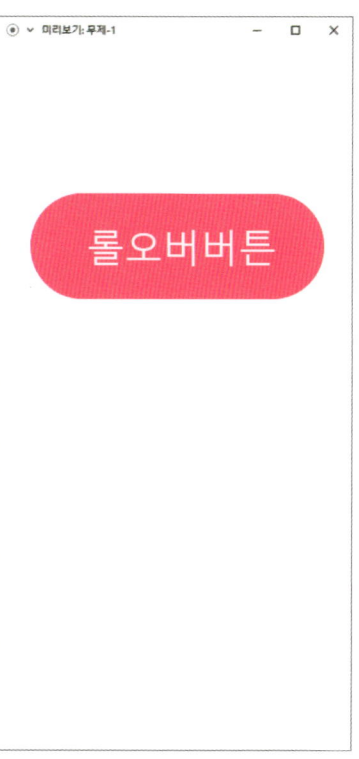

TIP 이때 [마우스 오버 상태]를 선택한 상태에서 미리보기를 하면 버튼의 변화가 보이지 않고 마우스 오버 상태가 고정되어 보입니다.

LESSON 03 디바이스 출력 및 공유하기

시스템별 디바이스 환경

iOS 환경은 안드로이드에 비해 특정 크기별 디바이스가 정해져 있기 때문에 Adobe XD 툴 바에서 원하는 크기를 선택하면 됩니다.

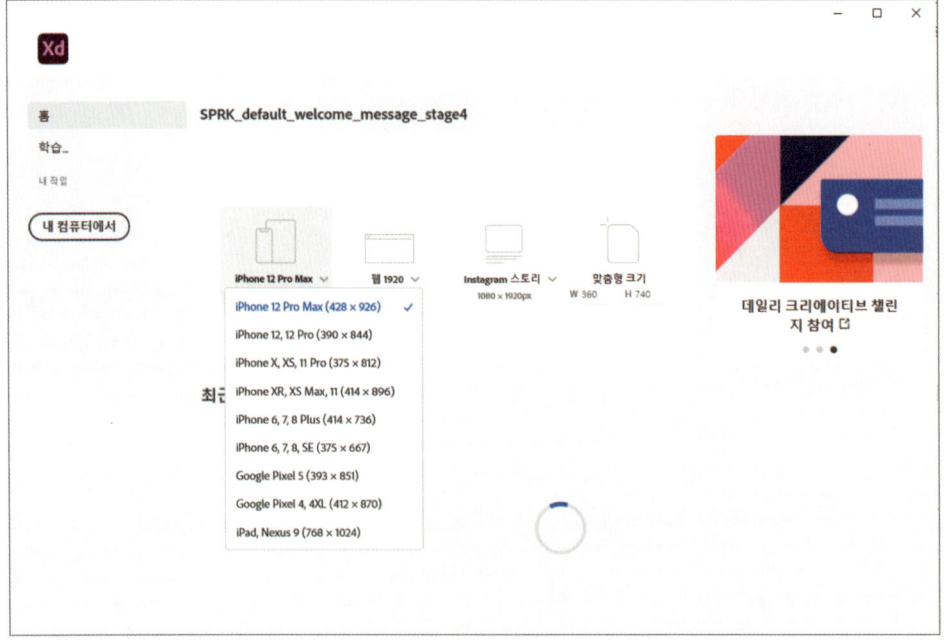

안드로이드는 원하는 크기를 참고해서 최소 크기 360×740px 크기로 사용자 정의 크기로 지정하여 아트보드를 만듭니다. dp에 맞게 입력해야 합니다.

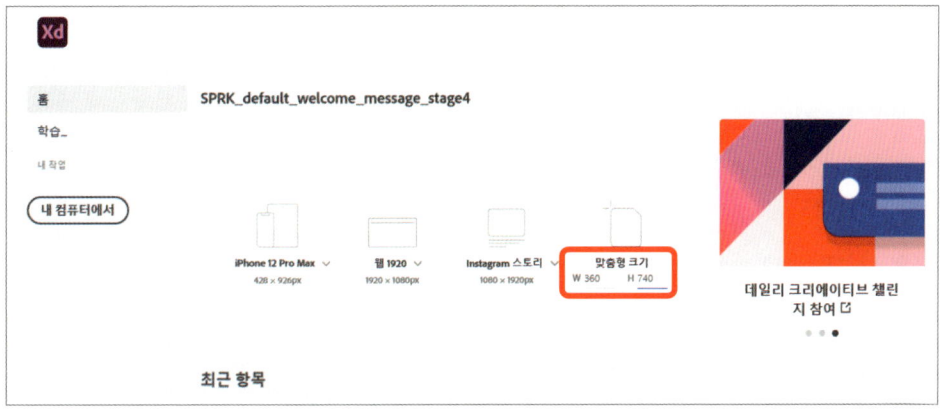

> **TIP** 디바이스별 dp를 환산할 때는 다음 웹사이트를 참조해주세요.
> - material.io/blog/device-metrics
> - developer.android.com/training/multiscreen/screendensities
> - screensiz.es/phone
> - pixplicity.com/dp-px-converter

문서 내보내기

Adobe XD에서 완성한 디자인 에셋은 코딩 및 개발을 위해 PNG, SVG, JPG, PDF 여러 방식의 확장자로 내보낼 수 있습니다.

문서 레이어에서 각 레이어마다 내보내기 버튼을 활성화할 수 있습니다. 또한 같은 방법으로 오른쪽 옵션 패널 제일 아래에서 [내보내기에 대해 표시]를 체크하면 활성화됩니다.

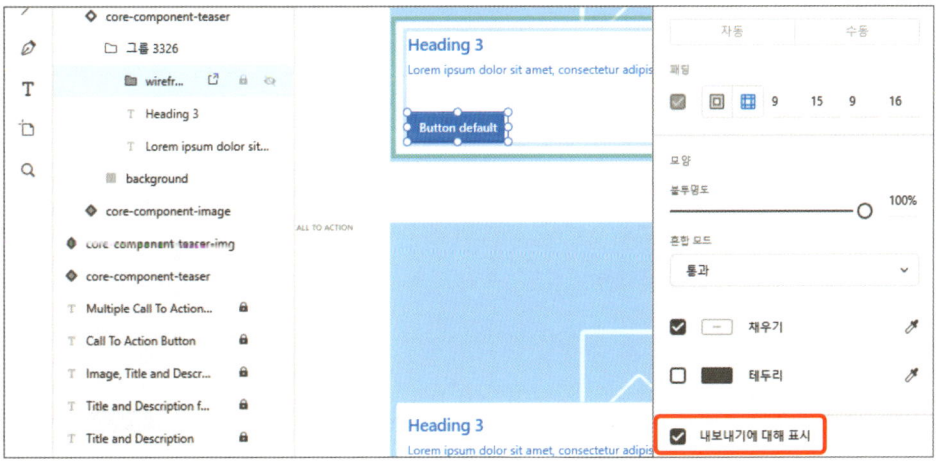

오브젝트 또는 아트보드를 선택하고 [파일 – 내보내기]로 이동합니다. 일부분만 선택한 경우 해당 부분만 내보내기 하려면 [선택됨]을 지정하고, 모든 아트보드를 내보내기 하려면 [모든 아트보드]를 지정합니다.

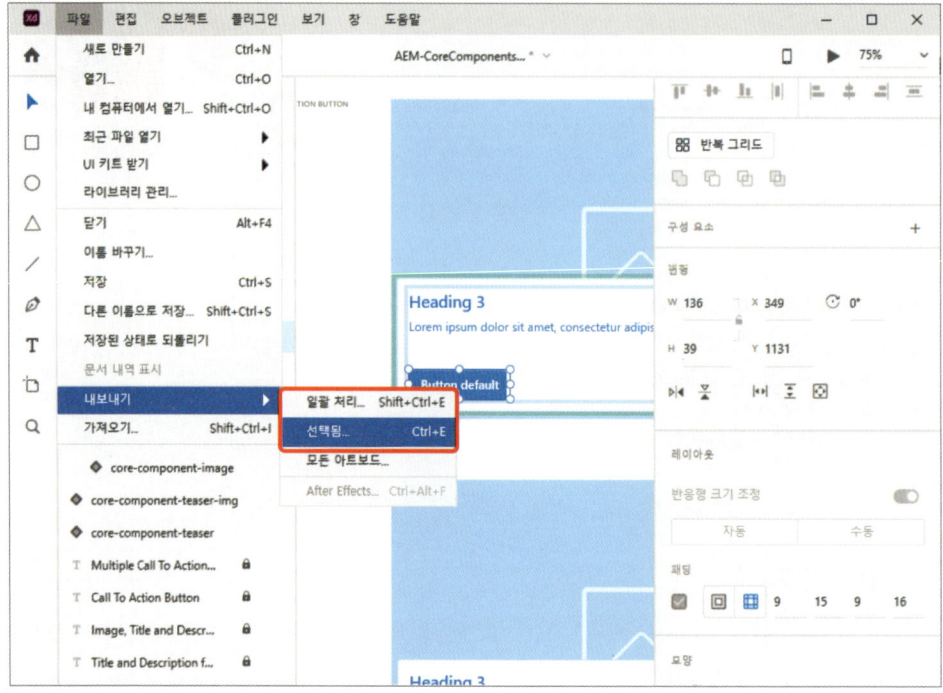

TIP 맥을 사용하는 경우 오브젝트 또는 아트보드를 선택하고 [파일 – 내보내기]로 이동하거나 `command`+`E`를 누르면 됩니다.

이렇게 하면 원하는 이미지 포맷 방식으로 출력이 가능합니다. 포맷은 [PNG], [SVG], [PDF], [JPG] 중 선택합니다. 내보내기 대상은 [디자인](디자인 파일), [웹](웹페이지 제작 용도), [iOS], [Android] 중에서 선택합니다. 디자인 작업사양은 1x, 2x, 3x 등 크기 배수를 말합니다. [내보내기]를 클릭합니다.

협업을 위한 공유 파일 관리

공유

디자인 협업이나 기획자 개발자들 간 또는 디자인 팀 구성원 간에 작업 파일 및 업데이트된 파일을 서로 여러 제한된 방법으로 공유할 수 있는 기능입니다. [공유] 탭은 다음과 같습니다.

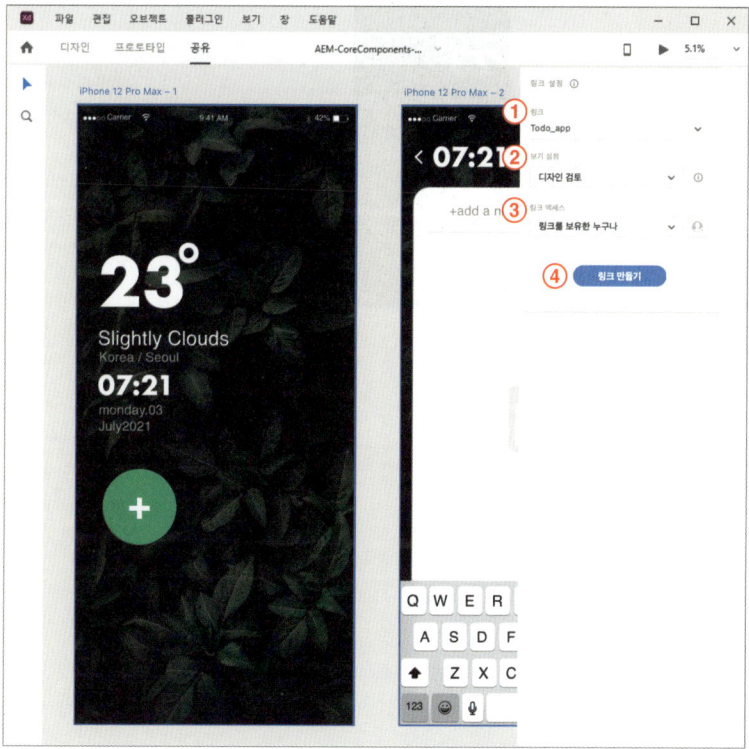

① **링크:** 공유할 링크 명칭을 입력합니다.

② **보기 설정:** [디자인 검토]로 선택합니다.

③ **링크 액세스:** 접근 방법을 선택합니다.

- **링크를 보유한 누구나:** 누구든 허용하는 공유 링크입니다.
- **초대된 사용자만:** 오직 초대된 일부 사람만 볼 수 있는 링크입니다.
- **암호를 보유한 누구나:** 암호를 입력하면 볼 수 있는 링크입니다.

④ **링크 만들기:** 공유할 수 있는 URL를 생성하게 됩니다.

[링크 업데이트]를 클릭하면 오른쪽 옵션 패널에 링크 URL이 나타납니다. 링크를 공유받은 사람이 URL에 접속하면 웹 브라우저에서 디자인 결과물을 확인하고 댓글 등으로 피드백을 전달할 수도 있습니다. 디자인을 수정한 경우 [링크 업데이트]를 클릭하고 다시 URL을 전달하면 됩니다.

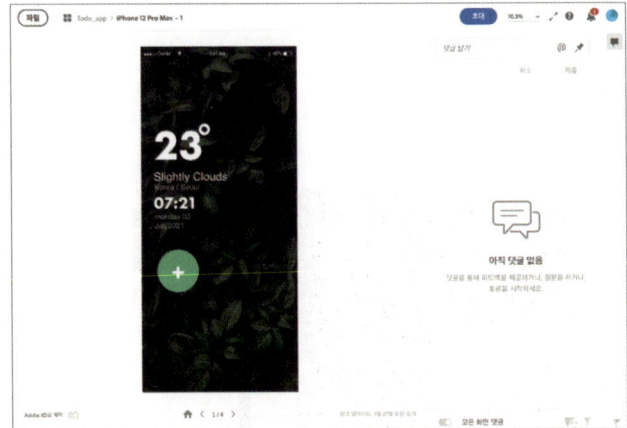

작업 효율을 높이는 플러그인

인터페이스 작업을 하고 디자인 파일을 관리할 때 일일이 모든 그래픽 요소를 그리거나 찾기보다는 플러그인을 이용하는 것이 편리합니다. 자주 사용하는 몇 가지 유용한 플러그인을 제안합니다.

- **Zeplin for XD** zeplin.io

제플린을 이용하면 Adobe XD 내부에서 디자인 파일을 [외부 내보내기]로 설정하여 빠르게 연동할 수 있습니다. 제플린 웹사이트에 접속하여 플러그인을 다운로드하거나 웹상에 직접 업로드합니다. [플러그인 – Zeplin for XD – Exported selected]를 선택해서 연결합니다.

- **UI Faces** uifaces.co/plugin-adobe-xd

사용자 인터페이스 디자인에서 아바타 형태보다는 실제 사람의 사람 얼굴 이미지가 훨씬 효과적입니다. 사람 얼굴 이미지를 일일이 인터넷으로 검색하려면 수고스럽고 원하는 이미지를 얻기 어렵습니다. 이때 무작위로 남녀, 동서양 등 다양한 분류에 맞는 인물을 검색해 원하는 얼굴 이미지를 찾을 수 있습니다.

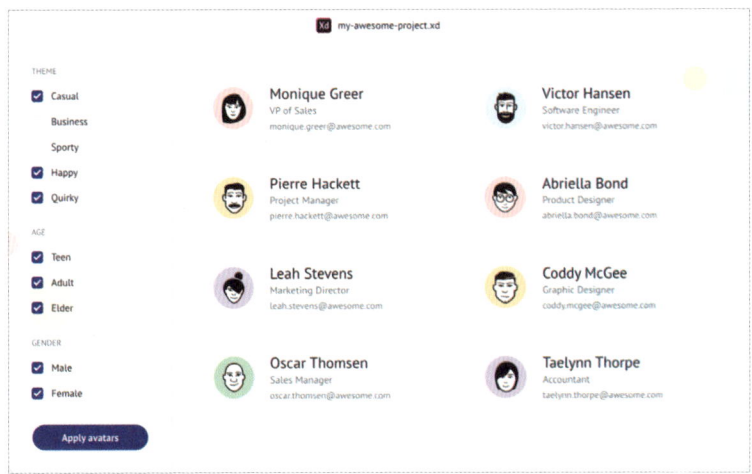

■ **Icondrop** iconscout.com/icondrop/for-adobe-xd

웹/모바일 인터페이스를 디자인할 때 아이콘을 자주 사용하게 됩니다. 200만 개 이상의 벡터 아이콘을 비롯해, 일러스트레이션 및 사진 데이터까지 포함하여 얻고자 하는 이미지를 검색한 후 바로 적용할 수 있습니다.

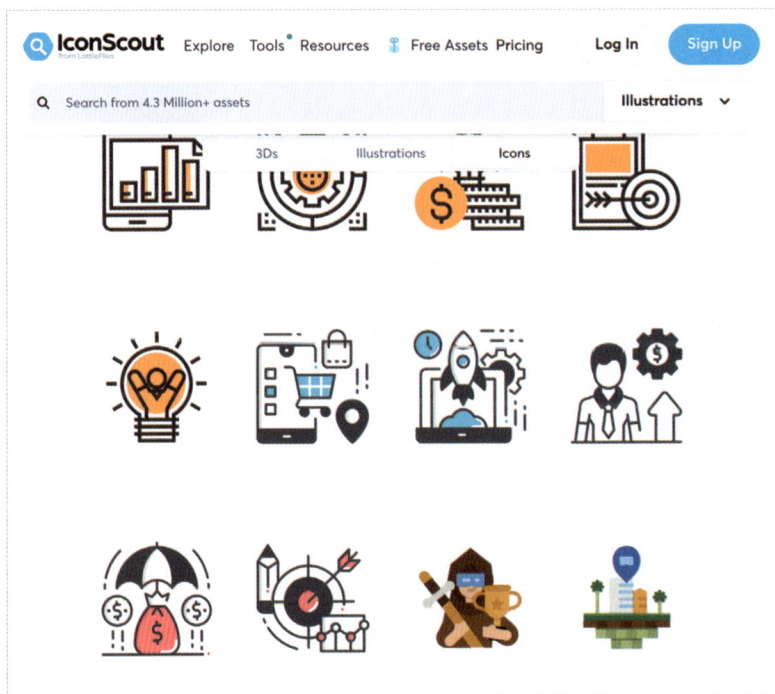

■ Confetti www.xdconfetti.com

인터페이스에서 공간감을 표현할 때 유용합니다. 무작위 형태의 불투명도, 회전, 배율, 색상 및 피사계 심도 등 표현할 수 있습니다.

■ App icon generator appicon.co

과거 플랫폼마다 다른 크기의 아이콘을 만드는 데 많은 시간이 소요되었습니다. 이런 작업 시간을 절약할 수 있는 유용한 플러그인입니다. PNG 파일로 내보낼 크기를 선택하여 iOS, 안드로이드, UWP 등 지정 크기로 빠르게 @1, @2, @3으로 지정하여 내보낼 수 있습니다.

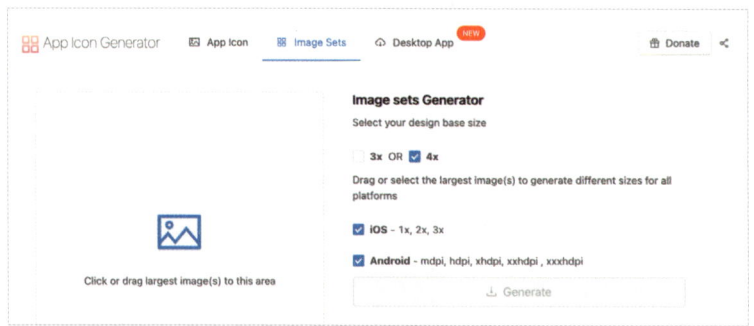

■ PhotoSplash2 www.qooqee.com/adobe-xd/plugins/photosplash

사진을 쉽게 찾고 500,000개가 넘는 저작권 없는 언스플래시 사이트(unsplash.com)의 이미지를 손쉽게 다운로드할 수 있는 유용한 플러그인입니다.

■ Layers for developers emsoftware.com/xdplugins/layers-4-developers

그래픽 형태를 편집하는 아이콘 오브젝트 관리 툴입니다.

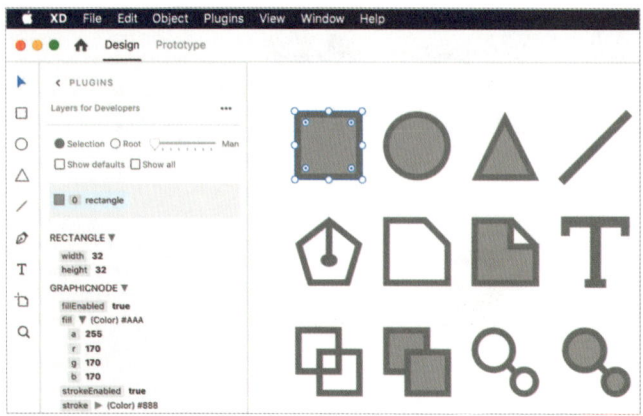

- **Toolabs DSM** www.toolabs.com/xdplugin

테마 디자인을 만들기 위한 플러그인입니다. 디자인 시스템 관리를 통해 스타일 관리를 한 번에 빠르게 관리하고 수정할 수 있습니다.

- **Arranger** omata.io/arranger

자동 애니메이션을 만들 수 있는 유용한 플러그인입니다.

(LESSON 01) To-Do 앱 UI 디자인
(LESSON 02) SNS 앱 UI 디자인
(LESSON 03) 반응형 웹/앱 UI 디자인
(LESSON 04) 쇼핑 커머스 앱 UI 디자인
(LESSON 05) 영화 감상 앱 UI 디자인
(LESSON 06) 식품 정보 앱 UI 디자인
(LESSON 07) 인테리어 가구 앱 UI 디자인

CHAPTER 03

실무 웹/앱 UI 디자인 분석과 실습

LESSON 01 To-Do 앱 UI 디자인

사람의 기억력은 한계가 있으니 바쁜 일상에서 누군가가 기억해주고 알려준다면 더없이 편리하겠죠. 그래서 앱스토어에서 많은 앱 중 일상 생활에서 유용한 앱을 꼽자면 스케줄 관리 또는 가계부 기록 등에 활용할 수 있는 메모 앱이 있습니다. 스마트폰에서 가벼운 앱으로 누구나 한 번쯤 사용했을 것으로 생각합니다. 그중에서도 쉽고 간단하고, 만들기 쉬운 앱 중 하나인 To-Do(할 일) 앱을 분석해보겠습니다.

UX 분석으로 사용자가 UI 화면에서 원하는 할 일을 체크하고, 동선(흐름, flow)을 편리하게 잘 관리할 수 있게 하는 것이 무엇보다 중요합니다. 또한 사용자가 원하는 대로 움직일 수 있는 사용성, 편리성, 피드백까지 고려해야 합니다. 다음의 몇 가지 앱들을 분석하여 이미 나와 있는 UI를 살펴볼 수 있습니다.

이렇듯 메모 앱은 할 일 버튼을 눌러서 목록에서 글을 추가하고, 추가한 일을 완료하면 삭제하는 것이 가장 주된 기능입니다. 항목을 기억할 수 있게 알려주는 기능과 편리한 추가 기능을 갖추고, 조작하기 쉽게 간단한 플로우를 만들어주면 됩니다. 여기서는 먼저 주요 일정 관리 앱(Microsoft To Do, Google Tasks, Apple 미리 알림)을 살펴 보고 사용자가 할 일과 일정을 관리할 수 있는 애플리케이션 UI를 구현해보겠습니다.

Microsoft To Do

사용자는 화면상에서 좌우로만 움직여서 다른 단계로 진입합니다. 옵션이 나타나면 아래에서 계층 팝업으로 나타납니다. 단순한 UI를 구성하고 있어서 누구나 사용하기에 어려움이 없습니다. 그리고 색채 배경을 깔고 이미지가 나타나 사용자가 지루하지 않게 즐거움까지 더하고 있습니다.

그러나 단계 구성(level-depth)이 많이 보입니다. 메인 페이지에서 전체 내용이 바로 드러나지 않고, 오늘 할 일, 중요, 계획된 일정 등을 한 번 더 클릭해야 해당 내용을 확인할 수 있습니다.

Google Tasks

왼쪽 정렬로 텍스트가 있고 클릭 후에 할 일을 작성하고 하단 [+]을 눌러서 할 일을 작성하는 단순한 UI 구성입니다. 메인과 서브 페이지가 잘 구별되지 않을 정도로 간단해서 사용자가 원하는 요소를 찾는 데 헷갈릴 수 있습니다.

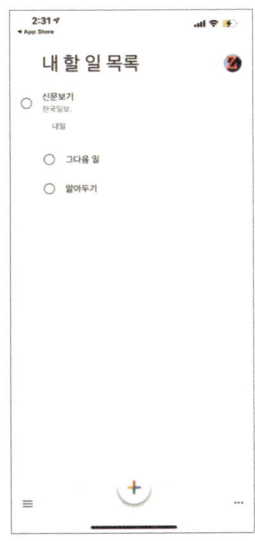 

Apple 미리 알림(할 일)

메인과 서브 페이지가 다르게 구성되어 있습니다. 구글에 비해 단순하지만 주 페이지는 기능이 더 많고 구성 요소를 한꺼번에 볼 수 있게 편집할 수 있습니다. 특별한 UI 요소는 보기 힘들고, 다른 앱과 비슷하여 사용하는 면에서는 금방 익숙해질 수 있습니다.

그 외에도 많은 일정 관리 앱이 있습니다. 데일리투두(DailyTodo), 투두이스트(Todoist), 틱틱(TickTick), 원모어(Onemore) 앱은 다음과 같은 UI를 갖고 있습니다.

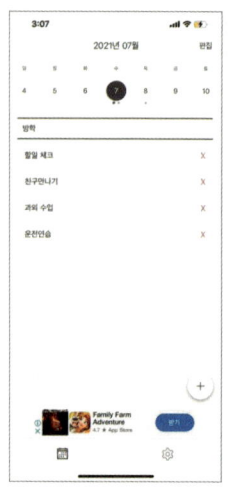   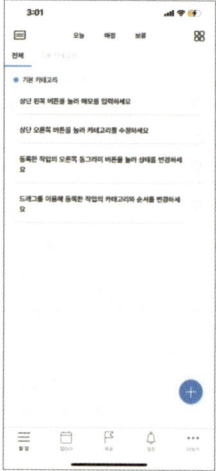

▲ 데일리투두　　▲ 투두이스트　　▲ 틱틱　　▲ 원모어

UI 디자인 실습

현재 서비스 중인 앱을 기준으로 인터페이스를 만들어보겠습니다. 사용자가 간단히 조작하고 기억하기 쉽게 보여주는 데 중점을 두고 설계했습니다. 실습에 필요한 이미지 소스와 텍스트는 [todo_source.xd]와 [todo_text.txt]를 이용하고, 완성 파일은 [Todo_app.xd]에서 확인해보세요.

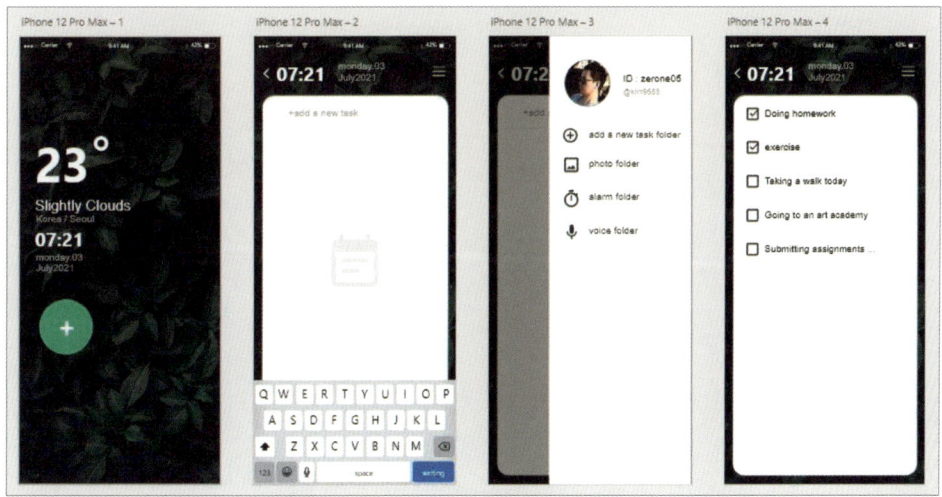

01 [iPhone 13, 12 Pro Max] 화면(428×926px)을 선택합니다.

To-Do 앱 UI 디자인 | LESSON 01 **131**

02 레이아웃을 잡기 위한 좌우 마진(margin)을 [16px]로 설정했습니다. 작업 편의상 아트보드 양 옆 가장자리에 폭 16px의 사각형을 그리고, 바깥에서 안으로 드래그해서 가이드라인을 추가합니다. 같은 방식으로 좌우 20px 안쪽에 가이드라인을 추가합니다.

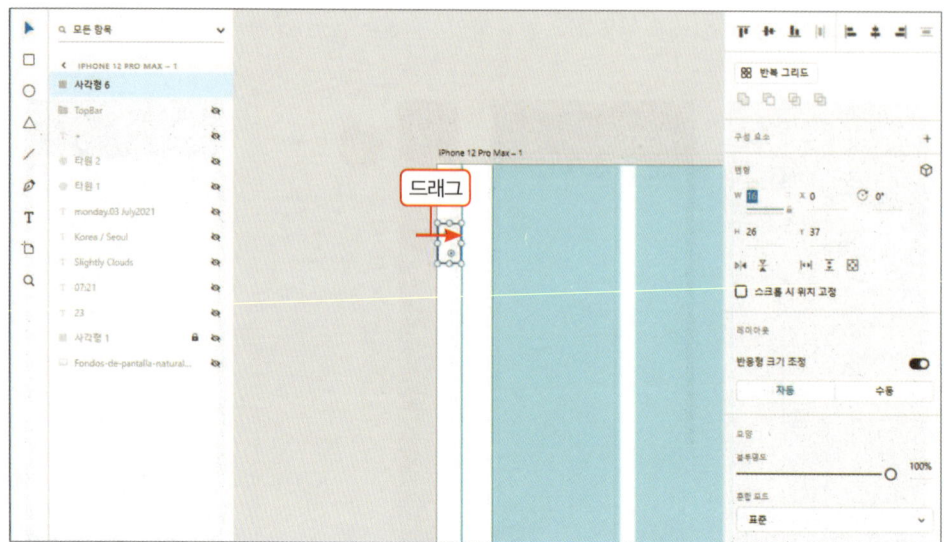

03 아트보드 제목을 선택한 상태에서 오른쪽 옵션 패널 [그리드]에 체크하고 [레이아웃]을 선택합니다. [열: 4, 간격 폭: 10, 열 폭: 81, 연결된 왼쪽/오른쪽 여백: 37]로 지정합니다.

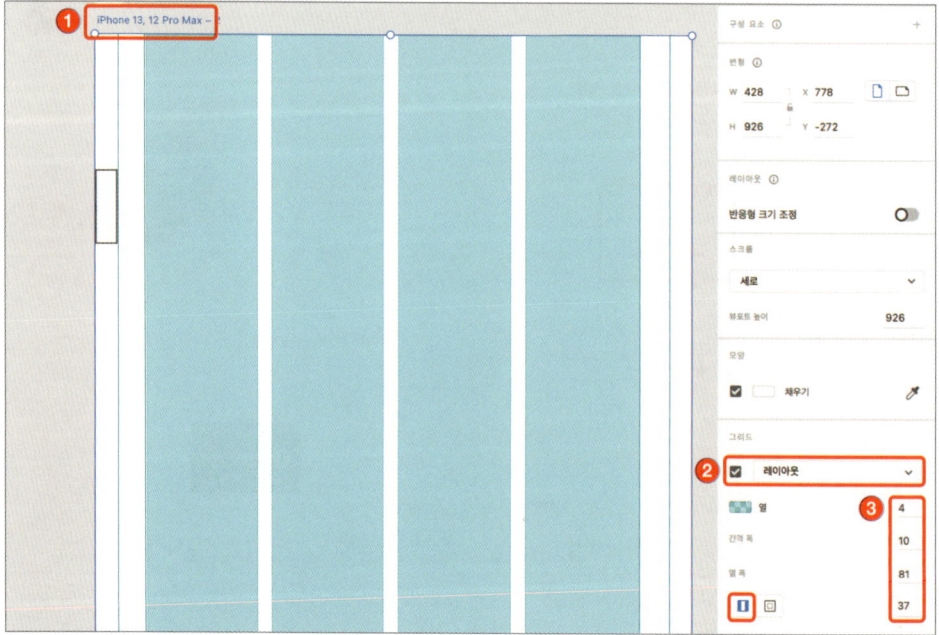

04 파일 탐색기에서 예제 파일 [green_bg.jpg]를 선택해 화면에 드래그합니다. 이때 그림을 바탕 크기보다 크게 채워 주세요.

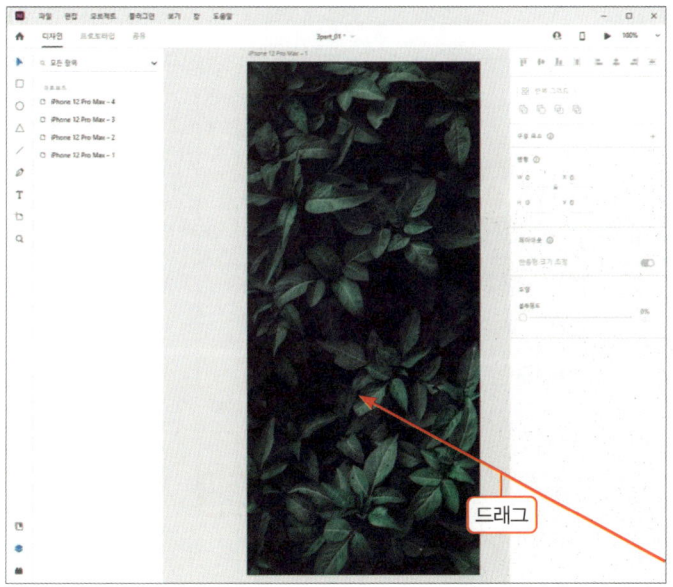

05 [todo_source.xd] 파일을 열어서 상단 요소를 선택하고 복사합니다.

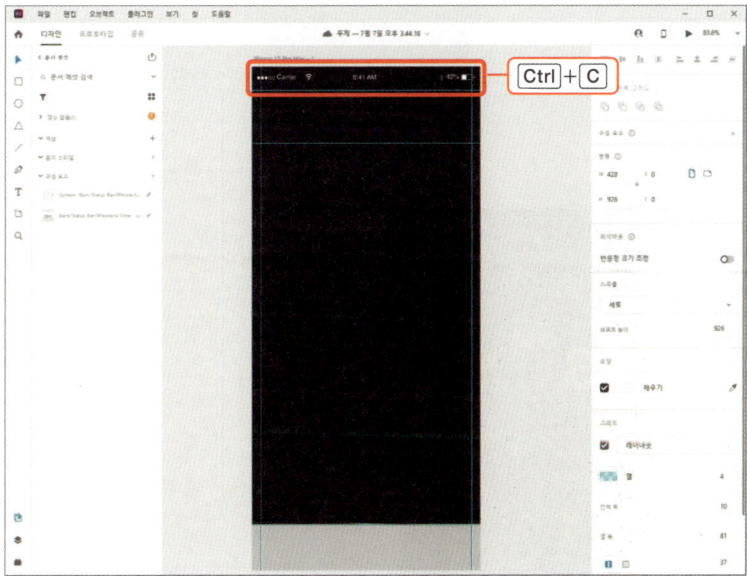

06 실습 파일로 돌아와 상단에 붙여 넣습니다. 화면 크기(428×926px)로 상자를 그리세요. 채우기 색상을 검은색([#000000])으로 지정하고 불투명도를 [40%]로 낮춰서 배경을 어둡게 만들어줍니다.

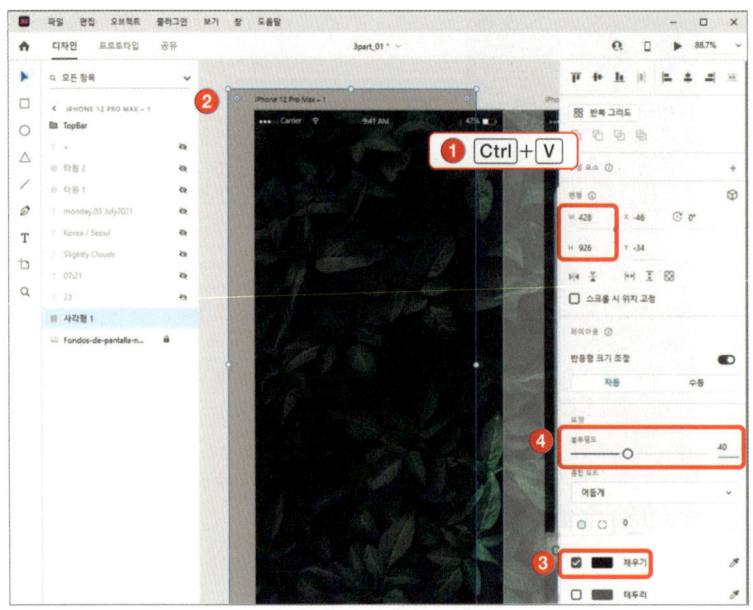

07 [텍스트] 도구로 [23]을 입력하고, [채우기 색: #FFFFFF, 서체: Futura, 크기: 100pt]로 지정하며, [타원] 도구로 원형을 그리고 테두리 크기를 [8]로 지정해 온도 기호를 나타냅니다.

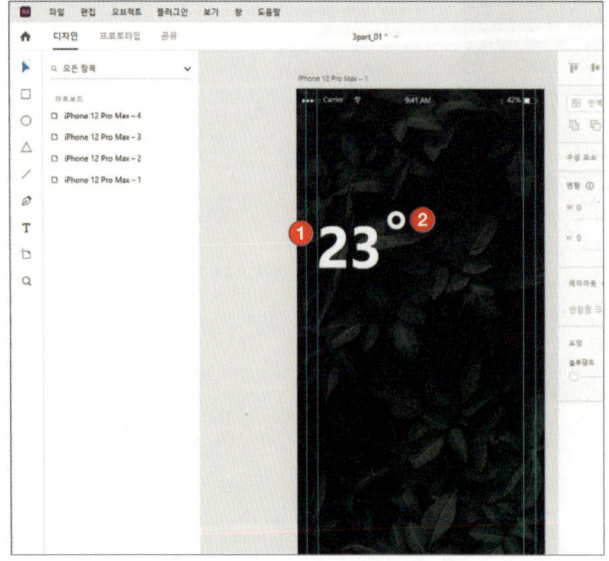

08 온도 아래에 날씨, 지역, 현재 시간 및 날짜 등 관련 정보를 입력합니다. 숫자는 [Futura]를, 텍스트는 [Helvetica]를 사용했습니다. 이때 중요하지 않는 서브 텍스트의 불투명도를 [60%]로 낮춥니다.

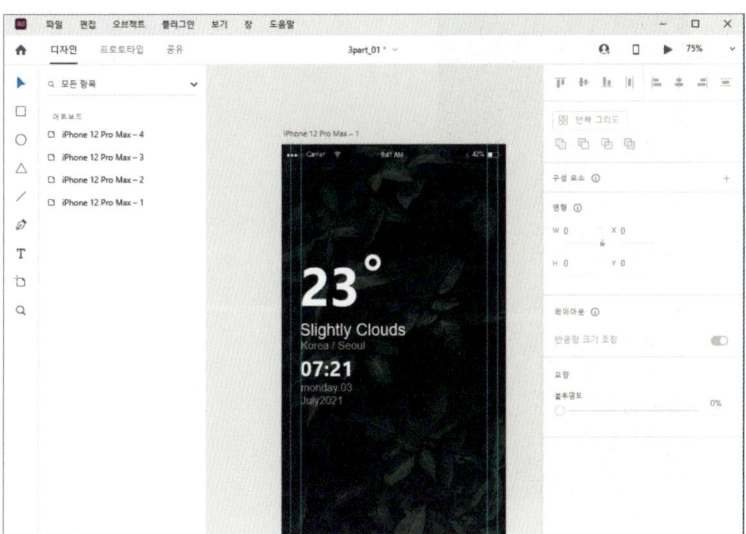

09 [타원] 도구로 원을 그리고 채우기 색을 [#47D89C]로 지정합니다. 원 안에 [+]를 입력해 새 글을 쓰는 UI 버튼을 나타냅니다.

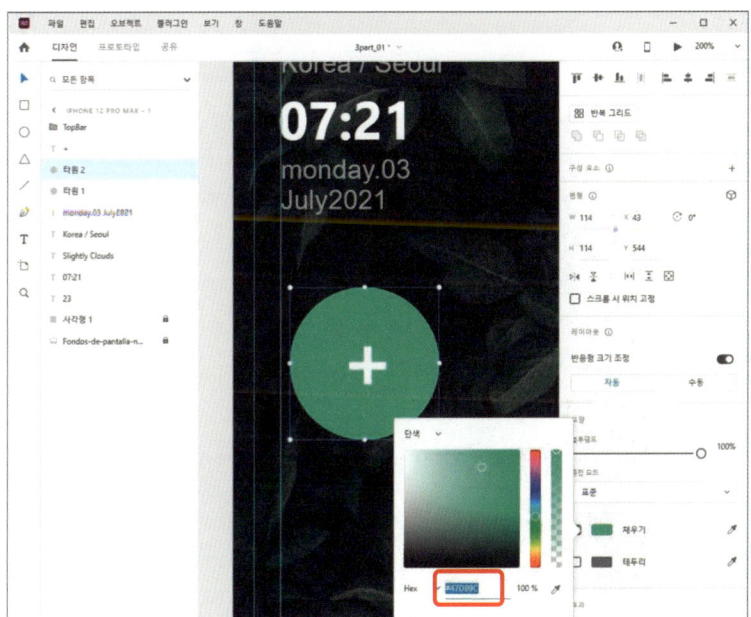

10 UI 버튼의 크기를 줄이고 적당한 위치에 배치합니다.

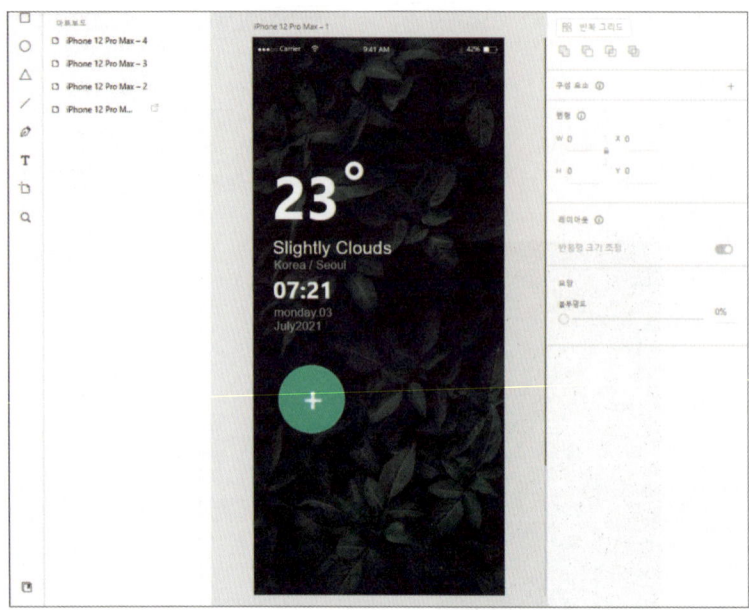

11 새 아트보드를 추가합니다. 인트로 화면에 입력한 현재 시간과 날짜 정보를 가져와 화면 상위로 올려서 다음과 같이 수정하고, 예제 파일에서 햄버거 버튼(☰)도 가져와 배치합니다.

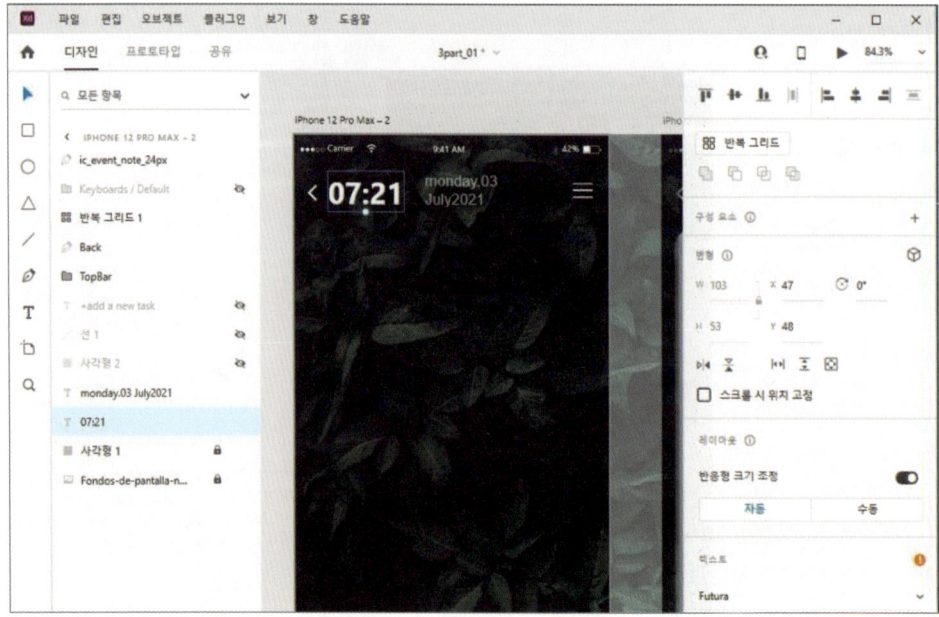

12 글쓰기 팝업 화면을 만들어 보겠습니다. 396×788px 크기의 사각형을 그리고 모서리 값을 [25]로 지정합니다. 위쪽에 [텍스트] 도구로 [+add a new task] 문구를 씁니다.

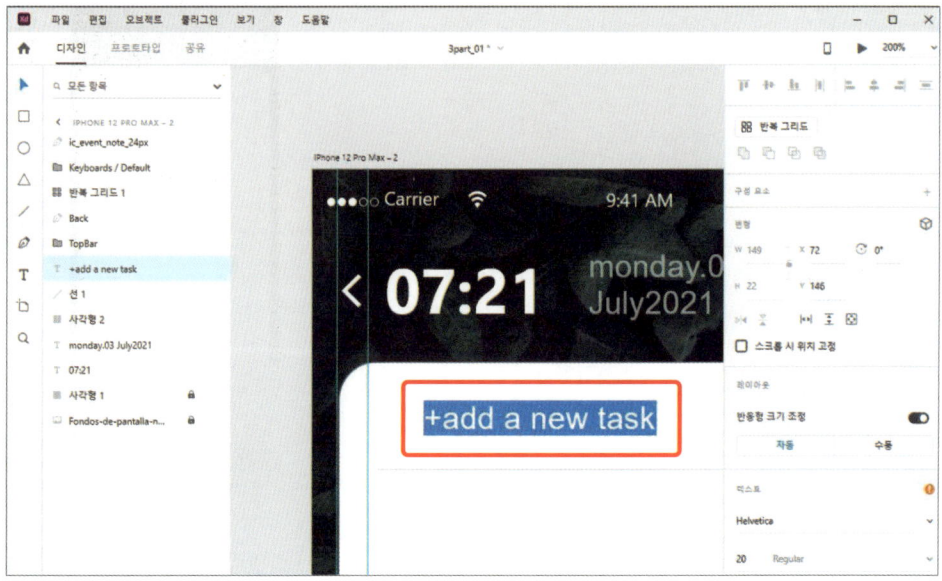

13 예제 파일에서 수첩 아이콘을 가져옵니다. 아이콘을 선택하여 불투명도 [10%]로 주고 배경 이미지로 나타냅니다. 가로, 세로 중앙 정렬 버튼을 클릭해 가운데 정렬을 맞춥니다.

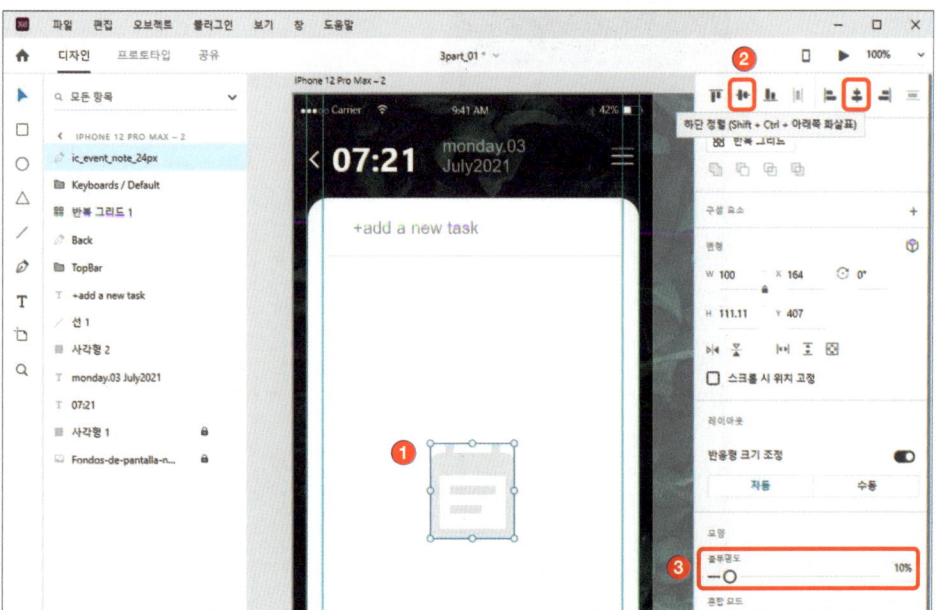

14 예제 파일에 있는 스마트폰 키패드를 하단에 삽입합니다.

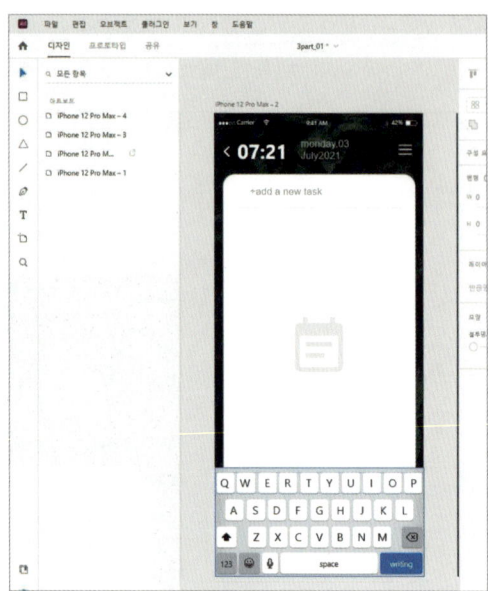

TIP 여기서 사용되는 아이콘 등 이미지 요소는 본문과 달라도 상관은 없습니다. 단, 여러 개의 아이콘을 사용하는 경우 통일된 디자인의 아이콘을 구성해야 합니다. 만약 선으로 구성된 아이콘이라고 한다면 동일한 크기와 간격, 라인 스타일 아이콘으로 같은 톤 앤 매너를 구성하는 식입니다.

15 새 아트보드를 추가하고 앞의 화면을 복제합니다. 글쓰기 팝업 화면 위에 전체 크기의 상자를 그립니다. 채우기 색은 검은색([#000000]), 불투명도를 [41%]로 주고 맨 위에 배치합니다.

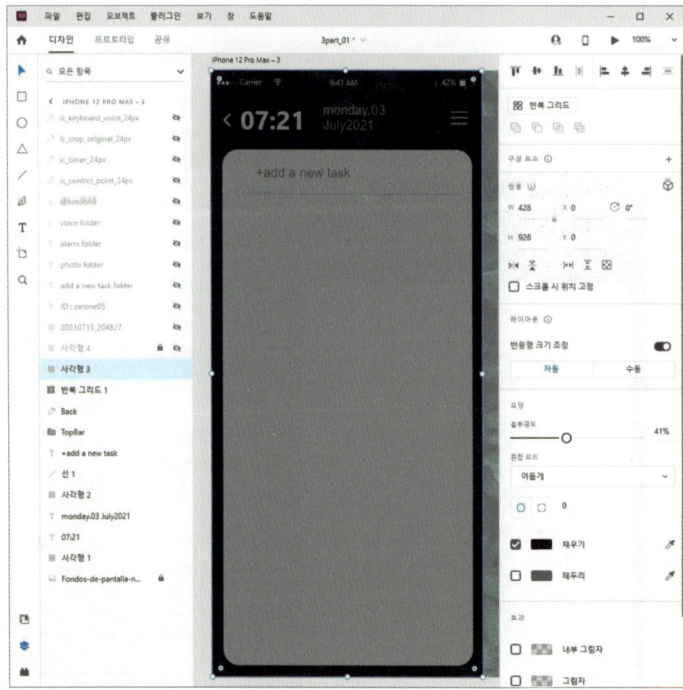

16 오른쪽에서 나타나는 화면으로 300×926px 크기로 흰색 사각형을 그립니다.

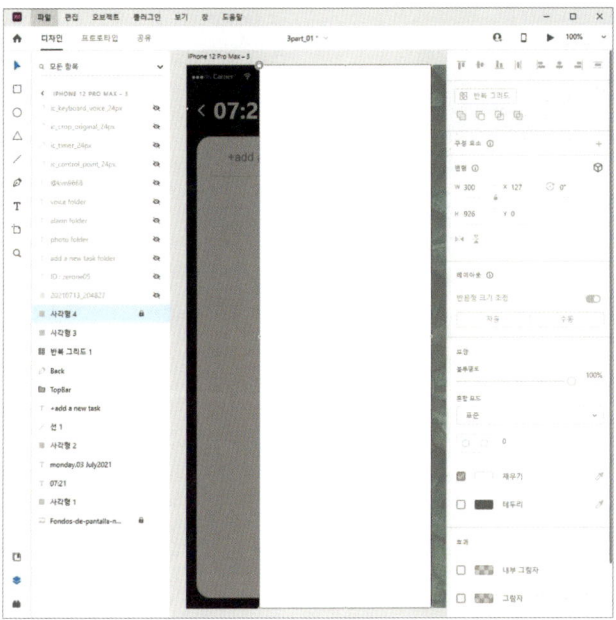

17 프로필 이미지와 ID를 입력합니다. 아이콘을 나열하고 왼쪽에 각각 항목명을 입력합니다. 색상은 검은색([#000000])으로 지정하되 서브 텍스트의 불투명도는 [45%]로 낮춥니다. 항목이 반복되는 목록은 반복 그리드를 활용하면 빠르게 만들 수 있습니다.

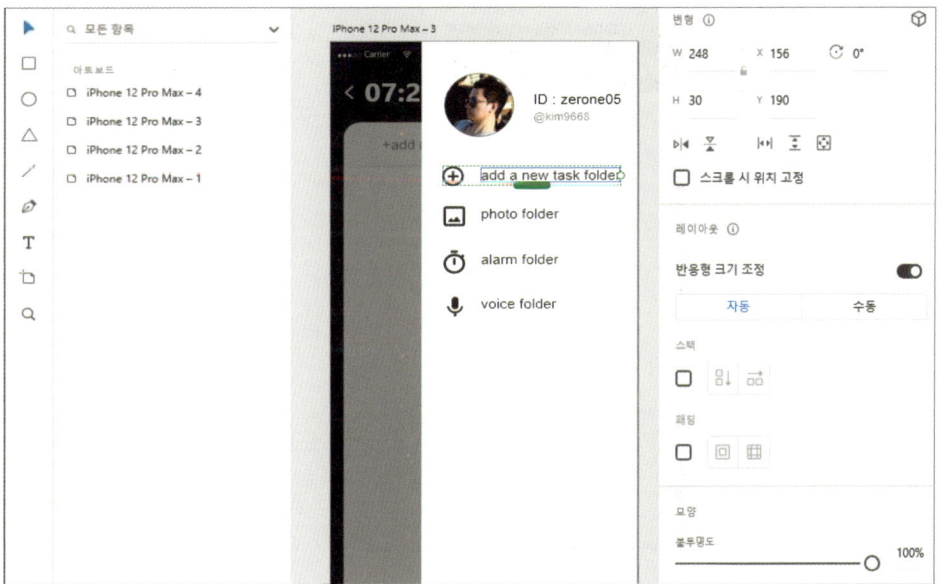

To-Do 앱 UI 디자인 | LESSON 01 **139**

18 아트보드를 추가합니다. 글쓰기 화면 UI와 동일하게 흰 바탕 화면을 만듭니다.

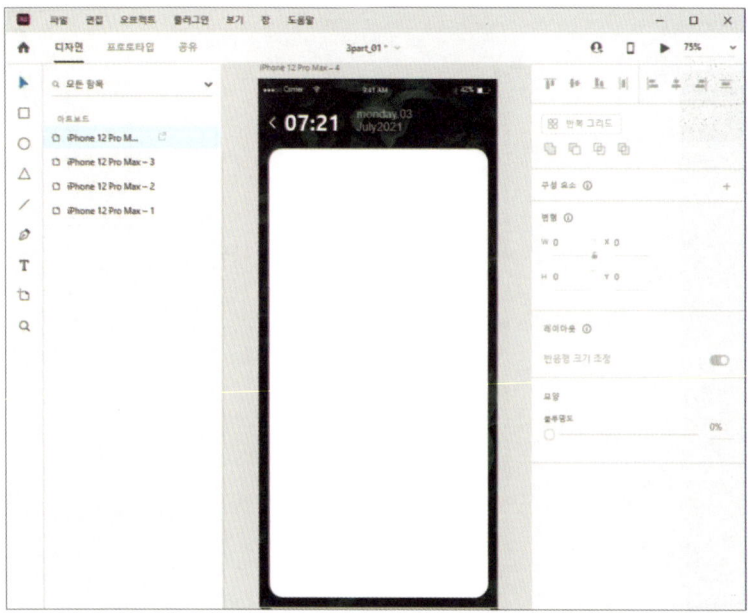

19 리스트 화면을 만들기 위해 반복 그리드를 활용하여 아래로 5가지 항목을 나열합니다. 완료된 할 일과 아닌 것을 구분하는 체크박스를 그려 완성합니다.

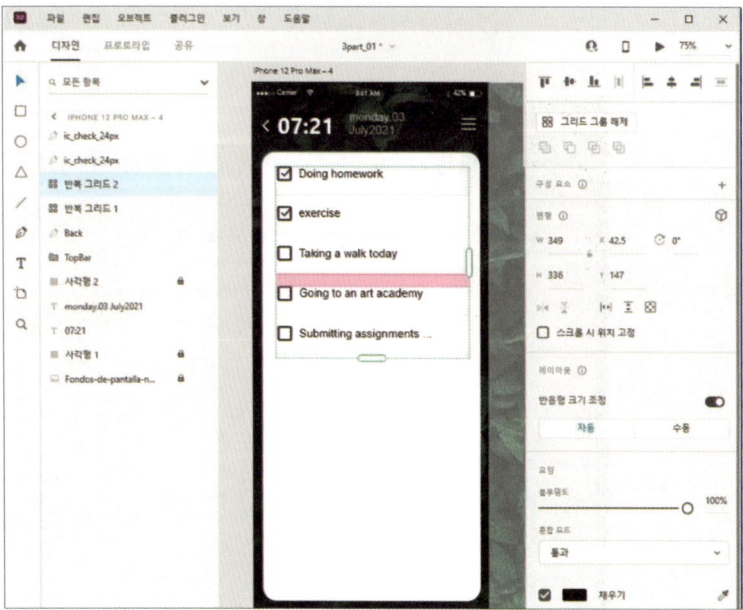

프로토타입

Adobe XD는 [디자인] 탭과 [프로토타입] 탭이 나눠져 있으며 버튼을 누르면서 쉽게 원하는 인터랙션을 구현해볼 수 있습니다. 다만 디테일한 기능을 수행하기 보다 주어진 기능을 활용해야 하는 단점이 있습니다. 가장 기본적인 모션을 활용하여 가장 기본적인 좌우 화면 전환을 부드럽게 표현해보겠습니다.

01 두 번째 페이지에서 [+] 버튼을 클릭하면 글쓰기 팝업 화면으로 이동하는 프로토타입을 만들어 보겠습니다. [+] 버튼을 선택하고 Ctrl+G를 눌러 그룹으로 만듭니다. 화면 상단에 [프로토타입] 탭을 클릭합니다. [+] 버튼을 클릭하면 파란 선이 나타나는데 이때 다음 페이지 화면으로 드래그합니다.

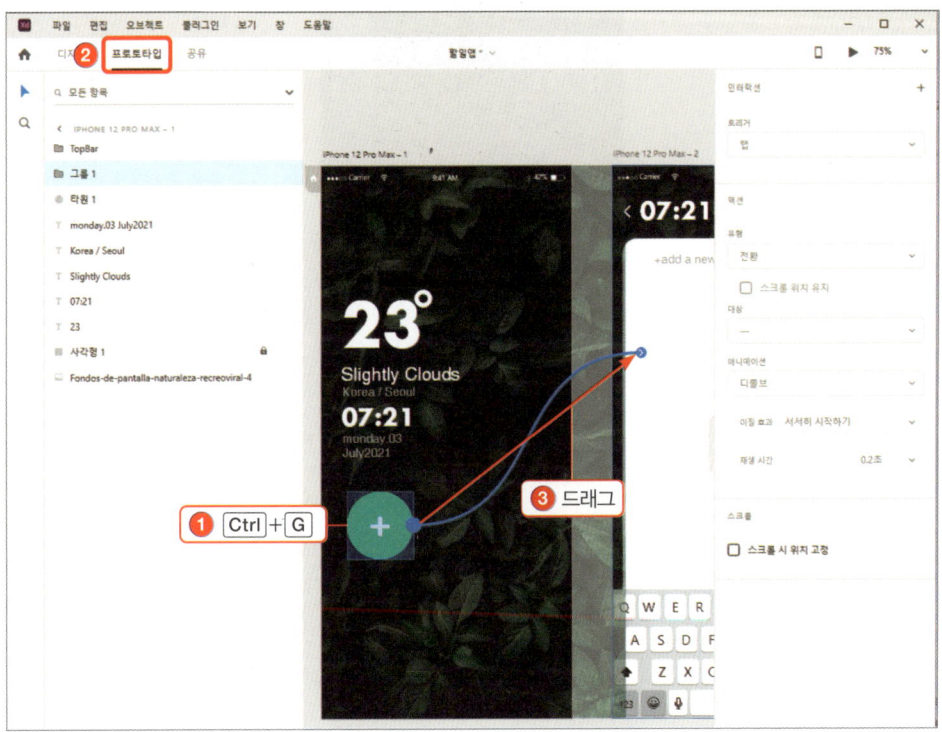

02 오른쪽 옵션 패널에서 인터랙션 항목은 [트리거: 탭]으로 설정합니다. [유형: 자동 애니메이트, 대상: 2페이지, 이징 효과: 서서히 끝내기, 재생 시간: 0.3초]로 설정합니다. 기본 값으로 설정하였으나 작업자가 원하는 크기 및 기능을 선택할 수 있습니다.

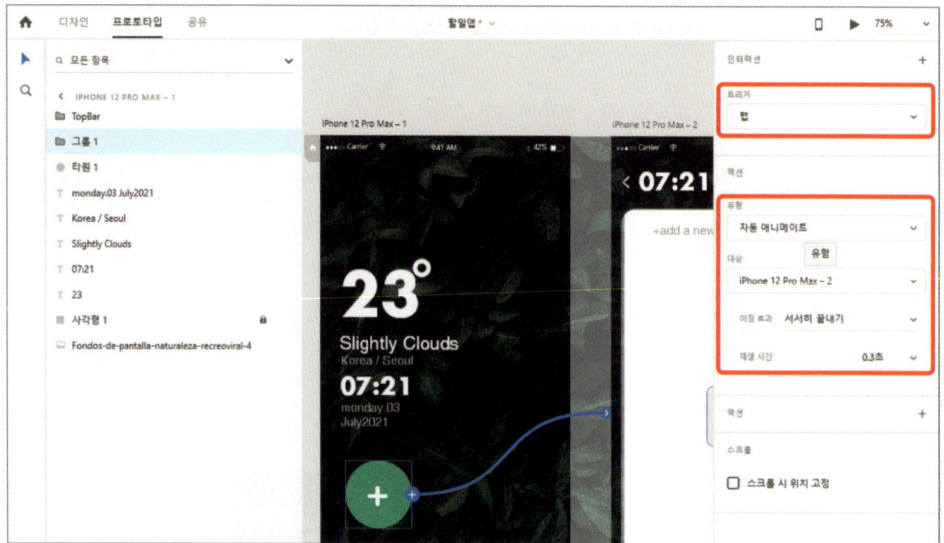

03 2페이지의 햄버거 버튼(☰)을 클릭하면 오른쪽에서 메뉴 레이어가 나타나는 것을 구현해 봅니다. 먼저 같은 크기(여기서는 [iPhone 13, 12 Pro Max]) 크기의 새로운 아트보드를 오른쪽에 추가합니다.

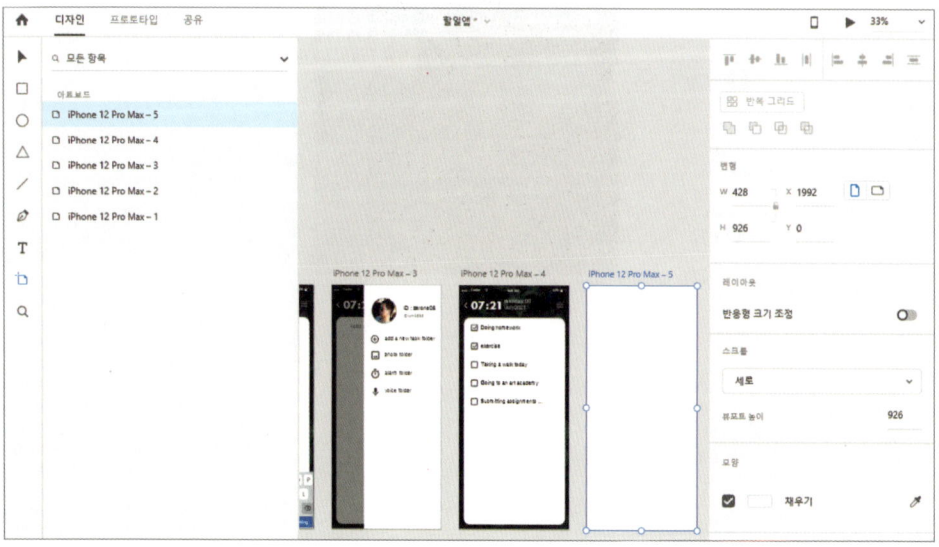

04 빈 아트보드에 오른쪽에 레이어 메뉴 디자인만 가져와서 붙여 놓습니다.

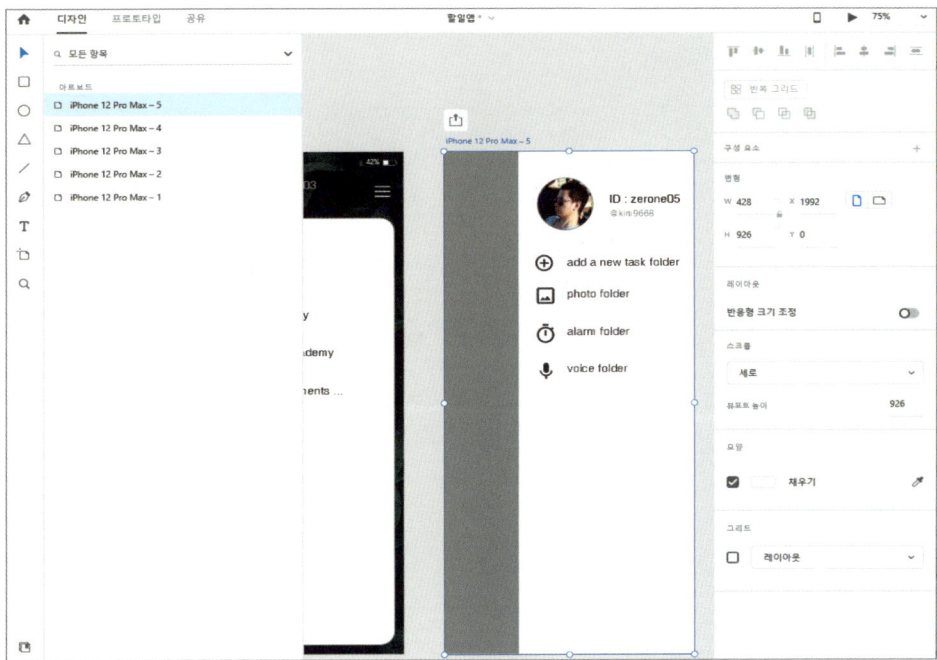

05 [프로토타입] 탭으로 가서 햄버거 버튼을 선택합니다. 햄버거 버튼에서 메뉴 레이어 아트보드(5페이지)로 드래그해서 연결합니다. 이때 오른쪽 패널에서 [유형: 오버레이]로 설정합니다.

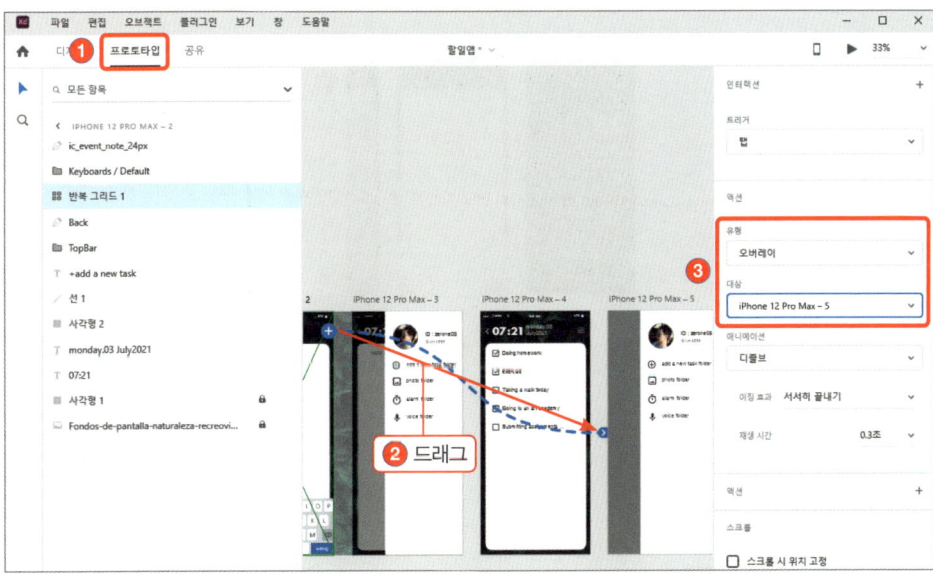

06 보통 오버레이 디자인은 관련 페이지와 연결됨을 보여주기 위해 화면상에서 아래쪽에 배치합니다. 메뉴 레이어가 있는 5페이지 아트보드를 선택하고 햄버거 버튼이 있는 2페이지 아트보드 아래로 드래그해서 위치를 옮기세요.

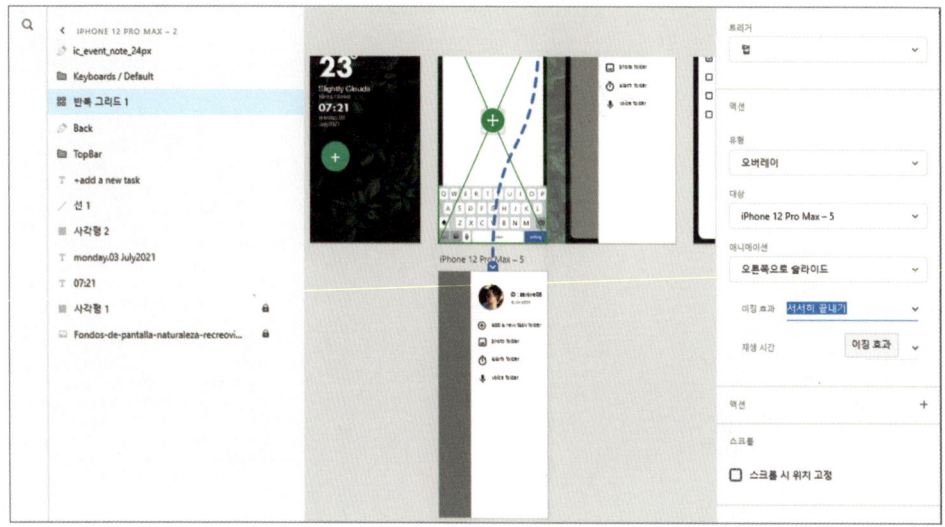

07 클릭한 후 메뉴가 나타나면 다시 돌아가야 하기에, 어두운 바탕을 선택한 후 더블클릭하면 탭을 활성화할 수 있고 이전 아트보드로 선택해주면 다시 이전 페이지로 이동됩니다.

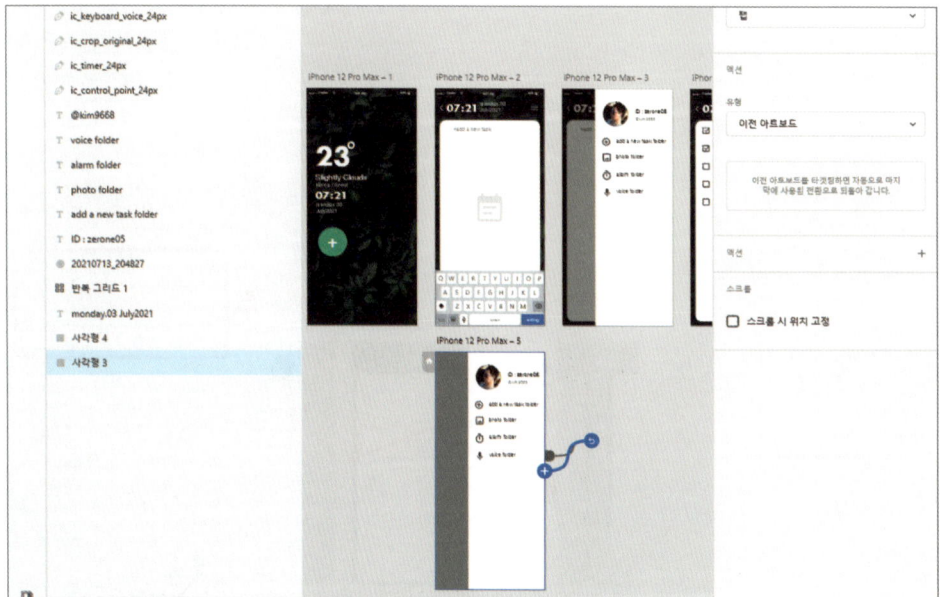

08 동일하게 2페이지가 다음 4페이지로 이동할 수 있게 프로토타입을 연결해줍니다. 2페이지를 선택하고 오른쪽 옵션 패널에서 **[유형: 자동 애니메이트]**로 지정합니다. [데스크탑 미리보기] ▶ 아이콘을 클릭하면 자동으로 애니메이션을 보여줍니다.

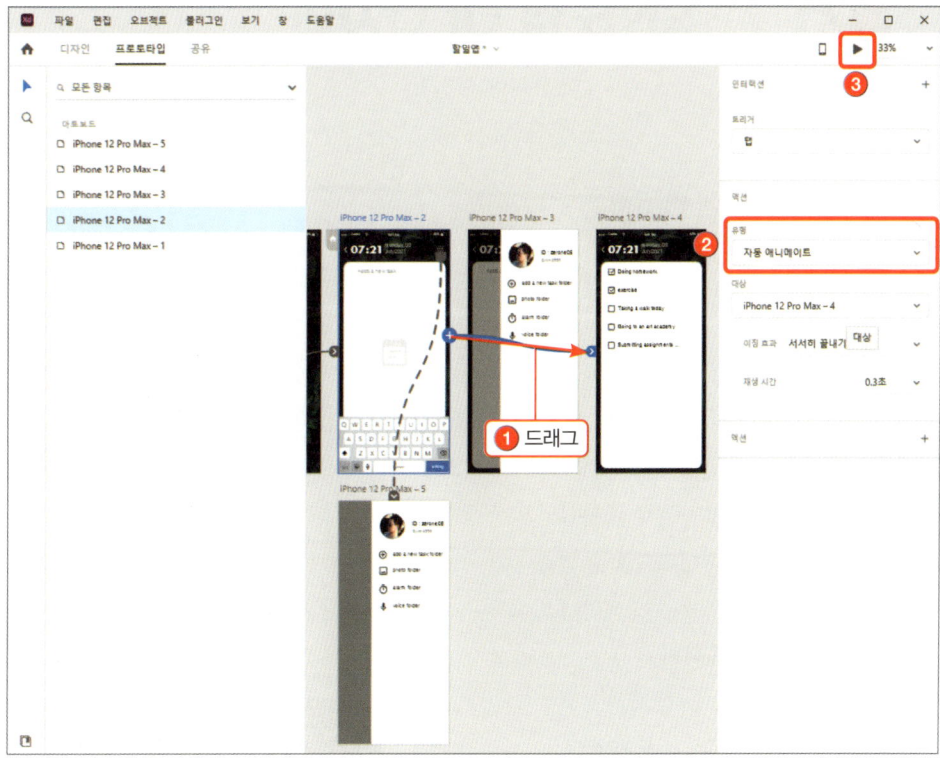

LESSON 02

SNS 앱 UI 디자인

SNS 바이럴 서비스 디자인 UX 분석

실생활에서 많이 쓰이는 SNS(social network service) 앱은 웹상에서 사용자 간 인적 네트워크를 형성할 수 있게 해주는 서비스를 말합니다. SNS는 페이스북, 인스타그램, 트위터, 네이버 블로그처럼 공개형과, 카카오톡, 라인, 텔레그램, 위챗 같은 메신저형으로 구분됩니다. 다수의 참여자가 접속해 사용하는 SNS 앱은 글자의 가독성과 빠른 접근성이 UX 측면에서 가장 중요합니다.

페이스북과 인스타그램은 같은 회사에서 서비스되고 있으며, 필드에 글과 사진을 올려서 사람들과 소통할 수 있습니다. 사용자는 주로 자신의 일상 생활, 취미 등 다양한 콘텐츠를 사람들과 공유하거나 전하고 싶은 메시지를 업로드할 수 있습니다. UI 디자인을 살펴보면 페이스북은 글이 우선되며 여기에 사진, 영상을 첨부하는 형태인데 반해 인스타그램은 사진 기반 SNS 서비스로 연속적 피드백 댓글로 소통할 수 있습니다.

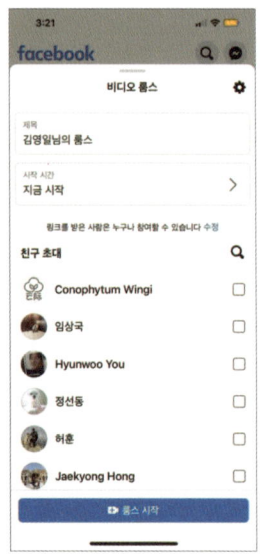

UI 디자인 실습

SNS 기반 인터페이스는 커뮤니티 글과 이미지를 업로드 하고 댓글 및 좋아요로 사용자들끼리 소통하는 화면이 주요 인터페이스로 이루어져 있습니다. 이미지 소스와 텍스트는 [sns_source.xd]와 [sns_text.txt] 파일을 이용하고, 완성 파일은 [sns_app.xd]를 확인해보세요.

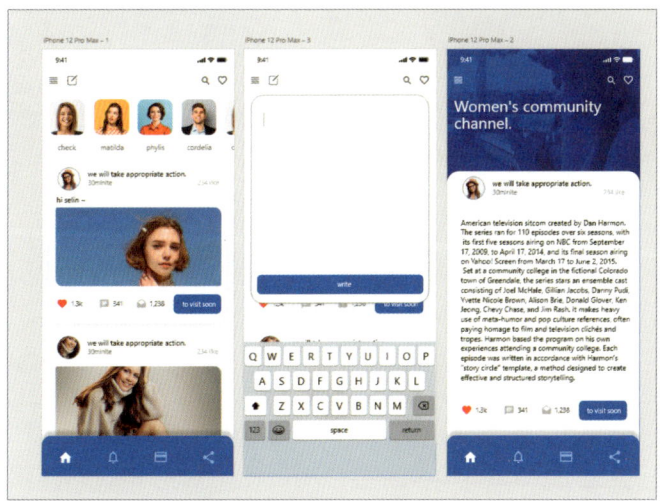

01 [iPhone 13, 12 Pro Max] 화면을 불러옵니다. 좌우에 각각 16px과 20px 간격으로 가이드라인을 그립니다. 오른쪽 옵션 패널 [그리드]에 체크하고 [레이아웃]을 선택합니다. **[열: 4, 간격 폭: 10, 열 폭: 81, 연결된 왼쪽/오른쪽 여백: 37]**로 지정합니다. 예제 파일에서 상단 요소를 가져와 배치하세요.

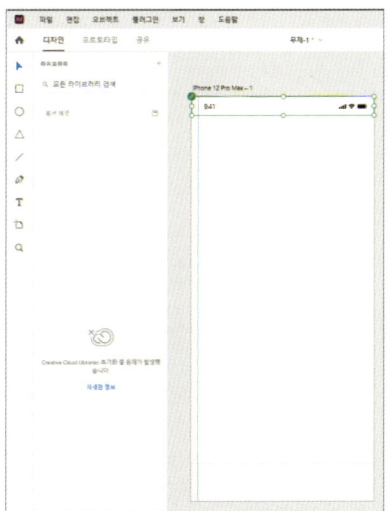 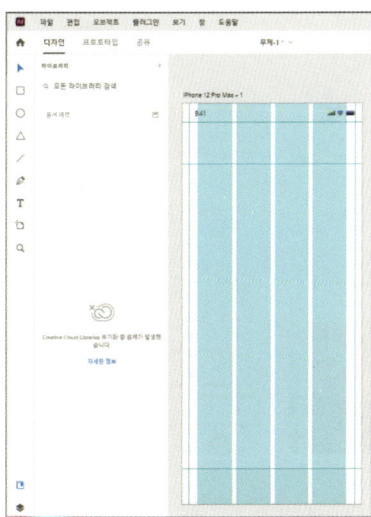

02 예제 파일에서 아이콘을 복사해 상단에 배치합니다.

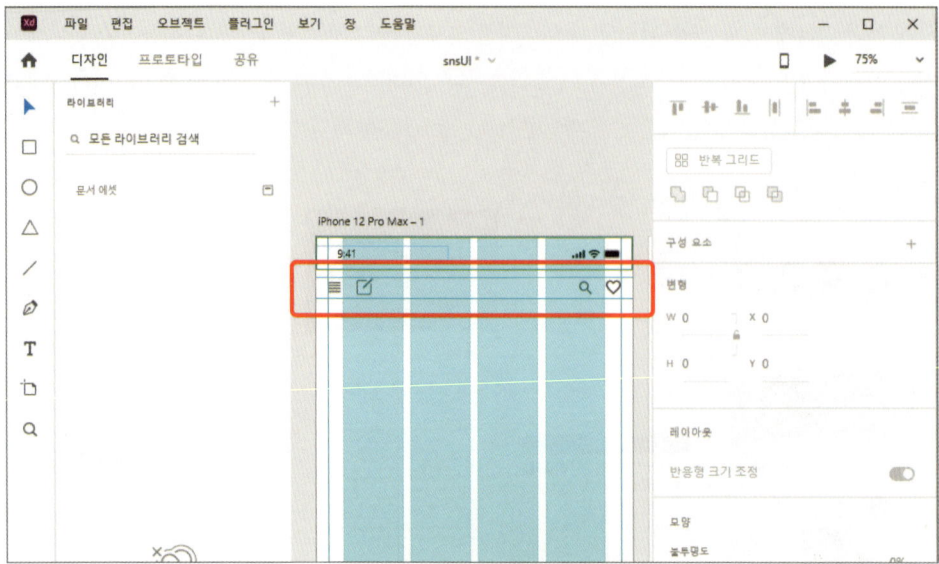

03 바로 아래에는 사용자 목록을 표현합니다. 상자를 그리고 모서리 값은 [15]로 지정합니다. 이미지를 넣기 때문에 색상은 임의로 지정합니다. 상자 아래에 [텍스트] 도구로 기본 서체 [Segoe UI]를 지정하고 [16pt] 크기로 임의의 이름을 작성합니다.

04 상자와 이름을 선택한 상태에서 오른쪽 패널에서 [반복 그리드]를 클릭합니다. 그리드 영역을 오른쪽으로 드래그하면 처음 만든 콘텐츠 UI 요소가 그대로 반복적으로 나타납니다.

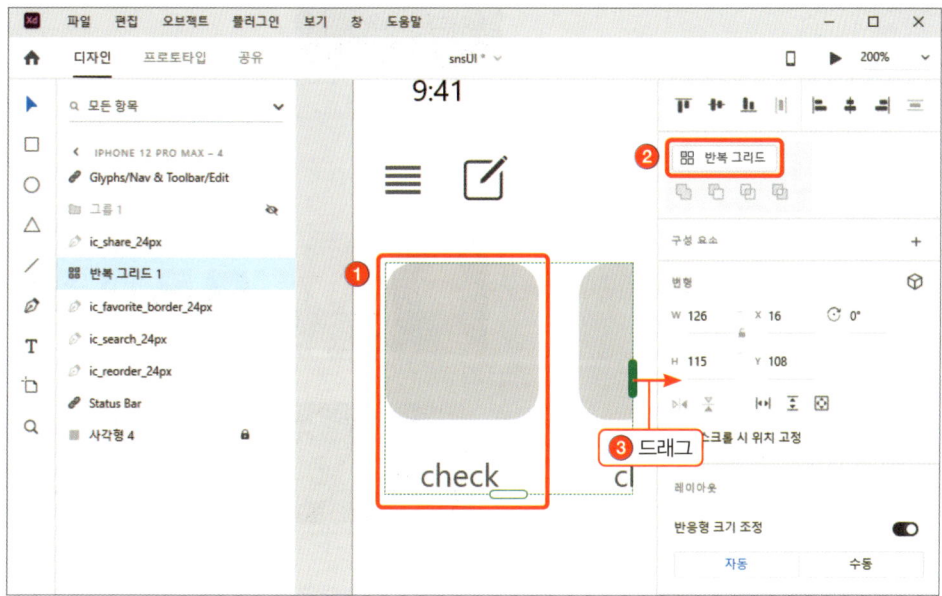

05 반복 그리드를 화면 끝까지 만들고, 요소 사이에 마우스 커서를 올린 다음 간격을 적당히 조정합니다.

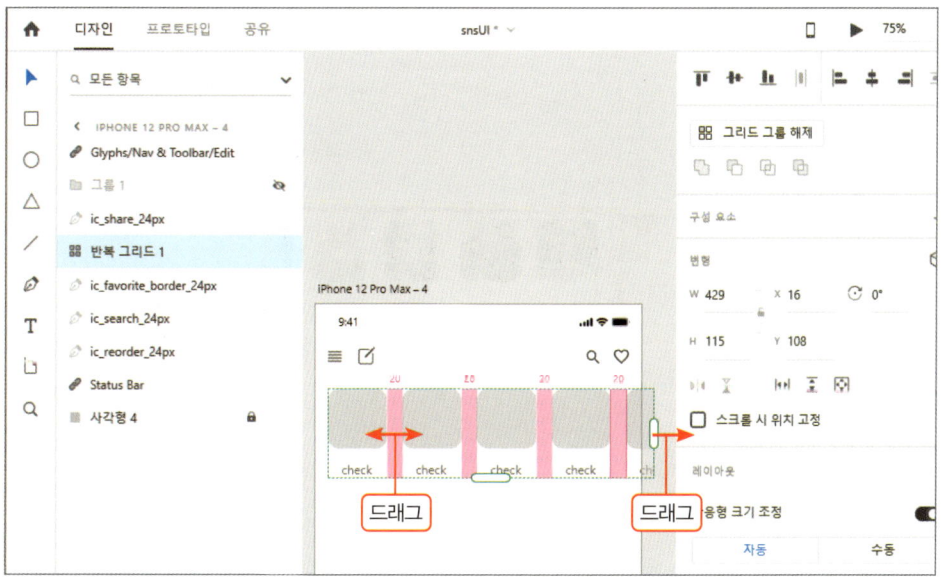

SNS 앱 UI 디자인 | LESSON 02 **149**

06 구글에서 원하는 인물 사진을 검색해서, 사용자 목록 상자 각각에 드래그해서 넣습니다. 또는 작업자의 컴퓨터에서 저장해둔 이미지를 화면에 그대로 드래그하여 가져올 수도 있습니다.

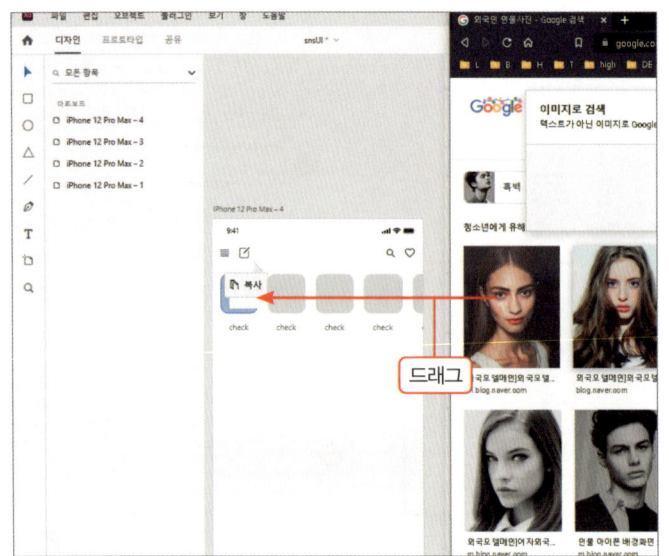

07 사용자 목록은 가로로 스크롤이 움직이게 만들려고 합니다. 반복 그리드를 지정했던 사용자 목록을 선택하고 오른쪽 패널에서 [가로 스크롤] 버튼을 클릭하면 쉽게 스크롤 애니메이션을 구현할 수 있습니다.

08 화면 전체 크기로 회색 상자를 그리고 [채우기] 색에 [선형 그레이디언트]를 지정한 뒤 투명한 흰색([#FFFFFF, 투명도: 0])에서 연한 회색 그레이디언트([투명도: 46])를 지정해 배경을 표현합니다.

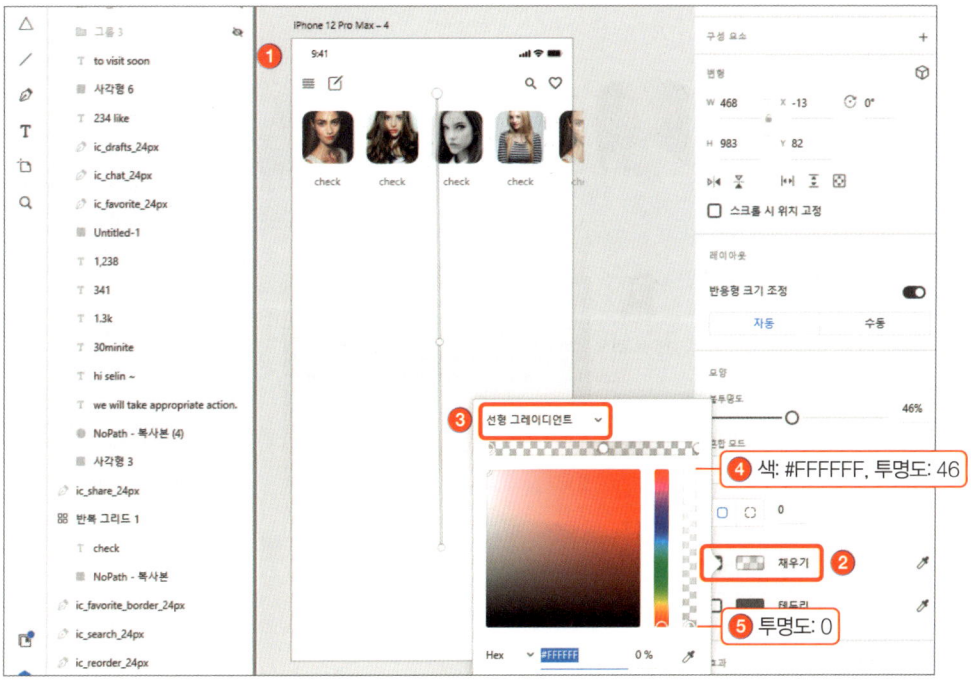

09 사용자 목록 아래에 상자를 그리고 모서리 값을 [27]로 지정합니다. [그림자]에 체크 표시하고 [X: 0, Y: 3, B: 6] 값을 지정합니다.

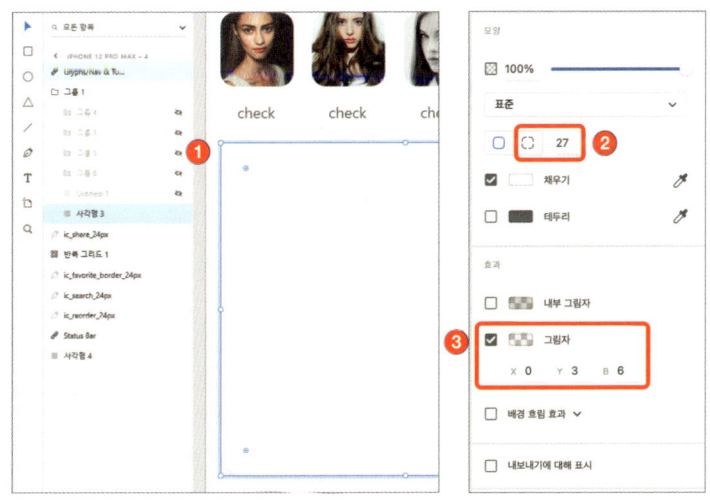

10 사람 프로필 사진과 글 제목, 좋아요 수, 작성한 시간, 글 내용을 임의로 작성해 넣습니다. 각 요소는 중요도에 따라 색상과 크기를 달리하는데, 가장 중요한 요소는 검은색으로 지정하고 덜 중요한 순서에 따라 회색 톤으로 지정합니다.

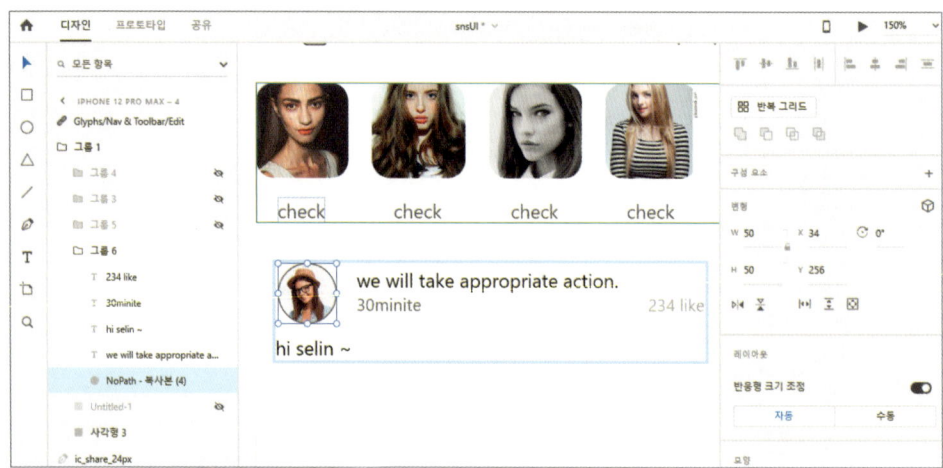

11 콘텐츠에 이미지를 넣어줍니다. 하단 아래 좋아요, 댓글, 쪽지, 방문하기를 아이콘과 숫자로 표현합니다.

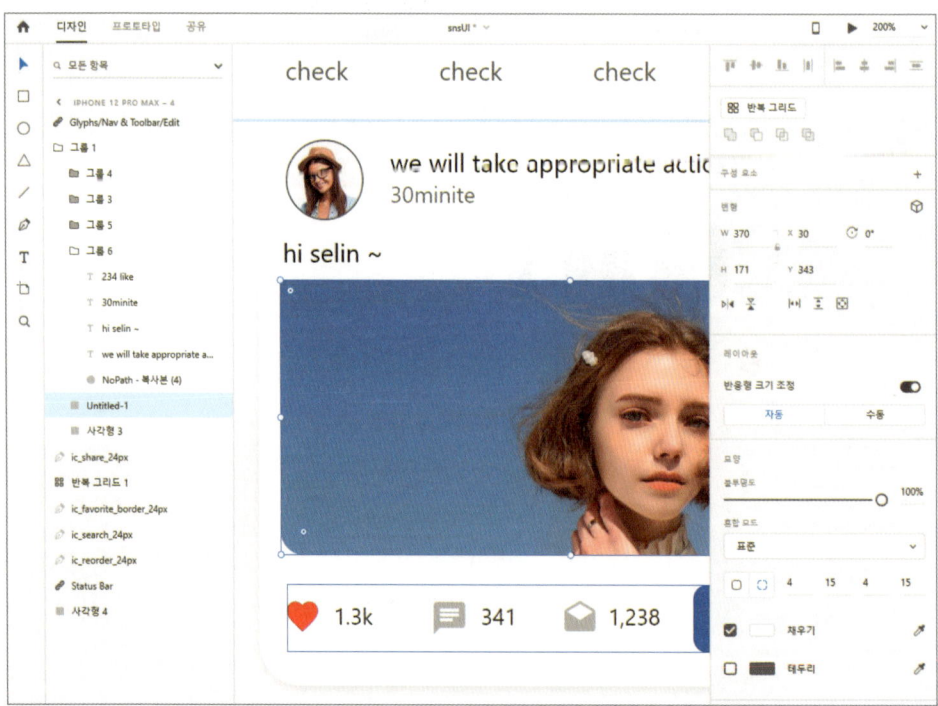

12 하나의 템플릿이 만들어졌다면 모두 그룹으로 지정합니다. 그룹을 반복 그리드를 만들어 아래로 드래그하면 아래로 콘텐츠가 반복됩니다. 텍스트나 이미지만 다른 것으로 변경하면 됩니다.

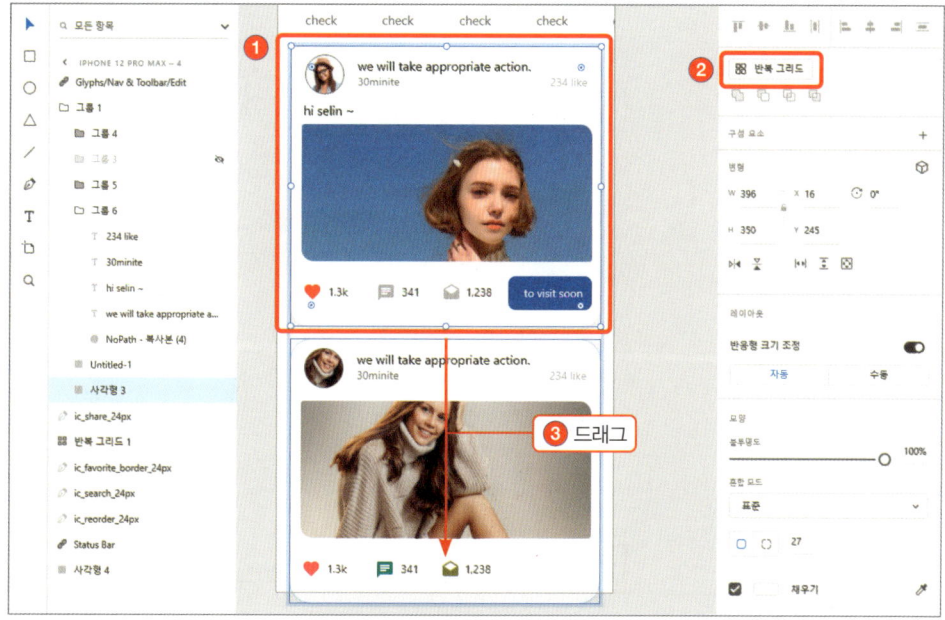

13 아래에 내비게이션 영역을 만들려고 합니다. 사각형을 그리고 [모서리 값: 20, 색상: 단색, #0D74DC]를 설정하며, 그림자 효과를 추가한 뒤 [X: 0, Y: −11, B: 6]으로 지정합니다.

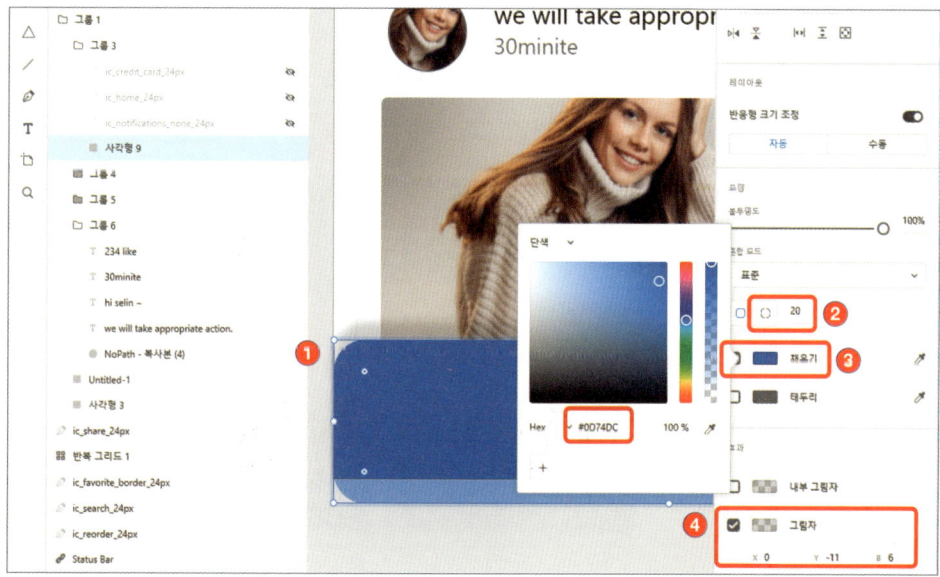

14 내비게이션 영역에 홈, 알림, 메시지, 공유 아이콘을 넣습니다. 현재 활성화된 아이콘은 흰색으로 표시하고, 나머지 비활성화된 아이콘은 불투명도를 낮춰서 나타냅니다.

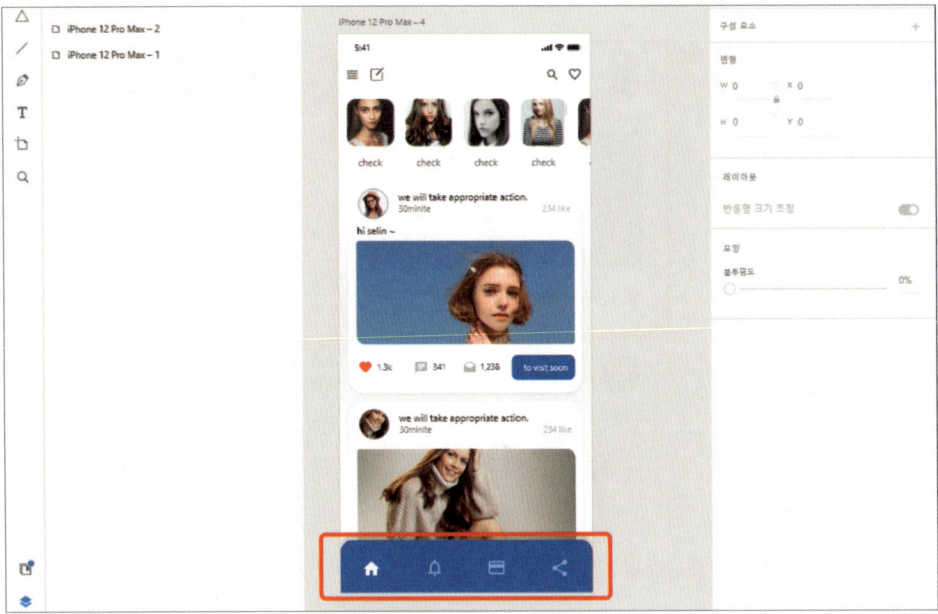

15 완성된 1페이지 제목을 선택하고 Ctrl + D 를 누르면 오른쪽에 같은 아트보드가 복제됩니다.

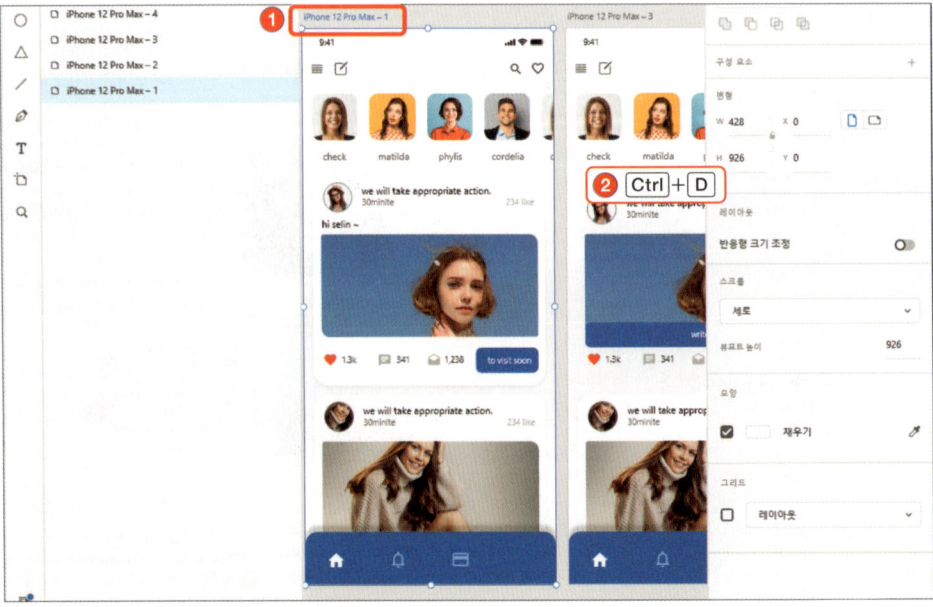

16 예제 파일에서 아이폰 키패드를 복사합니다.

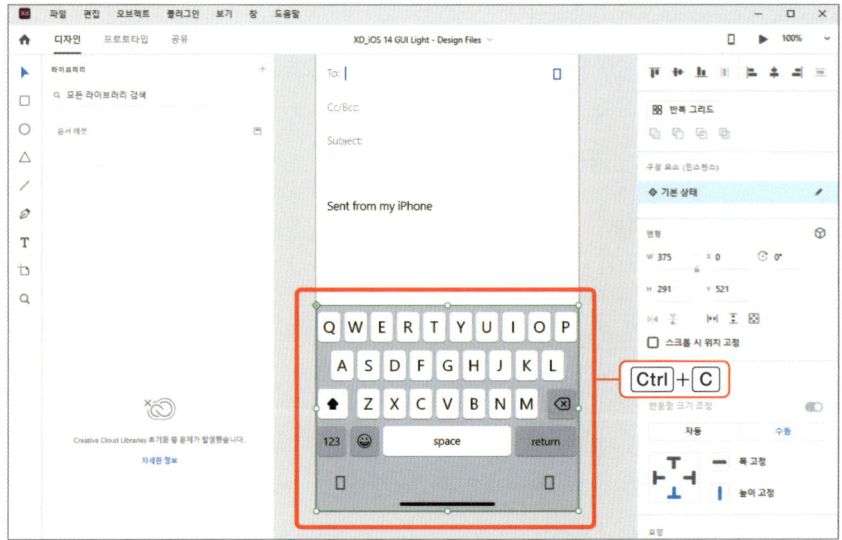

17 작업 중인 창으로 돌아와 2페이지에 붙여 넣어 키패드를 표현합니다.

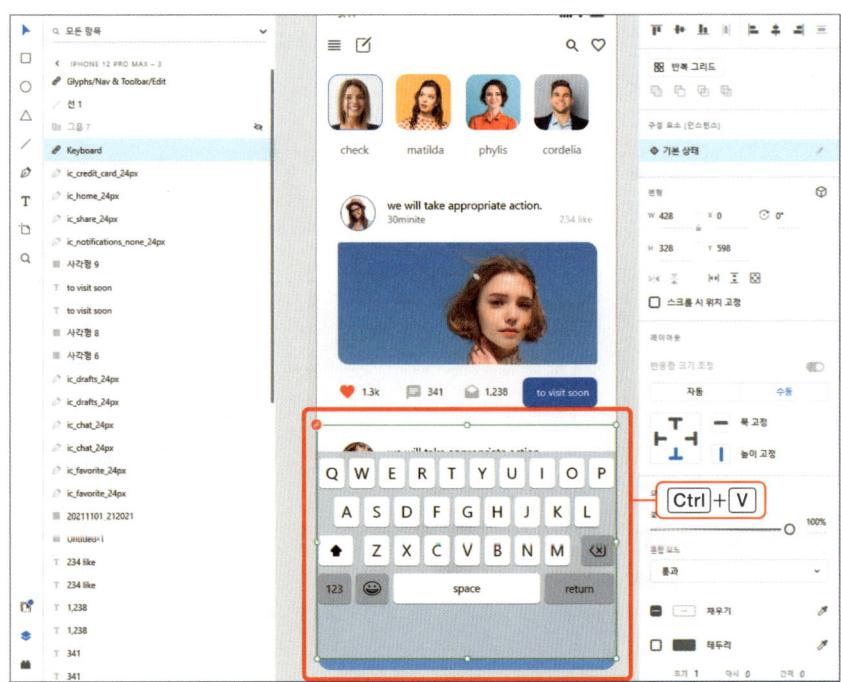

SNS 앱 UI 디자인 | LESSON 02

18 2페이지 콘텐츠 화면 위에 글쓰기 팝업을 만들기 위해 사각형을 그리고 [테두리]에 체크한 뒤 [크기: 1]로, 모서리 값은 [27]로 지정합니다.

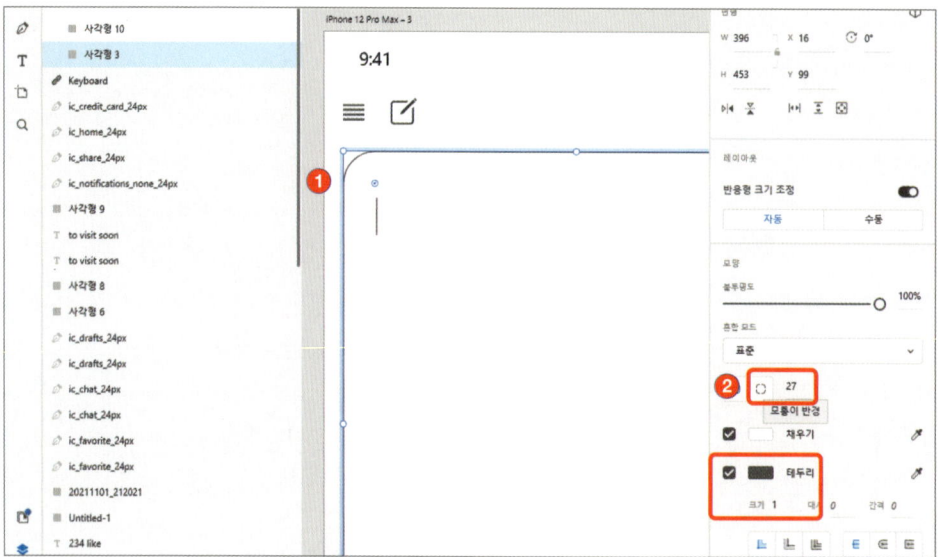

19 팝업 아랫부분에 글 쓰기 버튼을 그립니다. 사각형에 모서리 값 [9]를 지정하고, 메인 컬러인 파란색([#0D74DC])을 주어 통일감을 살려줍니다.

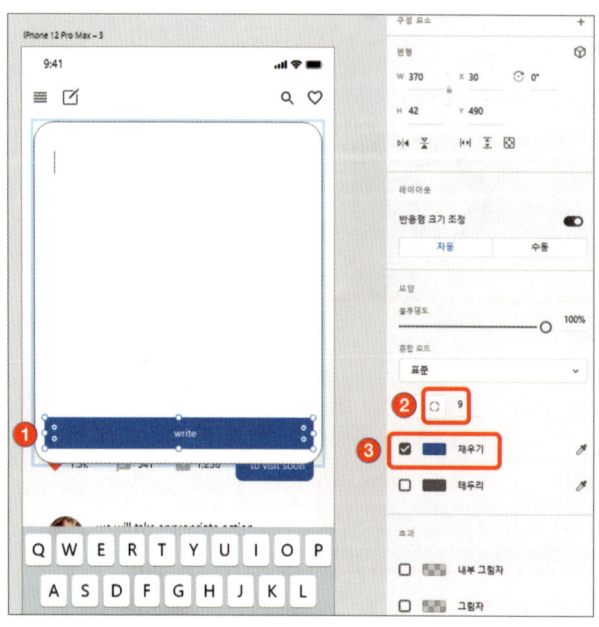
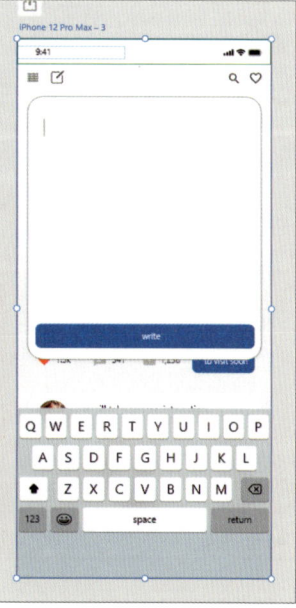

156 CHAPTER 3 | 실무 웹/앱 UI 디자인 분석과 실습

20 2페이지 아트보드를 복제하고 화면 상단 영역만 남겨두고 삭제합니다. 그런 다음 화면 전체를 메인 컬러인 파란색으로 채웁니다. 화면 아래쪽으로 흰 상자를 그리고 모서리 값 [27]을 지정합니다. 흰 상자를 선택한 상태에서 Ctrl + L 을 눌러 잠급니다. 이 위에 콘텐츠를 올릴 때 배경이 되는 흰 상자가 움직이면 안 되기 때문입니다.

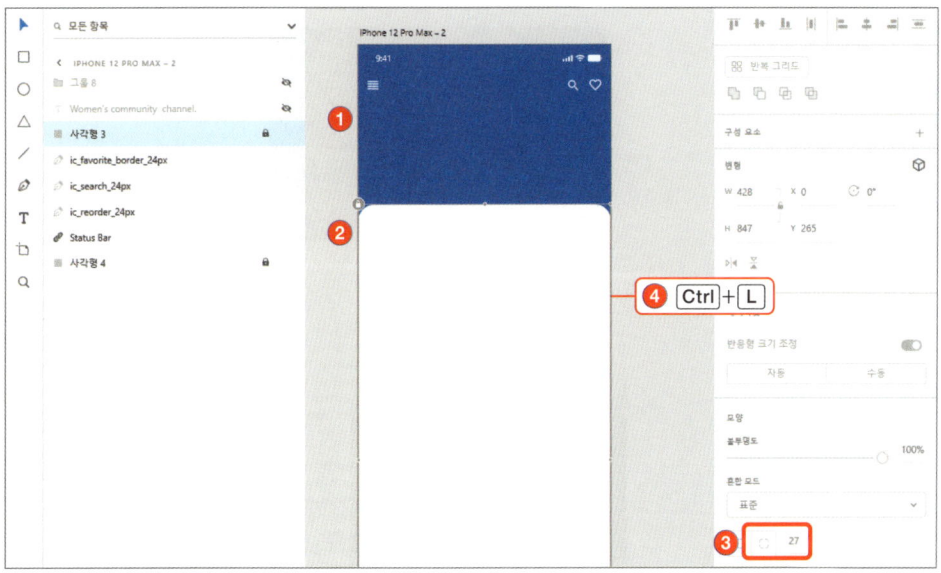

21 화면 상단 파란 부분에 메인 텍스트와 글쓴이의 정보를 입력합니다. 흰 상자에는 콘텐츠 영역의 프로필 이미지와 상단 텍스트를 복사해 붙여 넣습니다.

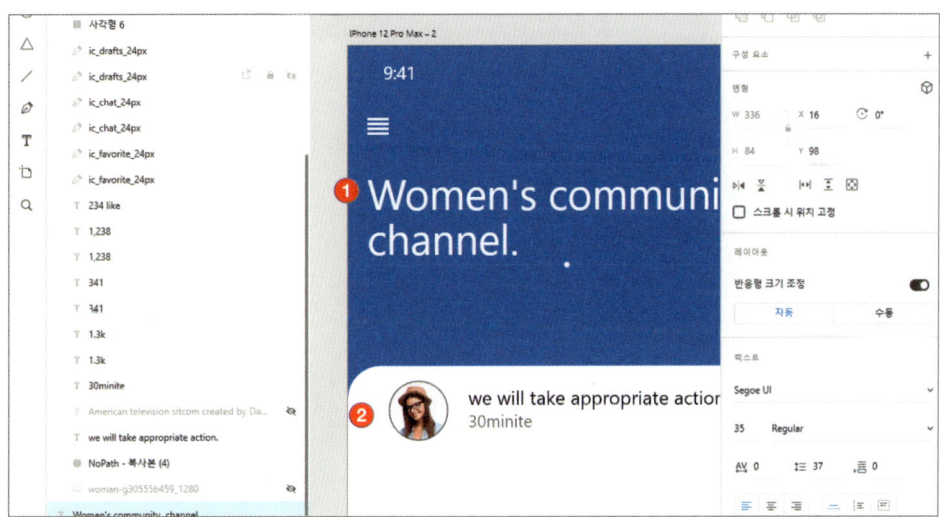

22 배경에 파란 톤의 이미지를 넣고 흰 상자에 본문을 작성합니다. 프로필 사진과 글 제목, 작성 시간, 좋아요 수와 하단 메뉴는 앞서 만든 것을 그대로 붙여 넣으면 됩니다. 이처럼 반복적으로 사용되는 것을 구성 요소로 만들어두면 언제든지 재사용할 수 있습니다.

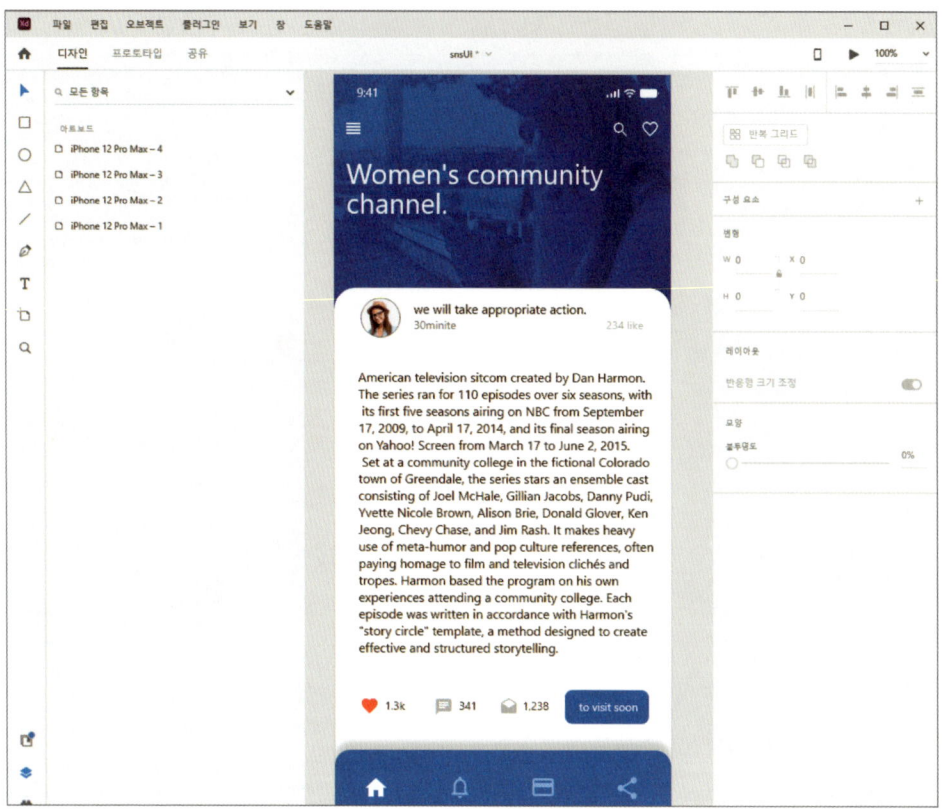

프로토타입

SNS 앱 디자인에서는 글을 쓰고 공유하는 인터랙션이 많습니다. 메인 버튼을 클릭하면 글쓰기 창이 열리는 인터랙션을 구현해 보겠습니다. 우선 메인 필드 버튼을 선택한 후 더블 클릭하면 화면을 연결할 수 있습니다. 단순히 [자동 애니메이트]로 할 수도 있지만 여기서는 [오버레이]로 만들어 보겠습니다.

01 기존에 작업한 아트보드 아래쪽에 새 아트보드(아트보드-1)를 [W: 396, H: 453] 크기로 새로 그립니다. 2페이지에서 만든 글쓰기 팝업만 잘라서 이곳에 붙여 놓으세요.

02 [프로토타입] 탭을 클릭합니다. 2페이지의 파란색 [to visit soon] 버튼을 선택하면 오른쪽에 파란 탭 아이콘이 표시됩니다. 탭 아이콘을 클릭하면 오른쪽에 화살표 선이 표시됩니다.

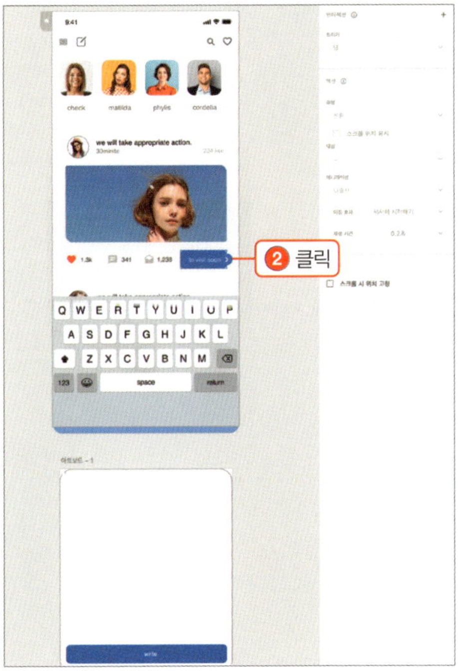

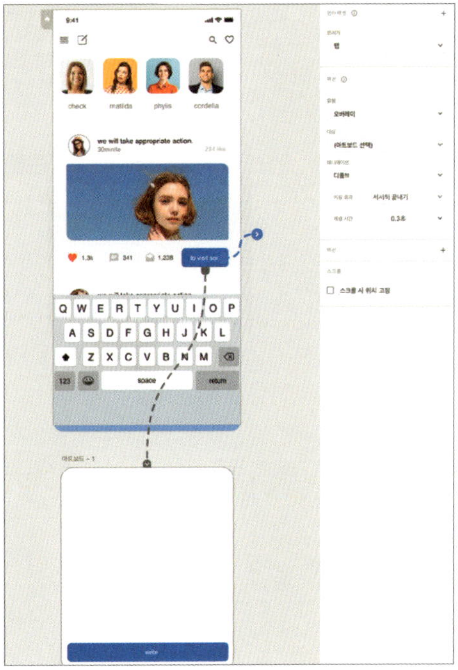

03 [유형: 오버레이, 대상: 아트보드-1, 애니메이션: 위로 슬라이드]로 설정합니다. 아래 새 아트보드와 1페이지 가운데의 녹색 화면이 연결됩니다. 이 녹색 화면이 오버레이 될 대상입니다.

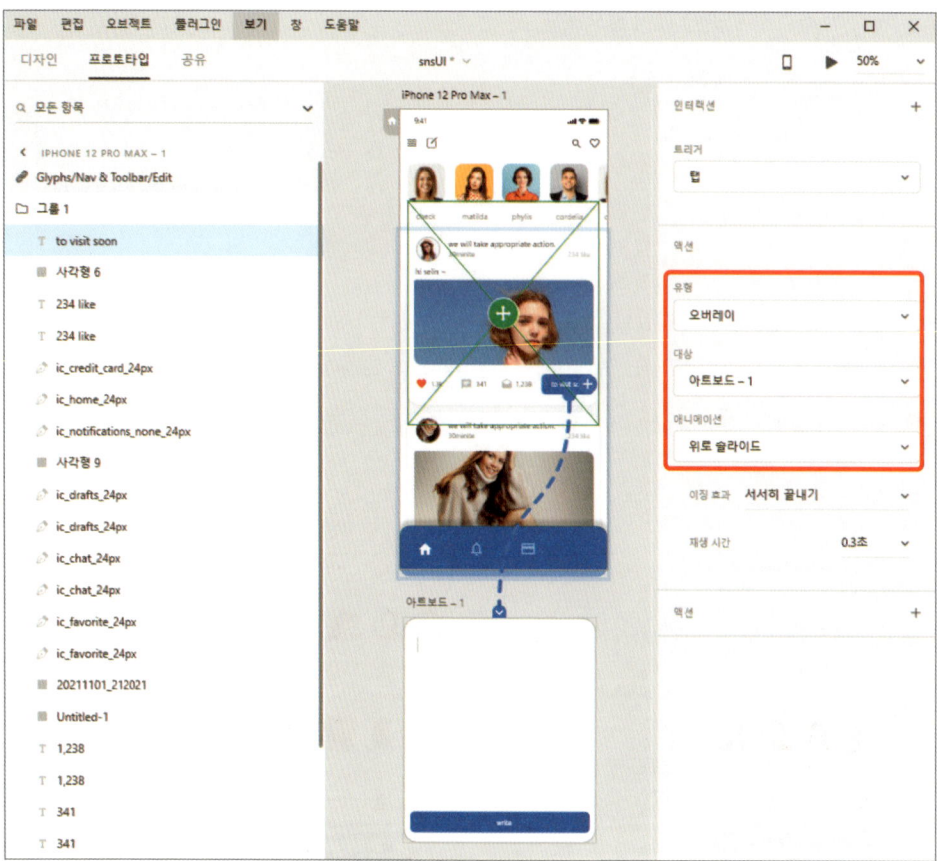

04 [데스크탑 미리보기] ▶ 아이콘을 클릭하면 다음과 같이 [아트보드-1]의 글쓰기 팝업이 1페이지 화면상에 나타나는 것을 확인할 수 있습니다.

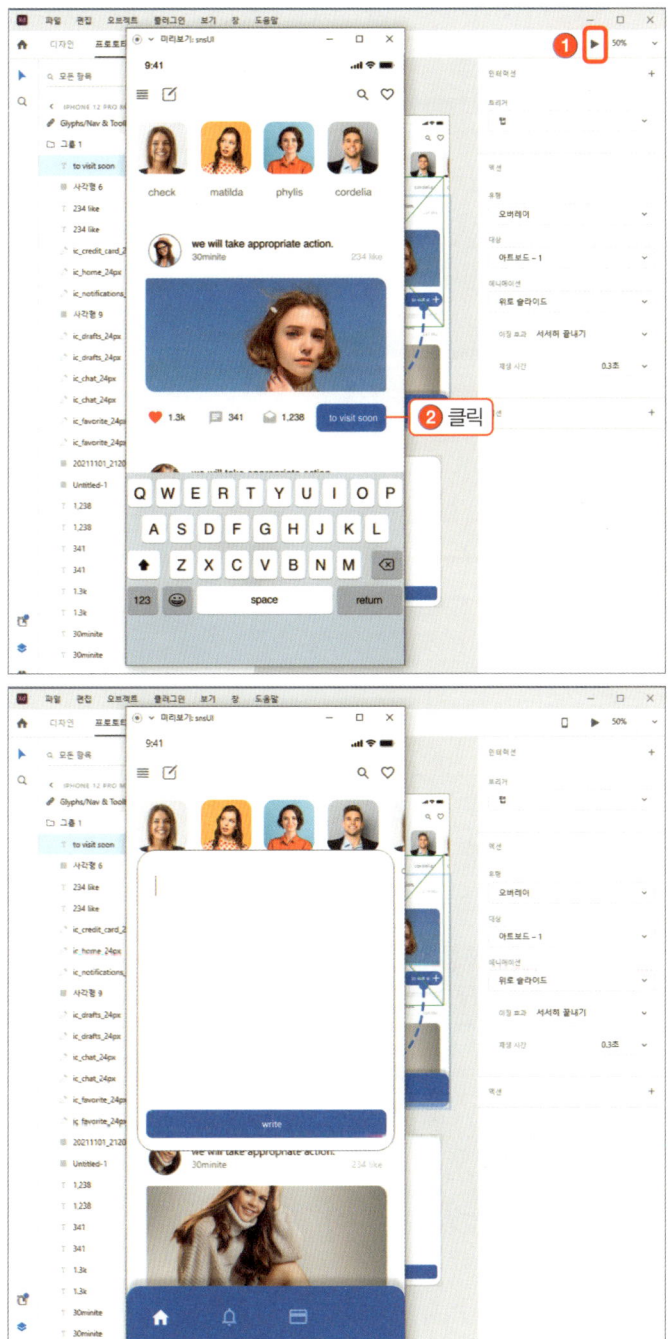

05 글 쓰기 팝업이 나타나면 동시에 하단에 키패드도 나타나야 합니다. 하지만 현재 Adobe XD 버전에서는 2개의 요소를 각각 동시에 애니메이션으로 나타나게 구현할 수 없습니다. 따라서 글 쓰기 팝업 아랫부분에 키패드도 같이 넣어야 합니다. [아트보드-1]의 크기를 [W: 428, H: 793]로 늘리고 아래에 키패드를 붙입니다.

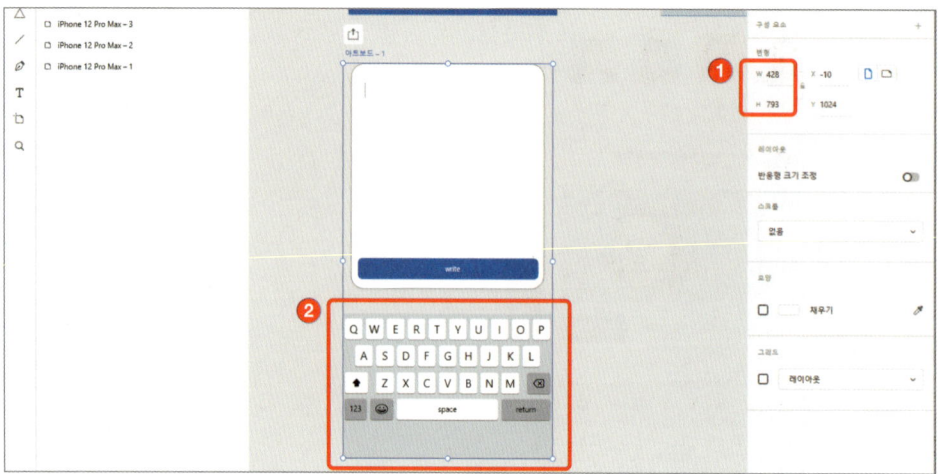

06 애니메이션의 시작 페이지를 지정하기 위해 왼쪽 홈 아이콘을 클릭하면 [플로우 1]이라고 나타납니다.

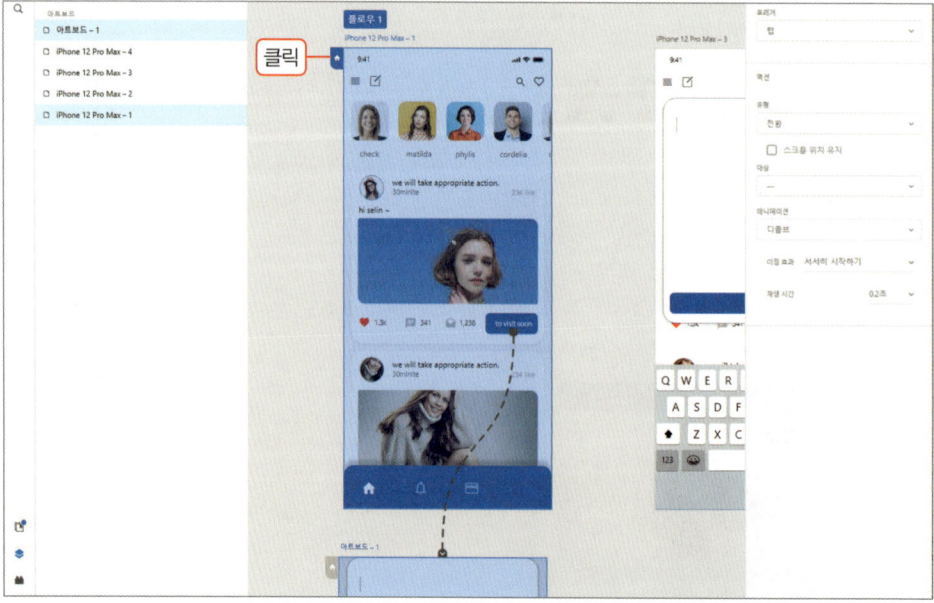

07 [데스크탑 미리보기] ▶ 아이콘을 클릭해 보면 잘 나타나는 것을 확인할 수 있습니다.

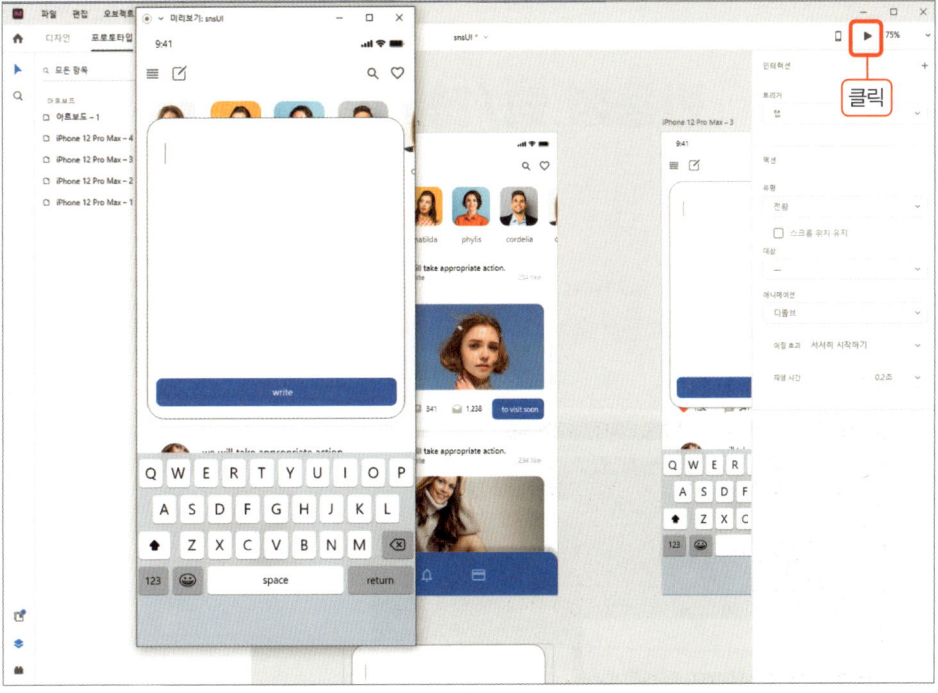

LESSON 03 반응형 웹/앱 UI 디자인

반응형 웹이란 데스크탑, 태블릿 PC, 모바일 모두에 최적화된 웹사이트 화면을 구현하는 기법입니다. 이번 예제는 반응형 앱을 다룹니다.

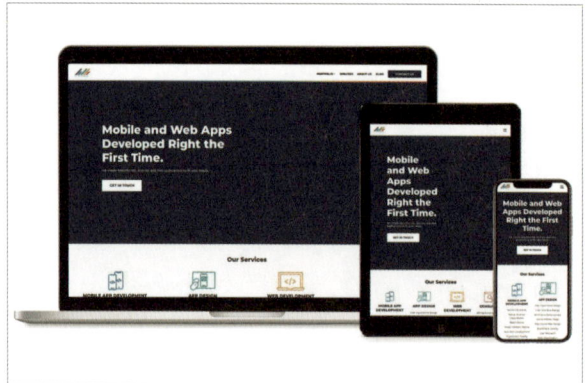

반응형 웹은 언제든지 모형을 변형하고 템플릿을 자유자재로 좌우 양쪽 끝의 최소 크기와 최대 크기를 고려해서 UI를 만들어야 합니다. 반응형 웹은 다음과 같은 장점이 있습니다.

- **간편한 유지보수**: 모바일 버전과 데스크탑 버전의 형태를 함께 고려해서 최적화된 UI를 만들면 HTML/CSS 작업도 수월하고 유지보수를 할 때 하나만 수정하면 자동적으로 모바일, 태블릿, 데스크탑에 맞게 수정됩니다.
- **모바일 점유율 증가**: 사용자가 스마트폰으로 인터넷을 접속할 때 반응형 웹은 기기 종류와 상관 없이 편리한 접근성을 보장합니다.
- **마케팅 이점**: 웹과 앱에서 서비스를 좀 더 원활하게 보여줄 수 있으므로 마케팅 접근성을 높여줍니다. 특히 쇼핑몰의 경우 모바일에서 접속한 사용자가 즉각적인 구매로 이어질 수 있다는 점에서 더욱 중요합니다.

데스크탑 버전과 모바일 버전 최적화

반응형 웹에서 가장 대중적이고 일반적인 화면 크기는 너비(width)를 기준으로 정해지는데, 너비 768px 미만은 모바일 기기, 768px~1024px은 태블릿, 1024px 이상은 데스크탑으로 구분합니다. 이 기준에 맞추면 대부분 기기 화면에 적합한 반응형 레이아웃을 구현할 수 있습니다.

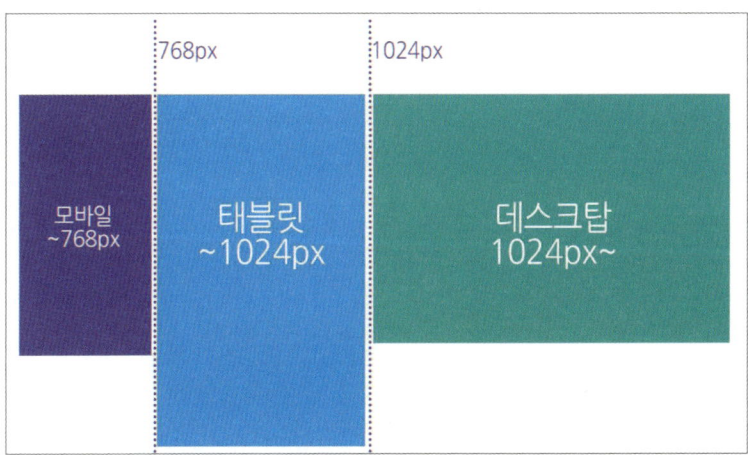

HTML과 CSS 적용하기

디자이너 역시 반응형 웹을 구현하는 HTML과 CSS에 대해 기본적인 이해가 필요합니다. 반응형 웹은 CSS3에서 사용되는 미디어 쿼리를 사용하는데 간단한 실제 예시 코드는 다음과 같습니다.

```css
@media screen and (min-width: 320px) {
  body {
    background-color: red;
  }
}
```

이 코드는 표시 영역의 너비가 320px 이상인 경우 페이지 왼쪽에 떠 있는 메뉴를 보여준다는 뜻입니다. 반대로 표시 영역이 320px 미만이라면 메뉴가 콘텐츠 상단에 표시됩니다.

반응형 웹은 보통 3단계의 화면 구성을 하는데요. 대형 화면은 보통 PC 데스크탑 화면이고, 중간 화면은 태블릿 PC, 작은 화면은 모바일로 3가지 레이아웃을 잡습니다.

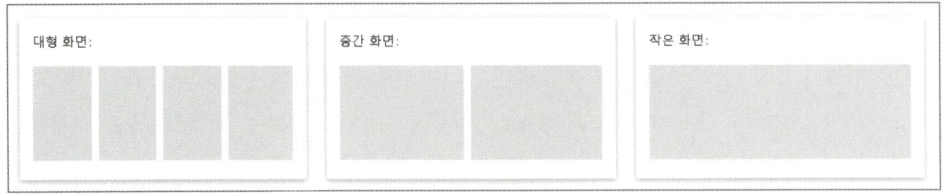

따라서 코드를 살펴보면 다음과 같습니다.

```css
/* 대형 화면 PC 데스크탑 */
.column {
  float: left;
  width: 25%; /* 4개의 구성 시 비율 */
}

/* 중간 화면: 너비가 992px 이하인 화면에서는 4열에서 2열로 이동합니다. */
@media screen and (max-width: 992px) {
  .column {
    width: 50%; /* 2개의 구성 시 비율 */
  }
}

/* 작은 화면: 너비가 600px 이하인 화면에서는 열이 나란히 쌓이는 대신 위로 쌓이도록 합니다. */
@media screen and (max-width: 600px) {
  .column {
    width: 100%; /* 1개의 구성 시 비율 */
  }
}
```

반응형 웹은 화면 크기에 따라 열(column)의 너비와 레이아웃이 바뀌며 화면에 반응합니다.

UI 디자인 실습

이미지 소스와 텍스트는 [responsive_source.xd]와 [responsive_text.txt] 파일을 이용하고, 완성 파일은 [responsive_web.xd]를 확인해보세요.

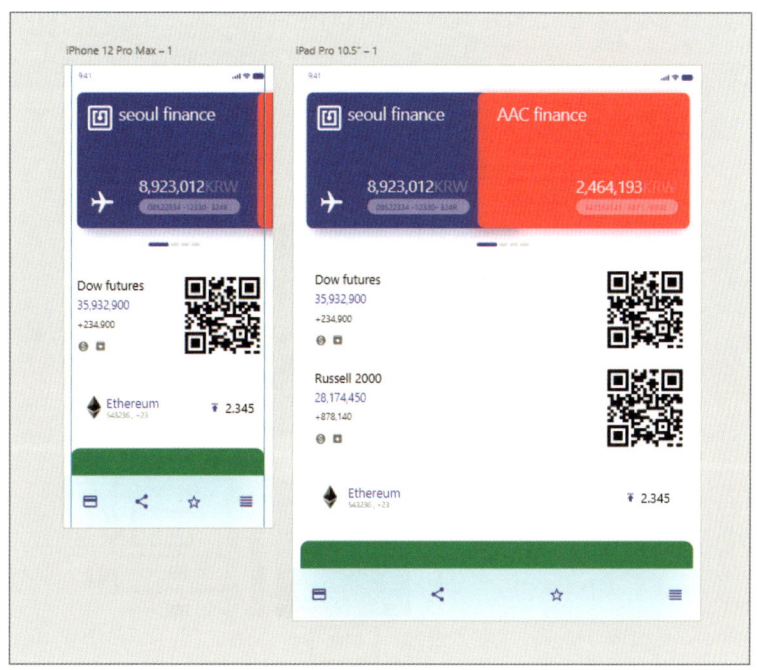

01 [iPhone 13, 12 Pro Max] 화면을 불러옵니다. 좌우에 각각 16px과 20px 간격으로 가이드라인을 그립니다. 오른쪽 옵션 패널 [그리드]에 체크하고 [레이아웃]을 선택합니다. **[열: 4, 간격 폭: 10, 열 폭: 81, 연결된 왼쪽/오른쪽 여백: 37]** 로 지정합니다. 예제 파일에서 상단 요소를 가져와 배치하세요.

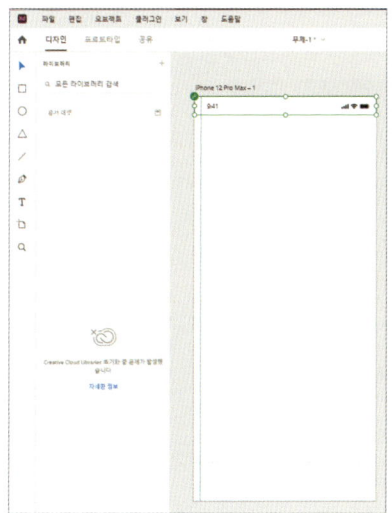 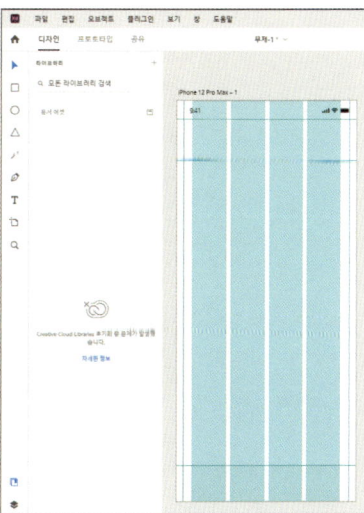

02 사각형을 [W: 432, H: 272] 크기로 그리고, 채우기 색은 [#453FE6]로, 모서리 값으로 [13]을 지정합니다.

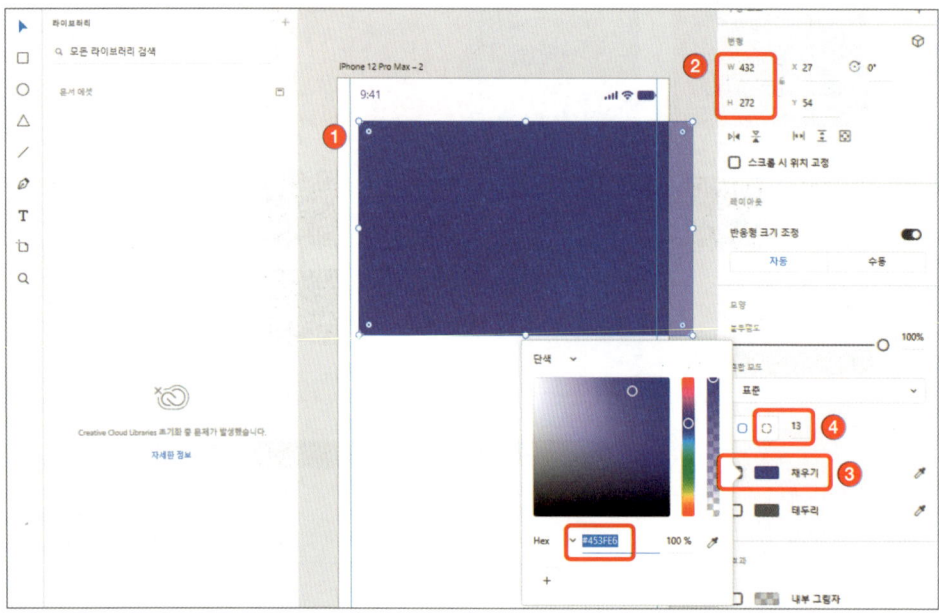

03 카드 배너에 정보 값을 넣어줍니다.

04 카드 배너 정보 아래에 데이터 값 리스트를 작성합니다. 처음에는 나열된 정보 데이터를 표현합니다.

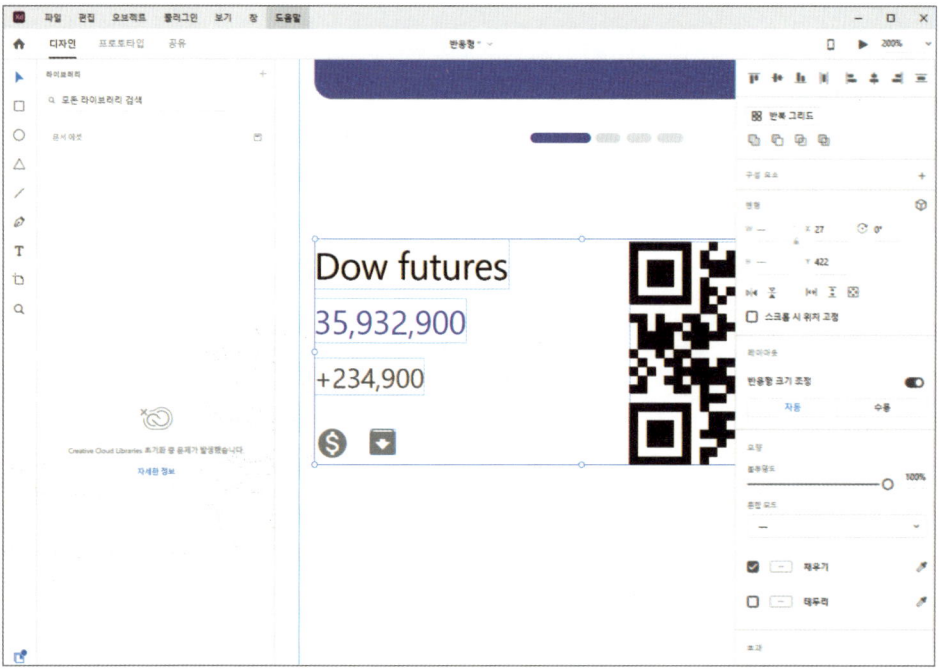

05 전체 요소를 선택한 후 마우스 오른쪽 버튼을 클릭하고 [구성 요소 만들기](Ctrl+K)를 선택합니다.

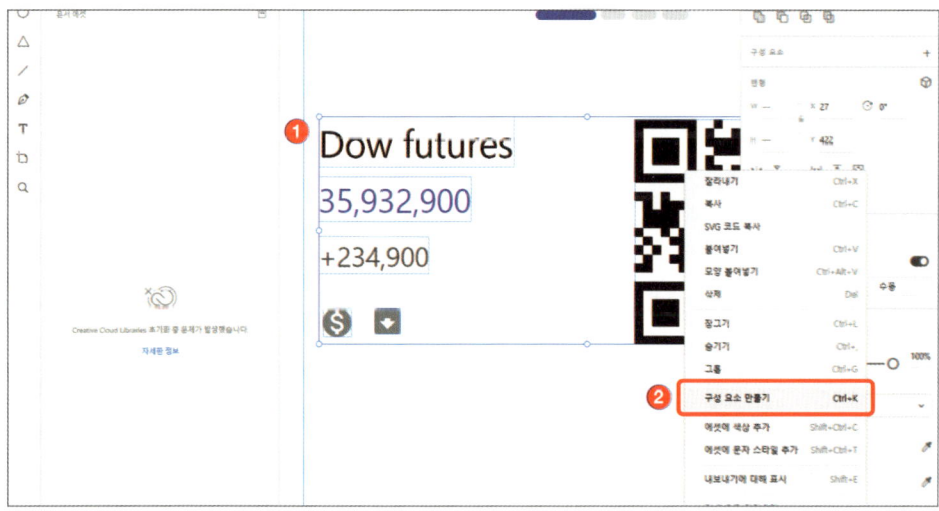

06 구성 요소를 선택한 뒤 오른쪽 옵션 패널에서 [반응형 크기 조정]을 활성화합니다. 가로로 늘어나는 반응형 웹이기 때문에[스택]에 체크하고 [가로 스택]을 클릭합니다. 패딩은 전체 크기를 기준으로 선택되었습니다.

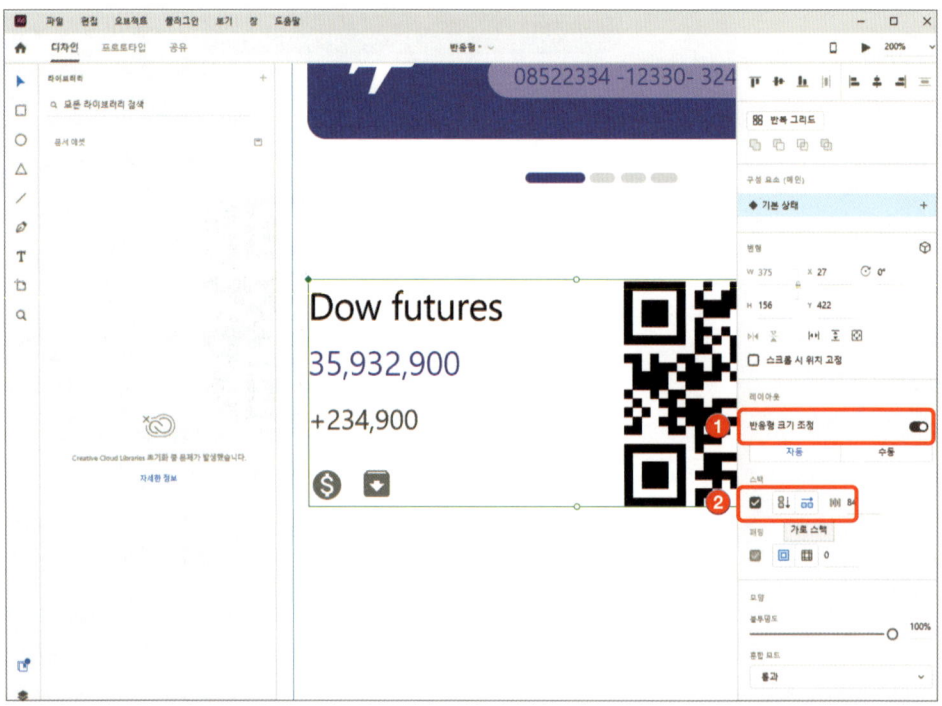

TIP 이때 아트보드 이름을 선택한 상태에서 오른쪽 패널 옵션의 [반응형 크기 조정]을 활성화하지 않도록 주의하세요. 이런 경우 문서 전체가 늘어납니다.

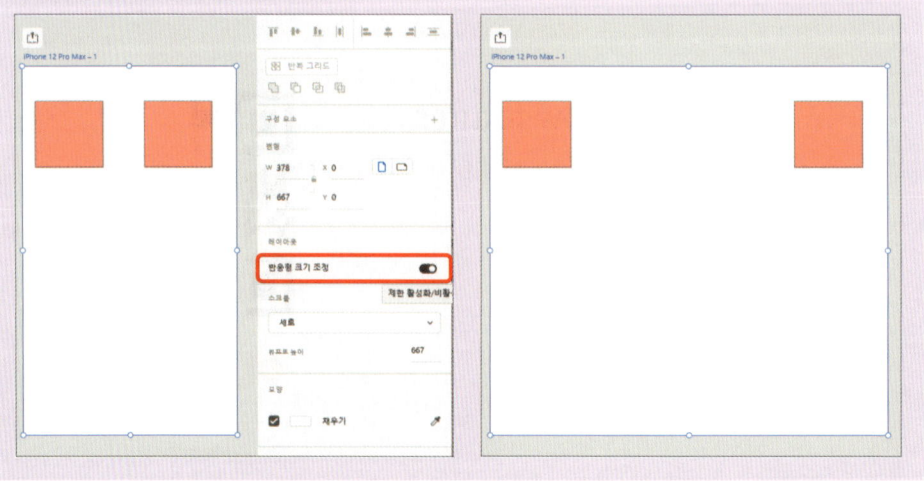

07 아래 서비스 주식 정보를 만듭니다. 모서리가 둥근 상자를 그리고 왼쪽에는 종목명, 오른쪽에는 성장률 값을 넣습니다.

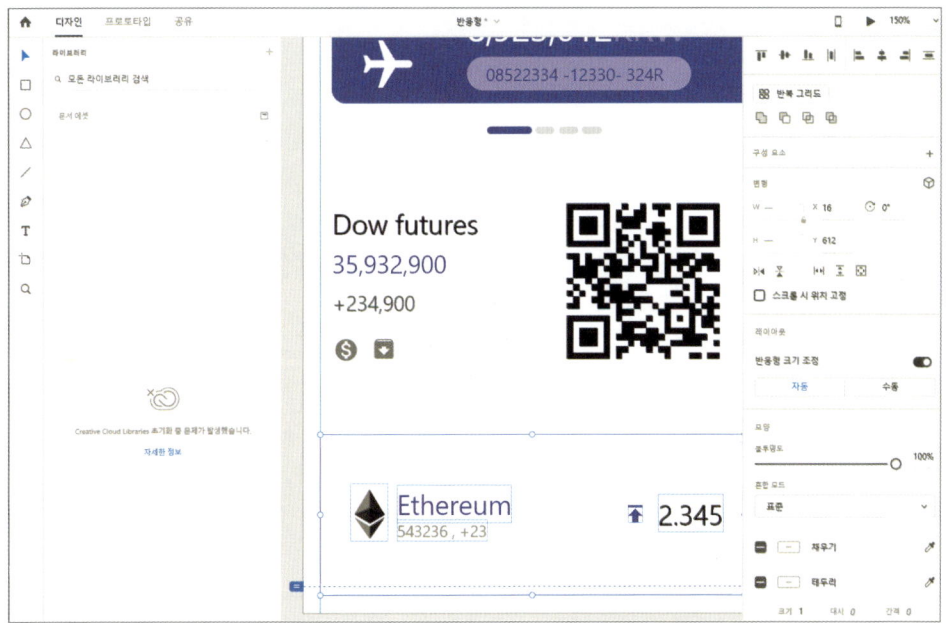

08 여기서 반응형 웹을 위해 전체 화면 크기를 가로로 늘리면 콘텐츠의 위치 값이 변경됩니다.

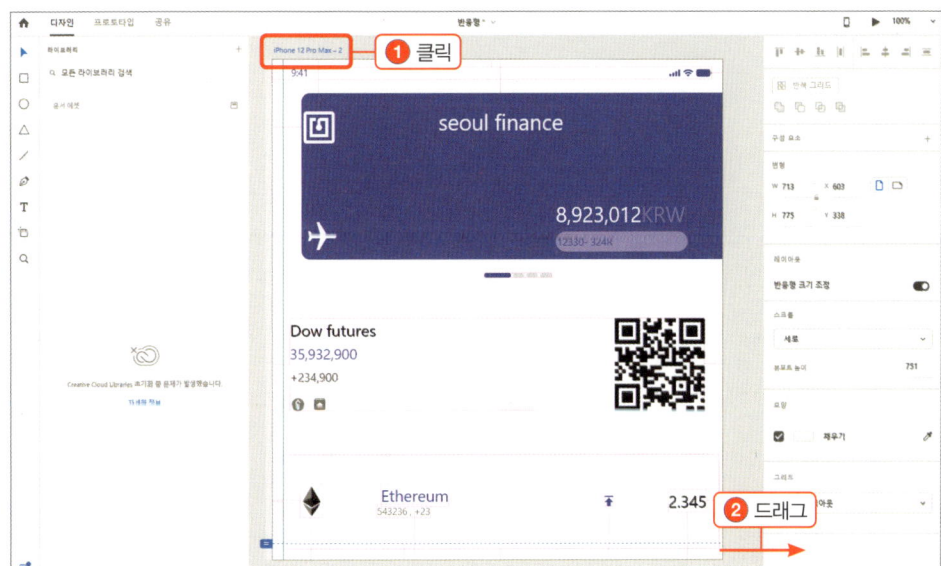

반응형 웹/앱 UI 디자인 | LESSON 03　171

09 고정해야 할 것과 늘어나야 할 것을 구분해서 설정해야 합니다. 각 콘텐츠를 그룹으로 묶거나 구성 요소로 만듭니다.

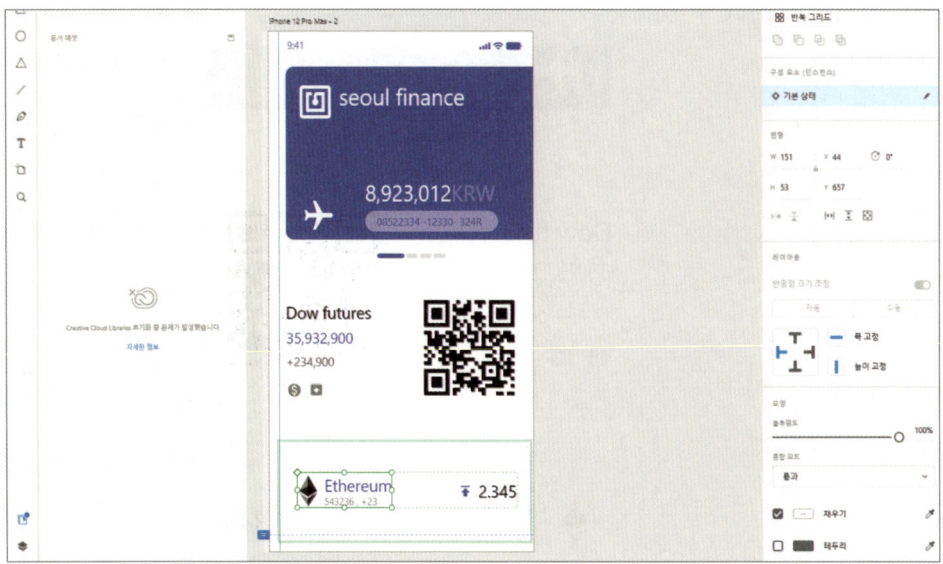

10 좌우로 늘어나야 하는 중간 값을 가변적으로 움직여야 하기에 스택은 비활성화하였습니다. (패딩 값만 설정됨) [반응형 크기 조정]을 [수동]으로 하고 좌우를 선택하면 파란색 아이콘이 활성화됩니다. 반대로 [폭 고정]은 해제합니다.

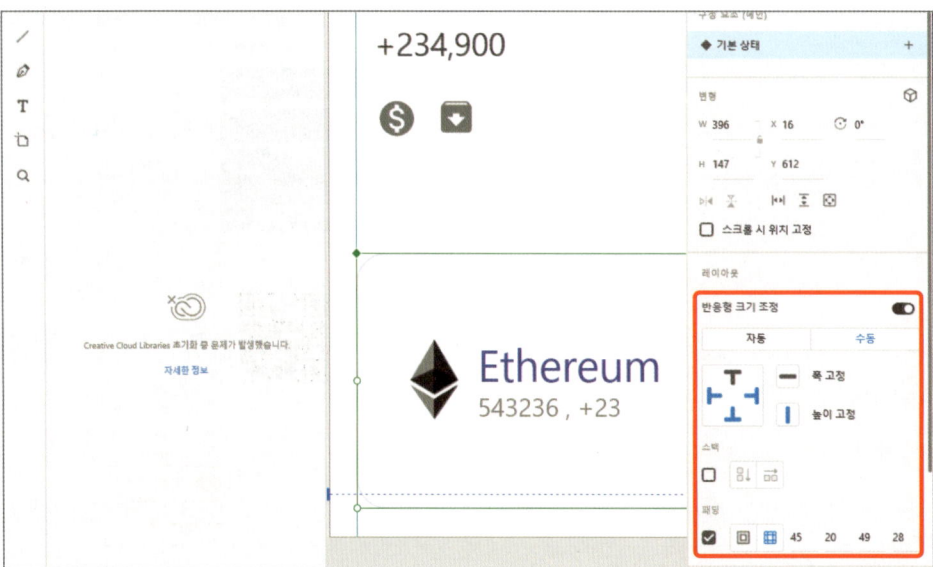

11 테스트를 위해 제목을 선택 후 옆으로 창을 늘이면 왼쪽, 오른쪽에 지정한 간격은 고정되어 있으면서 중간 값이 늘어나는 결과를 얻을 수 있습니다.

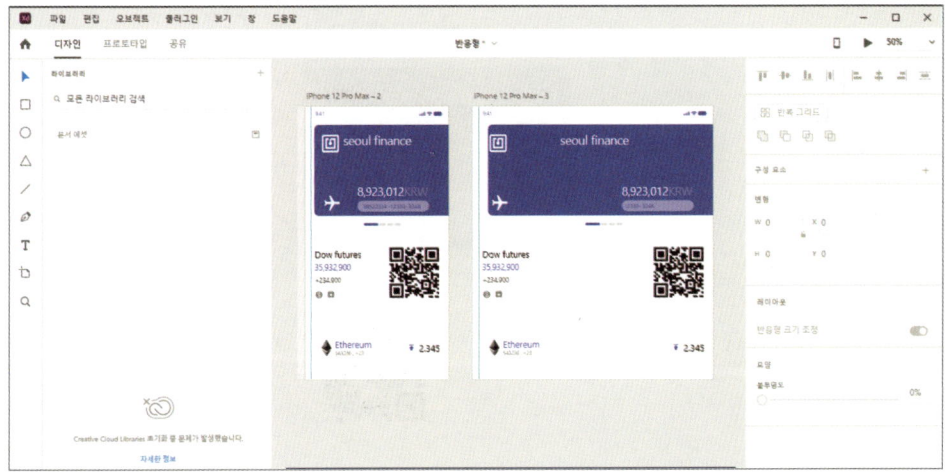

12 상단 카드 배너는 고정 값이 되어야 하므로 반응형 크기 조정에서 [폭 고정]을 선택합니다.

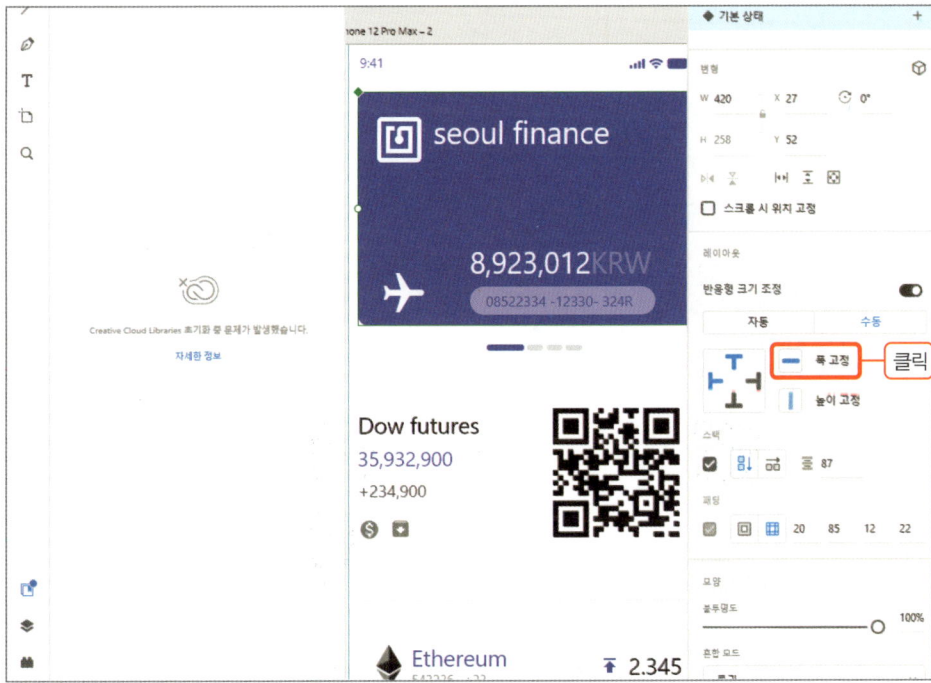

13 하단 메뉴 바를 만들면 끝이 납니다. 하나의 템플릿으로 구성하고 구성 요소로 만들어 놓으면 다음 라이브러리에서 언제든지 재사용할 수 있습니다.

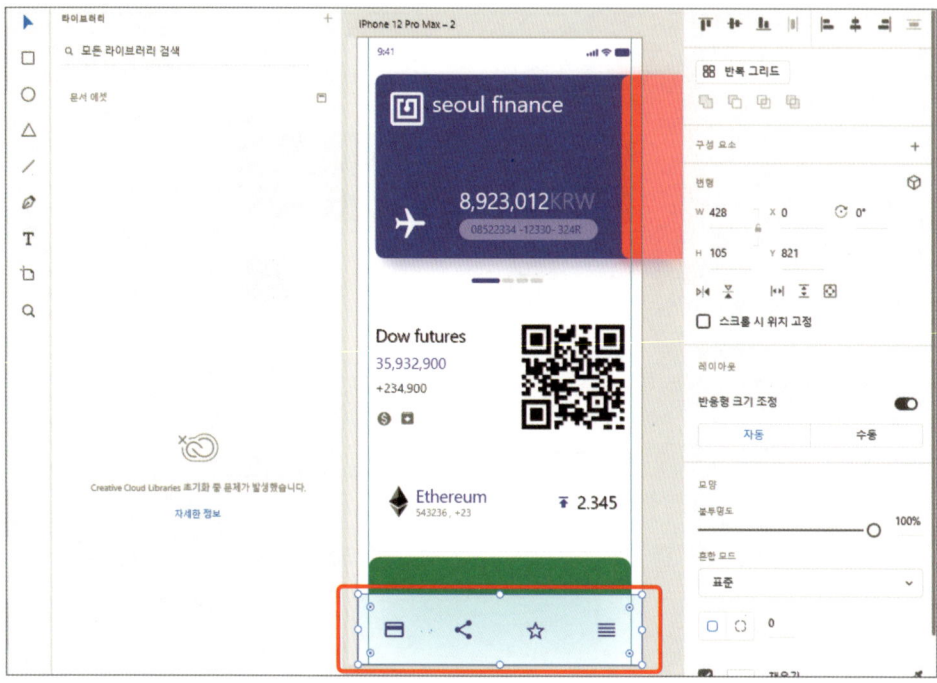

14 스마트폰 크기와 태블릿 PC 크기에 따라 반응형 웹 앱으로 관리할 수 있습니다.

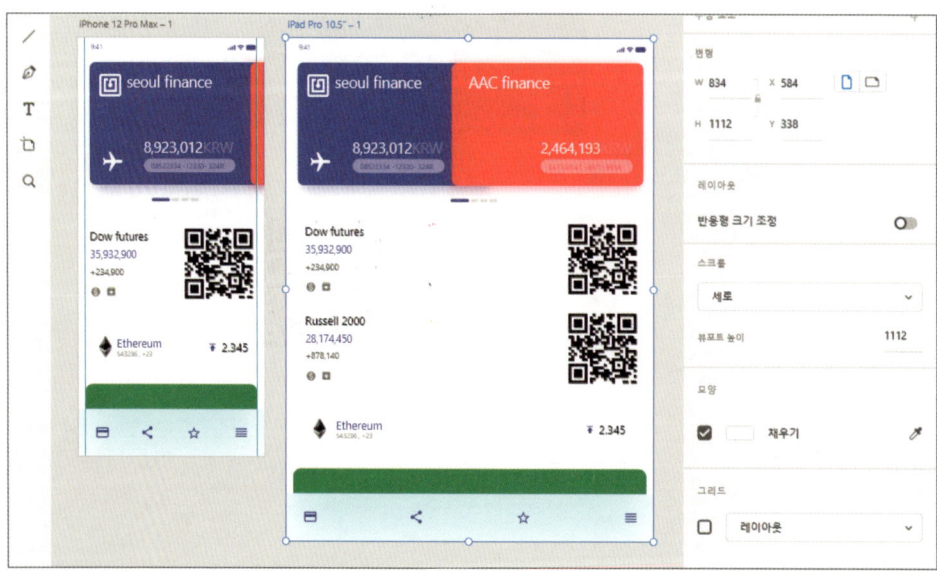

프로토타입

01 카드 애니메이션을 구현하기 위해 메인 상단에 있는 배너를 그룹으로 묶습니다. 배너를 선택한 뒤, 안에 있는 콘텐츠도 그룹으로 묶습니다. 각 배너를 그룹으로 이동 시 한 번에 선택할 수 있게 합니다.

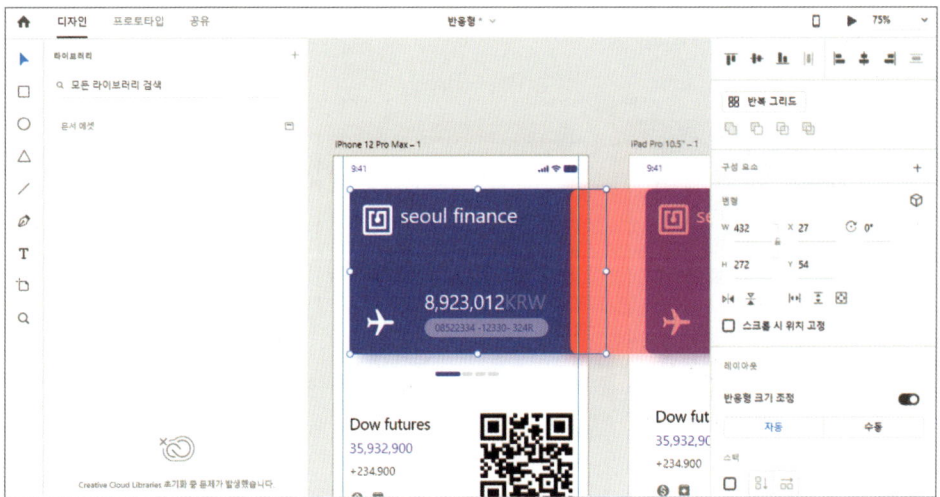

02 1페이지와 2페이지는 실제로 프로토타입으로 움직일 수 있는 배너 형태로 1페이지 배너와 2페이지 배너 디자인을 각각 배치하고 그룹으로 묶어줍니다.

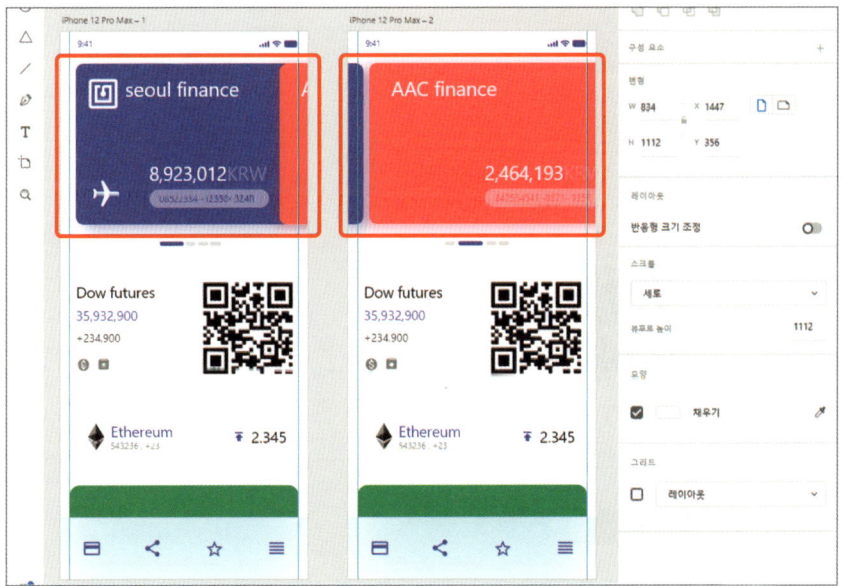

03 [프로토타입] 탭으로 가서 1페이지의 홈 버튼을 클릭해서 [플로우1]로 시작하게 합니다. 그런 다음 1페이지 제목을 선택하고 2페이지로 드래그해서 연결합니다. 오른쪽 패널에서 **[트리거: 탭, 유형: 자동 애니메이트, 대상: 2페이지, 이징 효과: 스냅, 재생 시간: 1초]**로 설정합니다.

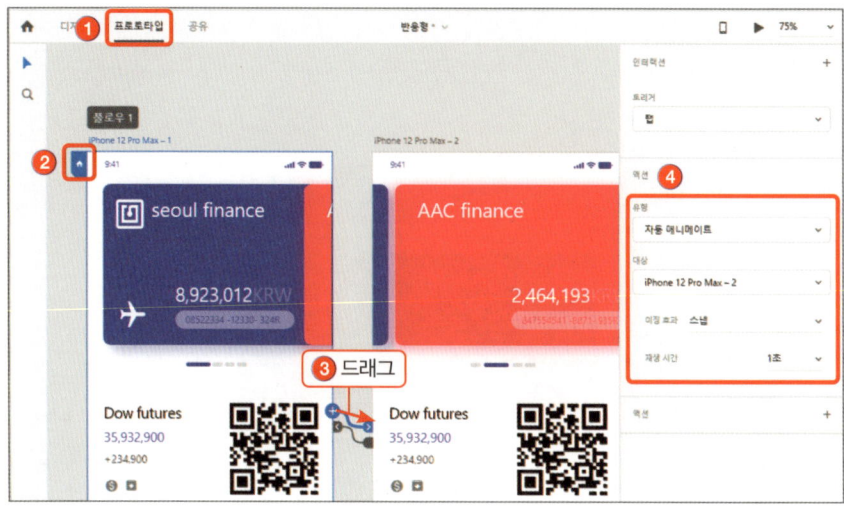

04 아래 진행 바의 컨트롤도 1페이지와 2페이지의 상태를 만들어주었다면 자동으로 애니메이션이 나타납니다.

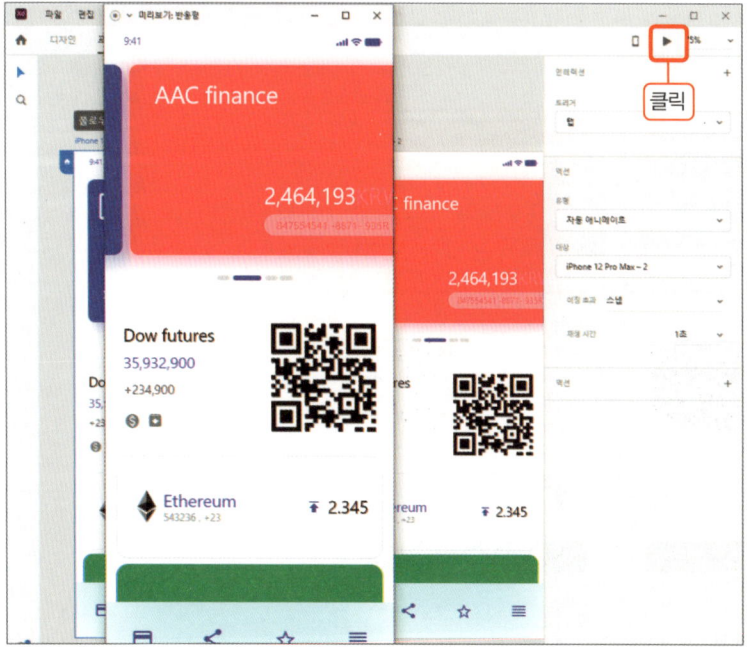

LESSON 04 쇼핑 커머스 앱 UI 디자인

쇼핑 앱 UX 분석

커머스 분야 UI는 다양한 콘텐츠가 많고 상품을 정확히 보여줄 수 있어야 하고 빠른 결제와 연결될 수 있는 인터페이스가 중요합니다. 특히 쇼핑에서 검색은 매우 중요하며 원하는 상품을 그대로 찾아주는 것과 실제 사용자가 만족할 수 있는 상품 결과는 구매에 80% 이상의 영향을 줍니다. 아래 검색 UI에는 최근 검색어가 있지만 추천 검색어도 보여줘서 소비자가 상품에 쉽게 접근할 수 있습니다.

▲ A안   ▲ B안

상품을 찾았다면 상품 리뷰와 결제 값 정보를 명시되어야 하고, 상품 댓글과 후기 글을 본 후 구매를 결정하기 때문에 반드시 후기 정보도 보여주기를 추천합니다.

▲ A안   ▲ B안

리뷰 화면에서도 후기를 리스트로 보여주는 것도 좋지만, 별 단계(리뷰순) 순위를 그래프로 보여줘서 상품 구매하는 것의 긍정과 부정 요소를 이해하는 데 도움을 주는 UI를 구성합니다.

리뷰는 다양한 컴포넌트로 구성하면 사용자는 다양한 관점으로 이해를 도와줍니다. 네이버 리뷰 화면 구성을 보면 총 평점, 평점 비율, 주요 평가 내용, 추천 평가 목록 등 기획 등 단순 후기 평가에서 다양한 볼거리를 제공하고 있습니다.

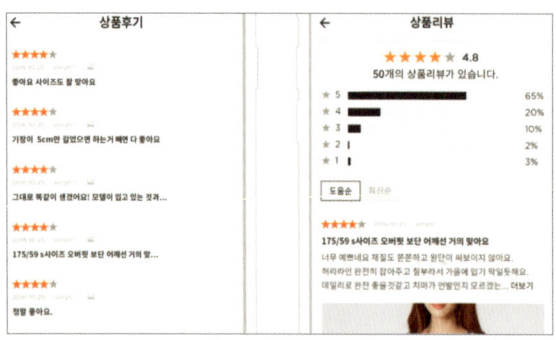

▲ A안　　　　　　　　▲ B안

다음은 아마존의 결제 시스템 UI입니다. 기존의 3단계를 거치는 과정을 2단계로 단순화하여 사용성을 높이는 효과를 보고 있습니다.

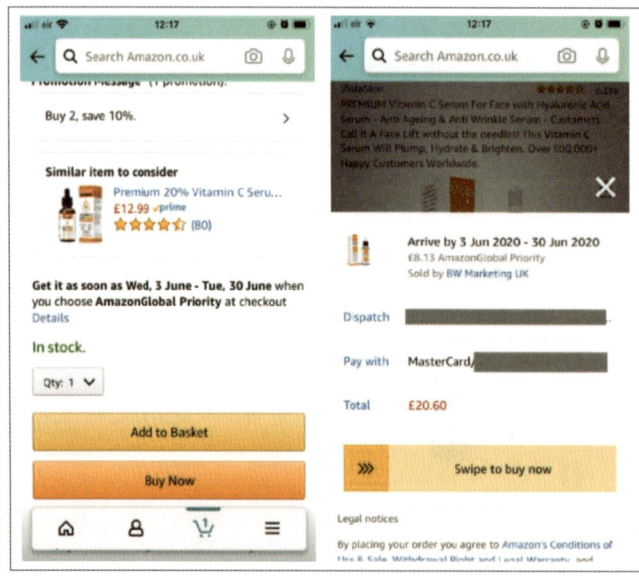

국내 커머스 업체 쿠팡에서도 2단계의 단순한 UI를 도입했습니다.

쇼핑 커머스 앱 UI에서는 화면상에 포인트 요소를 구분하여 상품 검색 후 타깃 브랜드, 속성, 용도, 스타일 등의 세부 분류를 통해 소비자가 간편하게 아이템을 선택할 수 있게끔 유도하는 것이 중요합니다. 따라서 원가, 할인율 및 할인가, 장바구니, 상품 찜하기 등을 한눈에 나타낼 수 있게 합니다. 가독성과 일관성을 유지하면서 구매로 자연스럽게 유도하는 인터페이스를 구성하면 매출 증대 효과를 높여줍니다.

UI 디자인 실습

패션 카테고리의 UI는 제품을 잘 보여주고 이미지를 잘 연출하는 데 초점을 맞춥니다. 따라서 제품 크기를 강약 요소를 이용하여 열거식이 아닌 백화점 쇼윈도처럼 보여주거나 매력적인 모델 이미지와 매칭시키는 것이 중요합니다. 이 예제에서는 신발 카테고리를 사용하여 신발의 컬러와 매칭될 수 있게 카드 형식의 요소를 이용하였습니다.

특히 메인 컬러에 맞춰 톤 앤 매너(tone and manner)를 지키면서 디자인합니다. 톤 앤 매너란 전체적으로 색감이나 분위기, 방향, 표현 등의 방식을 동일한 하나의 콘셉트로 일관되게 디자인하는 것을 말합니다. 그리하여 디자인 정체성을 통일감 있게 정립할 수 있고, 사용자에게 정리된 느낌과 신뢰성을 줄 수 있습니다. 이미지 소스와 텍스트는 [shopping_source.xd]와 [shopping_text.txt] 파일을 이용하고, 완성 파일은 [shopping_app.xd]를 확인해보세요.

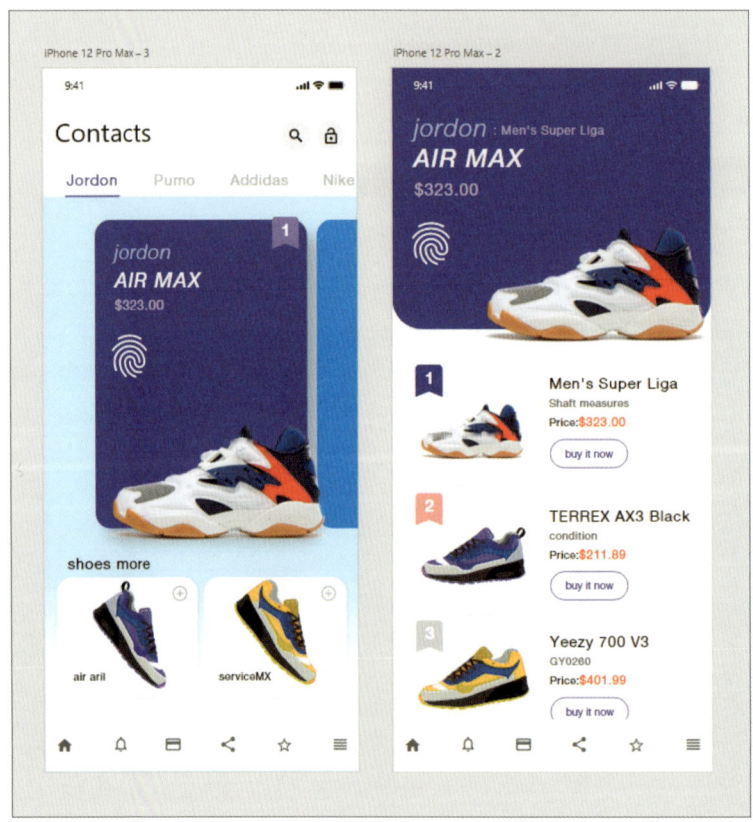

01 [iPhone 13, 12 Pro Max] 화면을 불러옵니다. 좌우에 각각 16px과 20px 간격으로 가이드라인을 그립니다. 오른쪽 옵션 패널 [그리드]에 체크하고 [레이아웃]을 선택합니다. **[열: 4, 간격 폭: 10, 열 폭: 81, 연결된 왼쪽/오른쪽 여백: 37]**로 지정합니다. 예제 파일에서 상단 요소를 가져와 배치하세요.

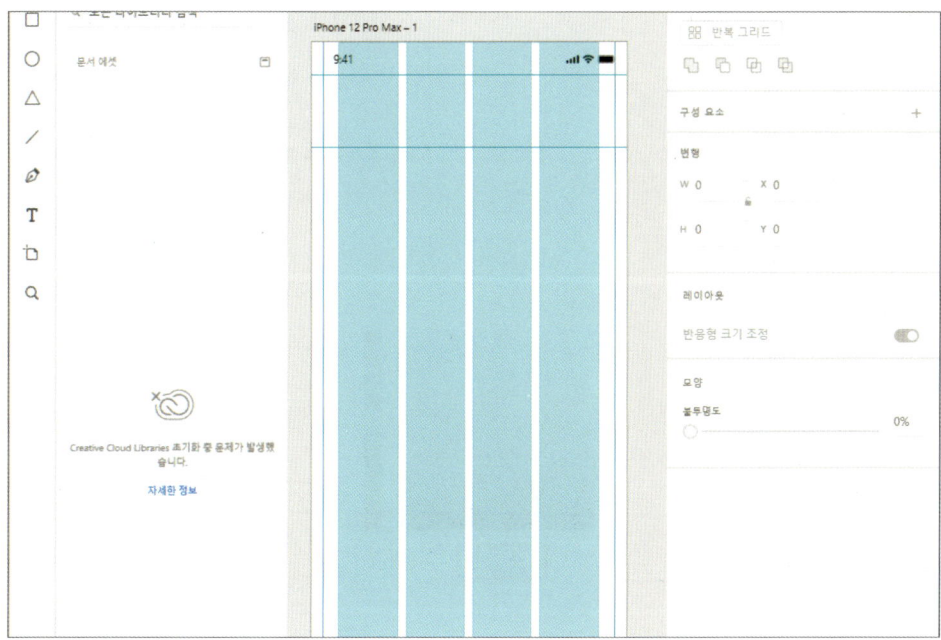

02 가이드에 맞춰 상단 콘텐츠를 배치합니다. [Contacts]라고 페이지명을 쓰고 아래에 위상이 낮은 메뉴명을 써줍니다. 맨 왼쪽에 활성화된 메뉴는 [#452AB7]로 별도의 색상으로 지정해서 표시합니다.

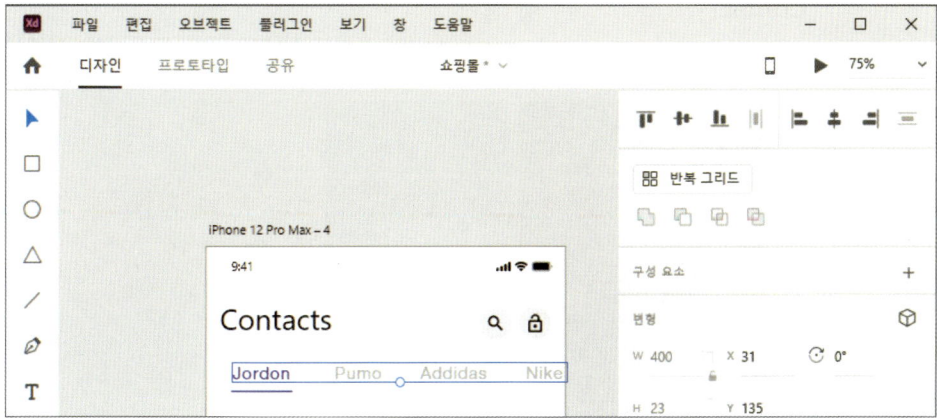

03 상단 메뉴에 깊이감을 추고 배경와 구분하기 위해 하단에 파스텔 톤 파란색([#D9F2FF]) 배경을 깔았습니다.

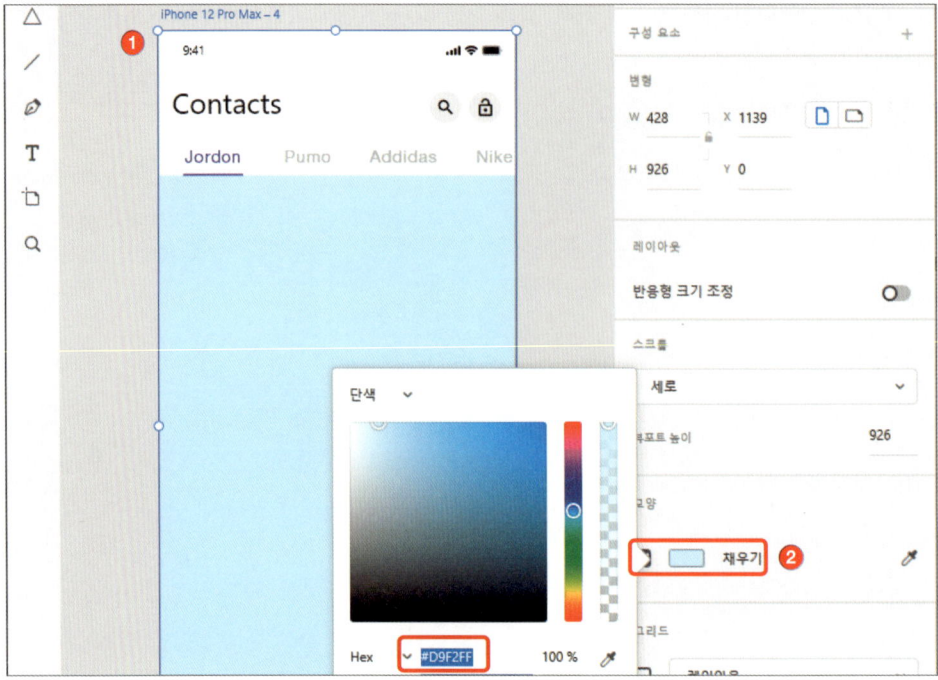

04 메인 메뉴에 나타나는 슬라이드 이미지인 카드 섹션 UI를 그려보겠습니다. 카드가 왼쪽으로 슬라이드처럼 흘러갈 수 있게 적절한 크기를 배치합니다. 간단한 쇼핑 정보 값을 넣어줍니다.

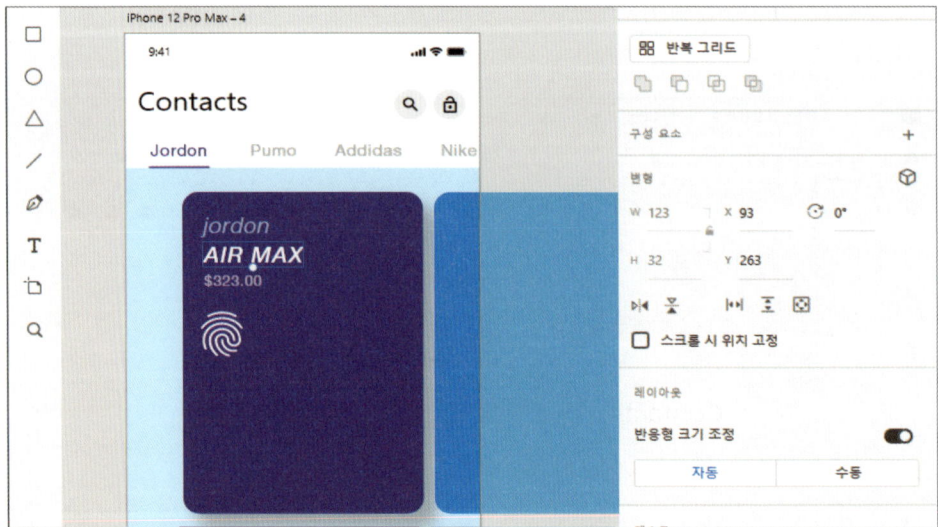

05 카드 섹션 안에 신발 이미지를 배치합니다. 화면 하단에는 추가로 다른 상품을 탐색하는 칸을 배치합니다.

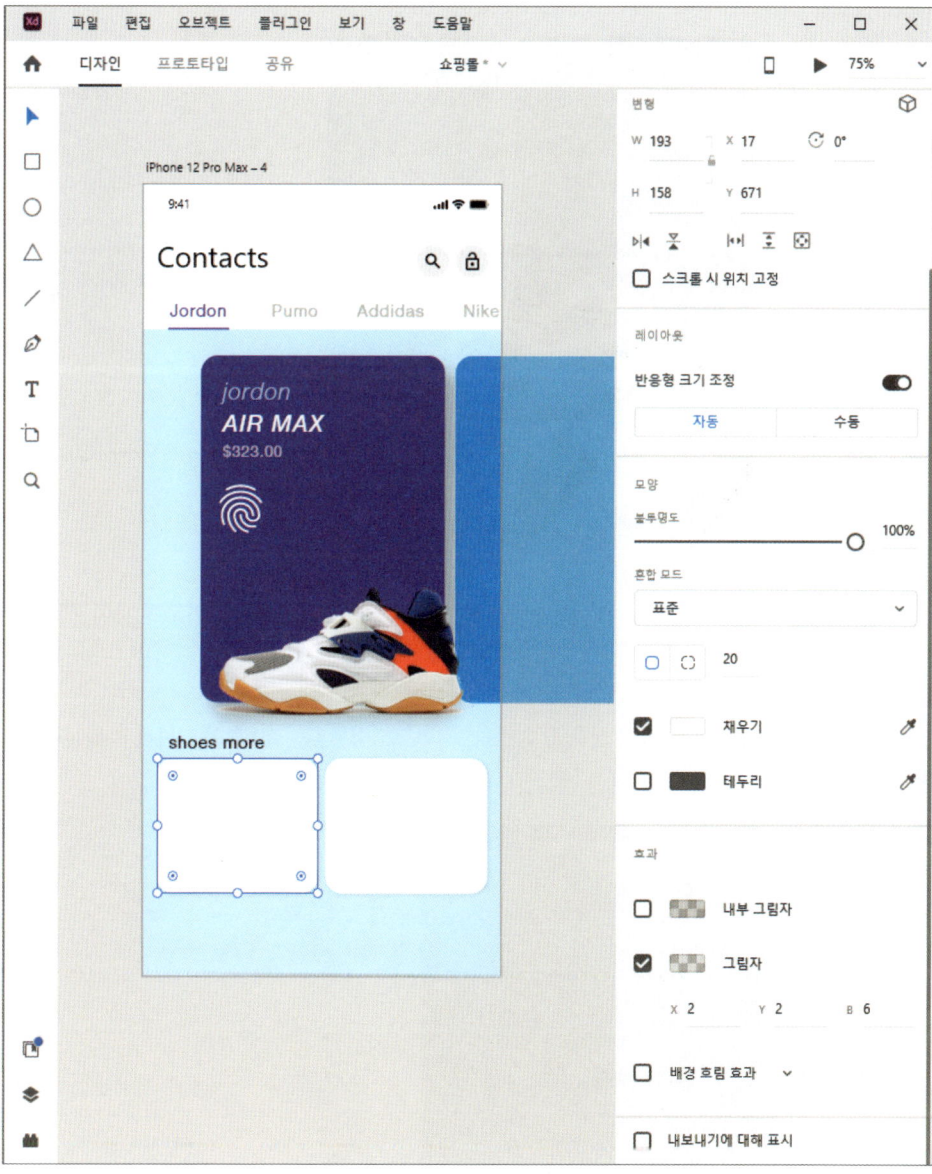

06 신발 상품을 더 많이 유도하기 위해 하단 UI 메뉴를 완성합니다. 여기서는 2가지만 표현했으나 3가지 상품으로도 늘려도 됩니다.

07 다음 페이지는 1페이지에서 상품을 선택하면 화면이 펼쳐지는 UI를 표현하려고 합니다. 화면 상단에 메인 컬러로 둥근 사각형을 배치합니다.

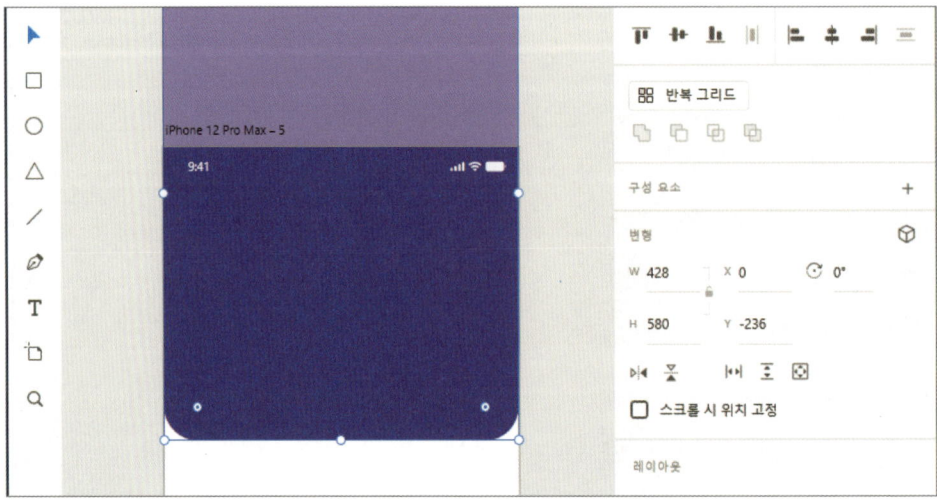

08 마찬가지로 앞에서 사용된 신발 이미지를 이용하여 복사(Ctrl+C) 후 붙이고(Ctrl+V) 적절히 화면에 배치합니다.

09 하단에 리스트 콘텐츠를 그려줍니다. 쇼핑몰에서 중요한 내용인 가격 정보는 주황색으로 표시하고 구매 버튼은 아래에 배치합니다. 리스트 콘텐츠 전체를 그룹(Ctrl+G)으로 묶어줍니다.

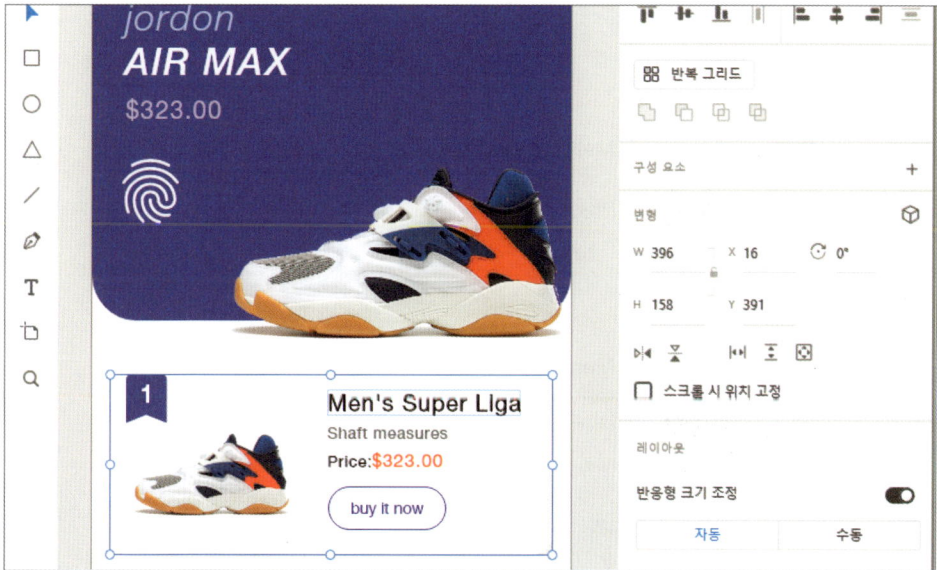

10 하나의 콘텐츠를 만들었다면 오른쪽 옵션 패널에서 반복 그리드를 통해 손쉽게 리스트 내용을 만들 수 있습니다. [반복 그리드] 버튼을 누른 후 아래로 복제합니다.

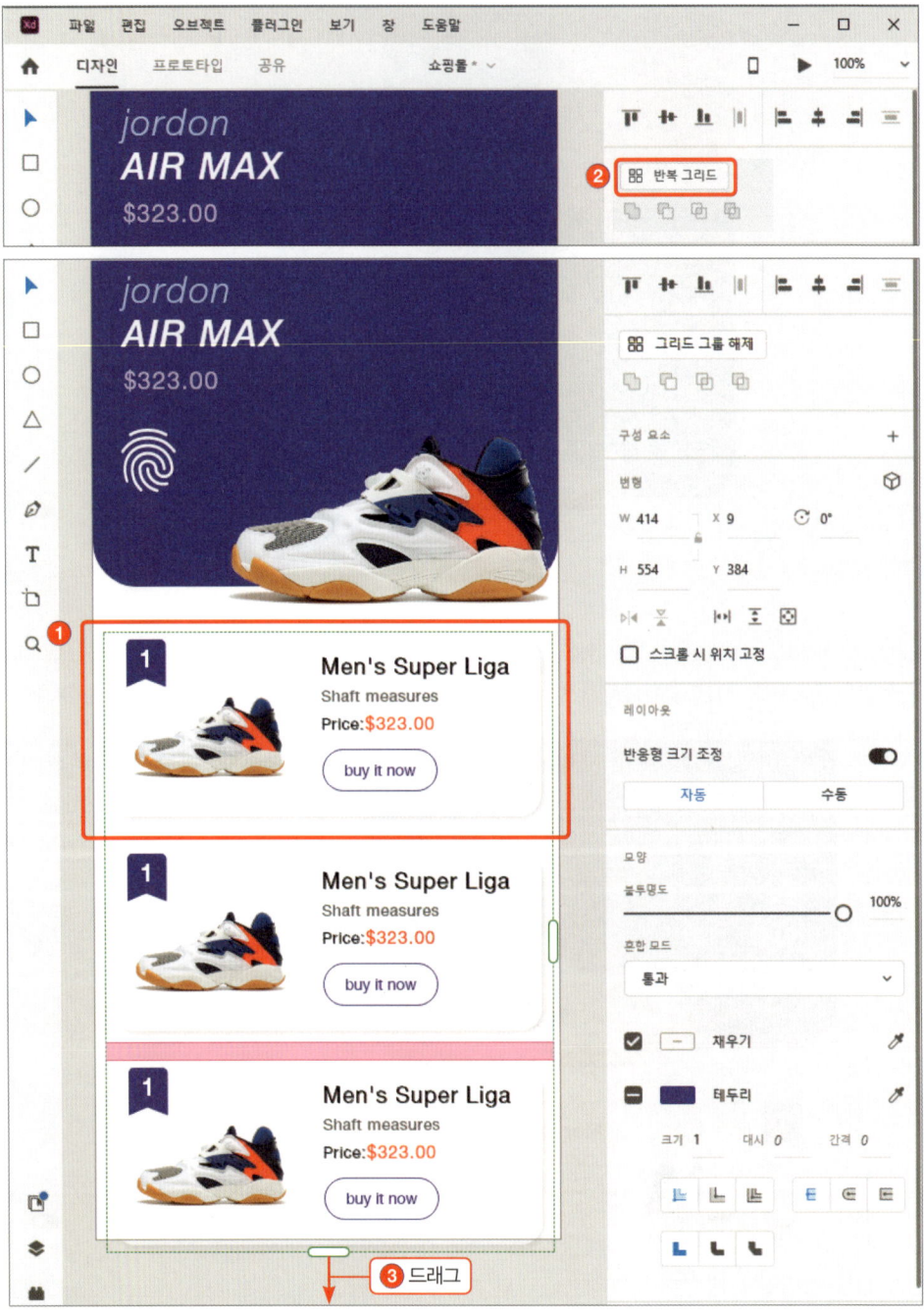

11 적절히 간격을 조정하여 리스트 구성을 완성합니다. 그런 다음 하단 메뉴 아이콘을 붙여줍니다. 메뉴 아이콘은 모든 페이지에 사용하므로 구성 요소로 만들어 주면 편리합니다.

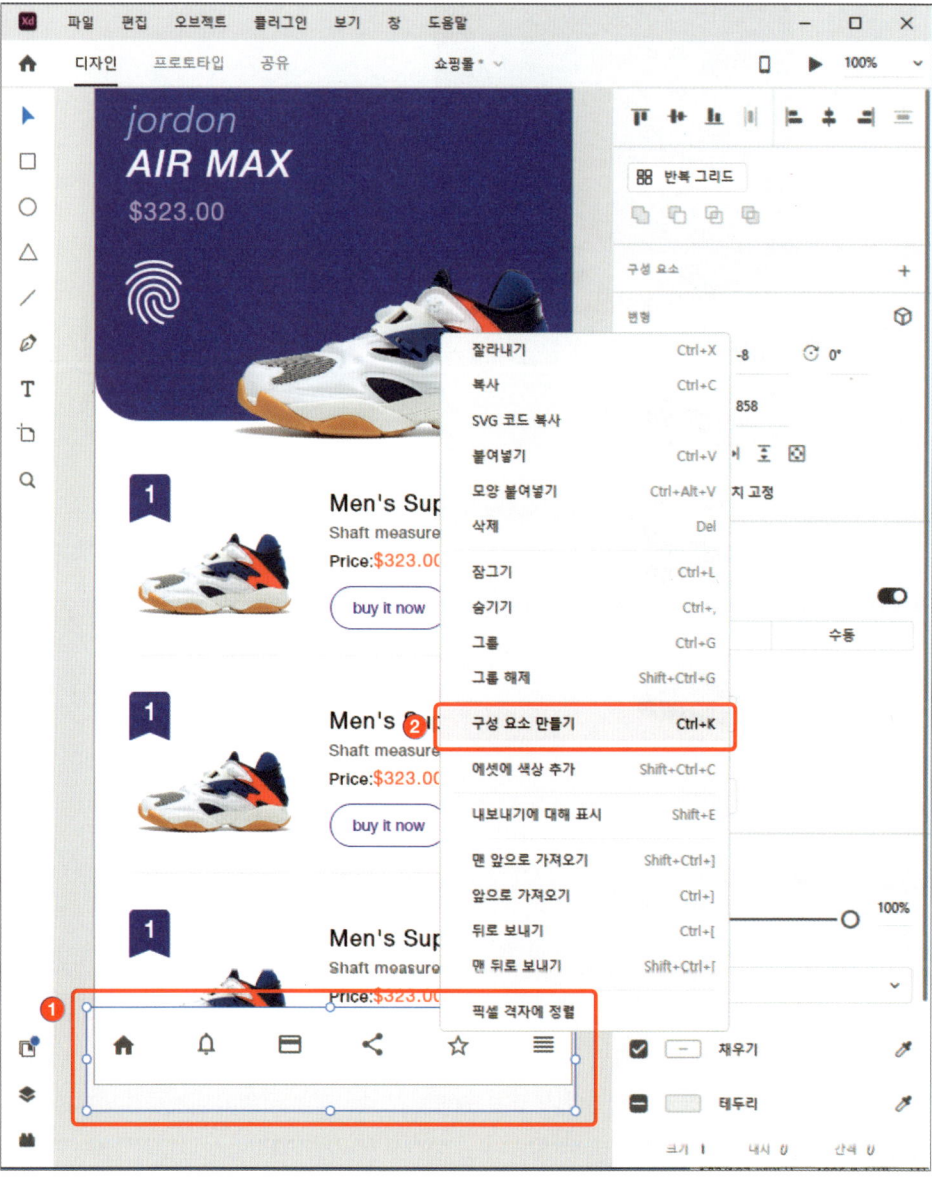

12 마지막으로 반복 그리드를 해제하고 1~3 순위 리스트 콘텐츠를 바꿉니다.

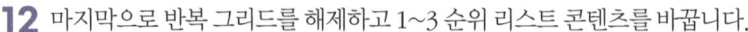

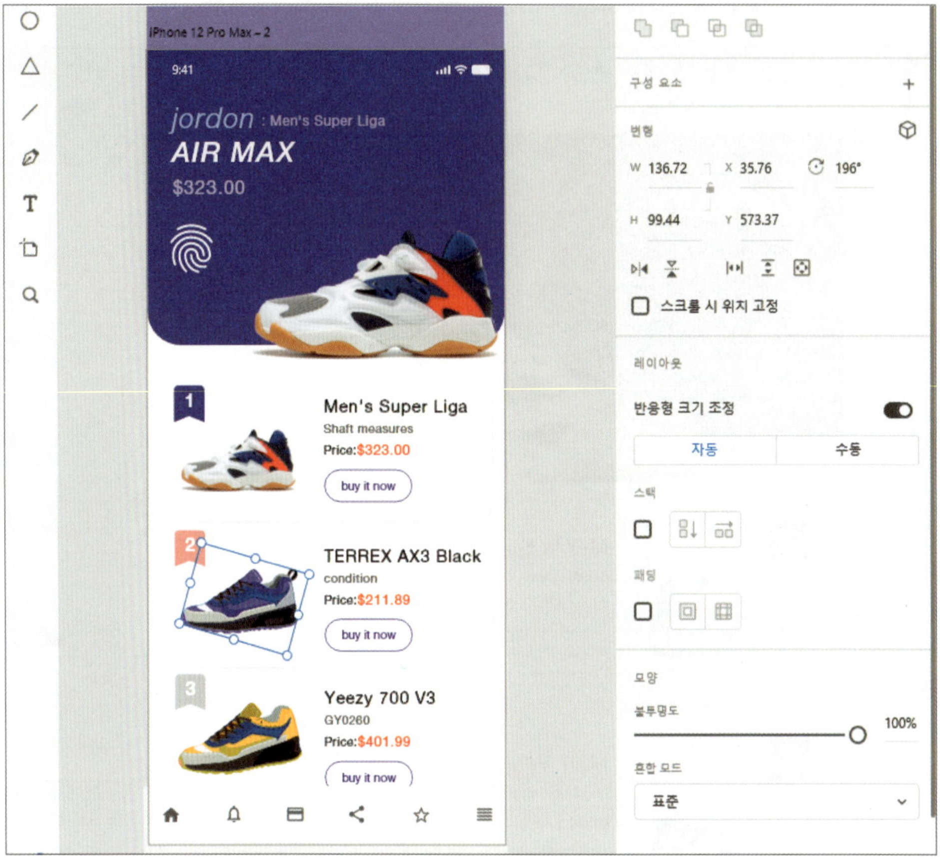

프로토타입

1페이지는 상품 이미지를 간단히 보여준 화면이라면 2페이지는 구체적 가격을 목록 형태로 표현한 UI입니다. 1번의 화면을 상대적으로 확대한 모습이므로 2페이지에서는 화면이 확대한 모양으로 애니메이션을 만들면 더욱 이해할 수 있을 것 같습니다.

여기에서 의도적으로 UI를 구성하기 위해 또는 원하는 모션을 만들기 위해서는 중간 단계를 만들어 주면 더욱 자연스러운 모양을 만들 수 있습니다. 중간은 트리거가 [탭]이 아닌 [시간]으로 자동으로 애니메이션으로 이어질 수 있게 합니다. 따라서 사용자가 UI 인터랙션을 조작하게 할지 자동으로 화면을 변경할지 선택할 수 있습니다.

먼저 가장 쉬운 방법인 [자동 애니메이트]로 화면 이동을 확인해 본 다음에 중간 단계를 만들어 자연스러운 인터랙션을 구현해 보겠습니다.

01 [프로토타입] 탭으로 이동합니다. 우선 화면이 이동될 모양을 확대하는 것이 가장 핵심이므로 확대되는 카드 섹션이 확대된 상태에서 2페이지에 나타나게 하겠습니다. [자동 애니메이트]로 설정하면 화면이 알아서 변경됩니다.

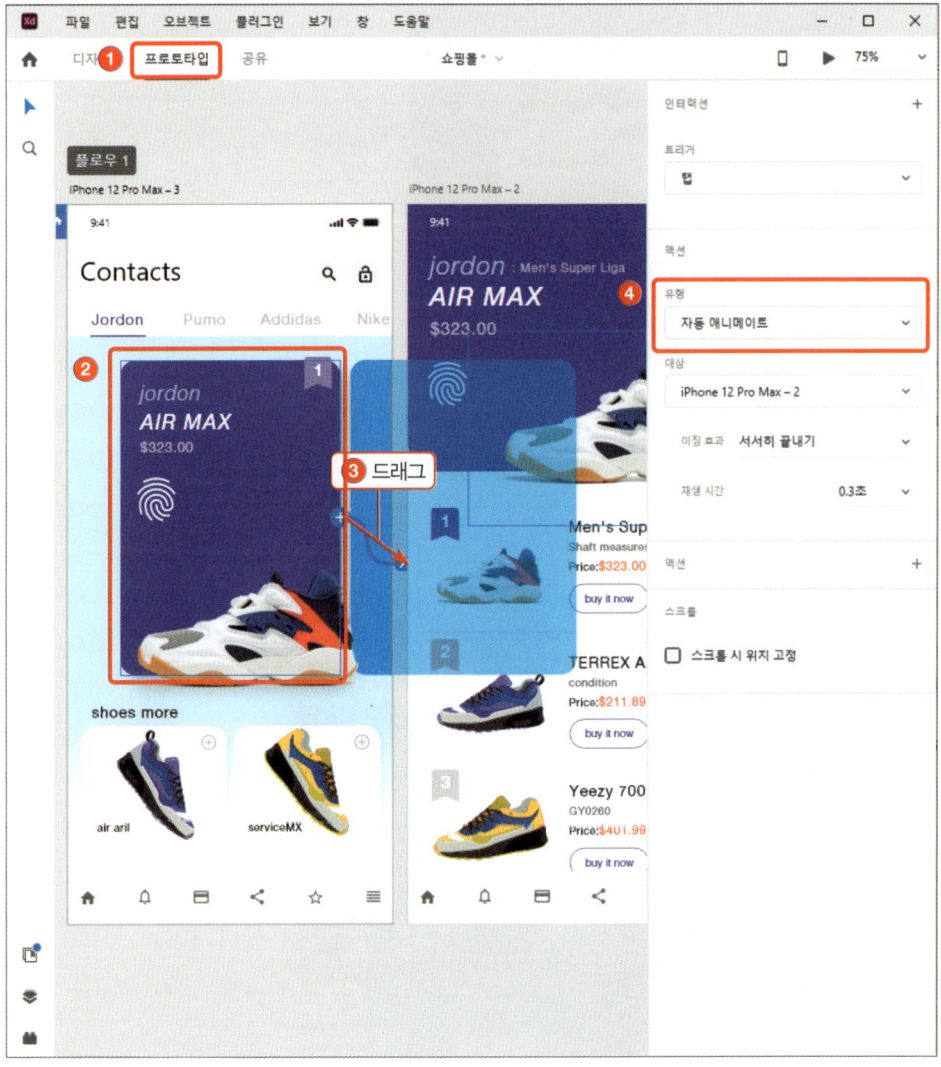

02 [데스크탑 미리보기] ▶ 아이콘을 클릭해 결과를 보면 메인 카드 섹션이 위로 올라갑니다.

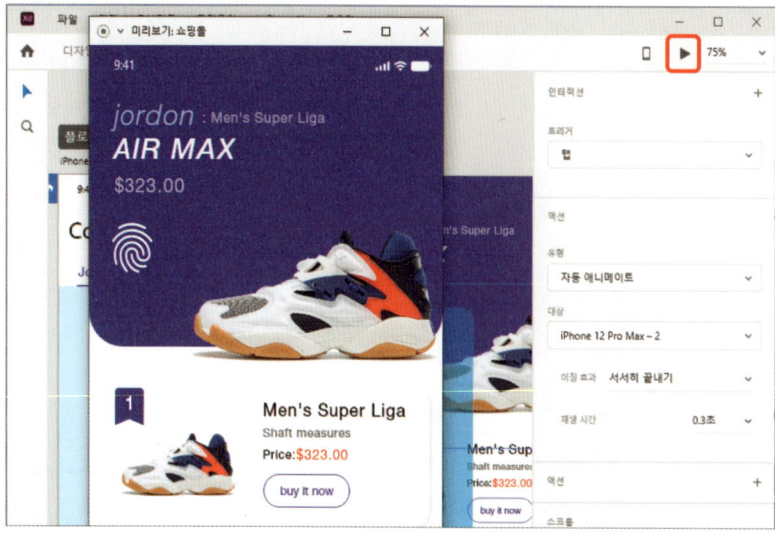

03 이번에는 앞에서 설정한 프로토타입을 Delete 를 눌러서 삭제한 후 [디자인] 탭으로 돌아옵니다.

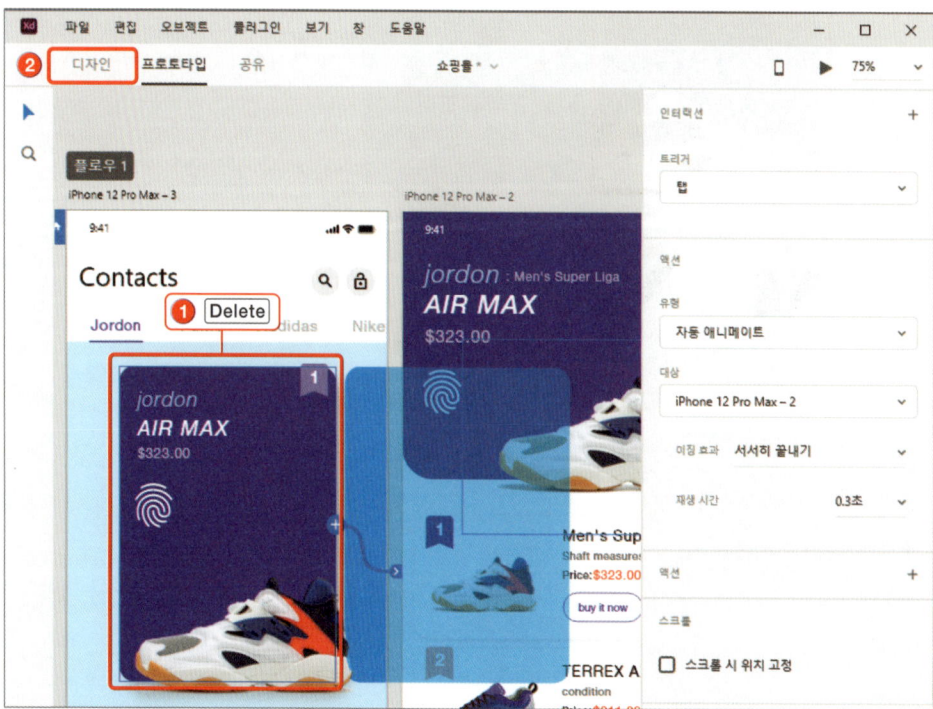

04 1페이지 아트보드 제목을 선택하고 Ctrl + D 를 눌러 1페이지를 복사합니다. 1-2-3의 순서로 애니메이션 할 수 있게 화면이 부드럽게 넘어가는 중간 과정을 만들어 줍니다.

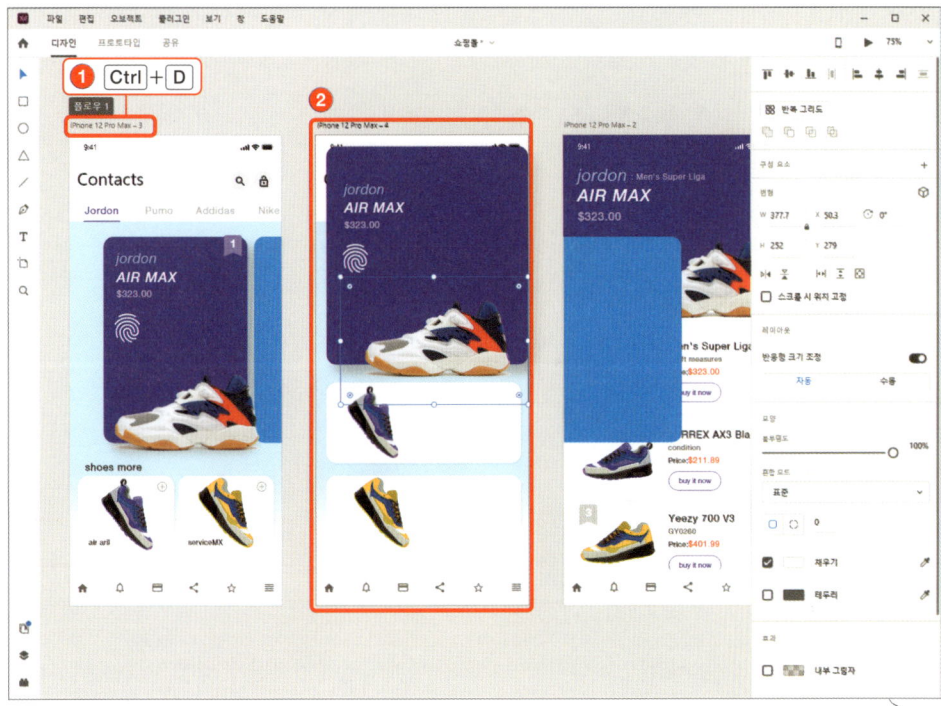

05 [프로토타입] 탭으로 돌아갑니다. 화면이 커져가는 중간 모양과 리스트가 가로에서 세로로 정렬되는 모습으로 의도시킨 화면을 만듭니다. 1페이지를 시작 화면으로 [플로우1]이 되도록 홈 아이콘을 누릅니다. 다시 결과를 보면 처음 보다 조금 더 자연스럽게 애니메이션을 할 수 있게 되었습니다. 1페이지는 바로 연결되는 화면이므로 이징 효과는 [없음]으로 설정합니다.

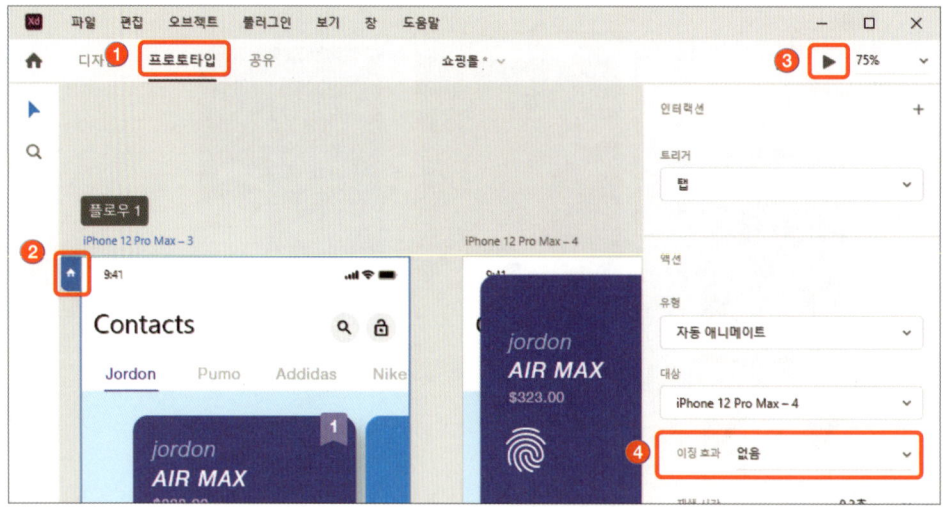

06 2페이지는 [트리거: 시간]으로 설정하여 바로 애니메이션이 연결될 수 있게 만들어줍니다.

07 결과 화면을 보면 자연스러운 애니메이션이 완성된 것을 볼 수 있습니다.

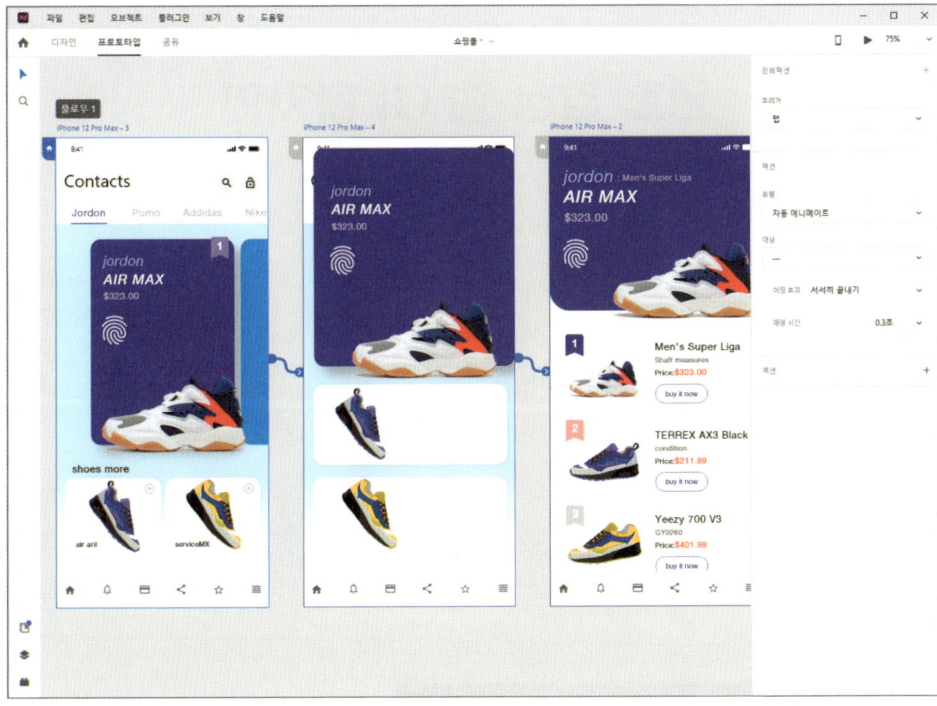

LESSON 05 영화 감상 앱 UI 디자인

영상 스트리밍 앱 UX 분석

영화 엔터테인먼트 콘텐츠 UI는 보통 어두운 톤이며 이미지가 전체를 차지하는 인터페이스를 갖고 있습니다. 이는 의도적으로 배경을 어둡게 후퇴시켜 화면을 부각하는 전략입니다. 또한 확대된 이미지나 템플릿 요소가 나열된 형태를 지닙니다.

대표적인 OTT(over the top) 영화 스트리밍 서비스인 넷플릭스는 영상과 이미지가 강조된 UI의 좋은 사례입니다. 화면에서 영화 이미지 포스트를 구성하여 선택 시 영화 또는 드라마 콘텐츠를 자세히 볼 수 있게 하고, 보통 영화는 가로 모드를 많이 사용하므로 자동으로 화면 전환을 유도하는 어포던스를 만들어줍니다.

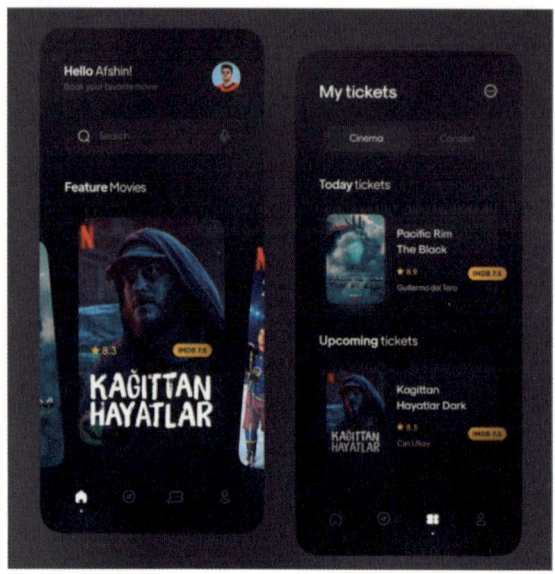

UI 디자인 실습

이미지 소스와 텍스트는 [movie_source.xd]와 [movie_text.txt] 파일을 이용하고, 완성 파일은 [movie_app.xd]를 확인해보세요.

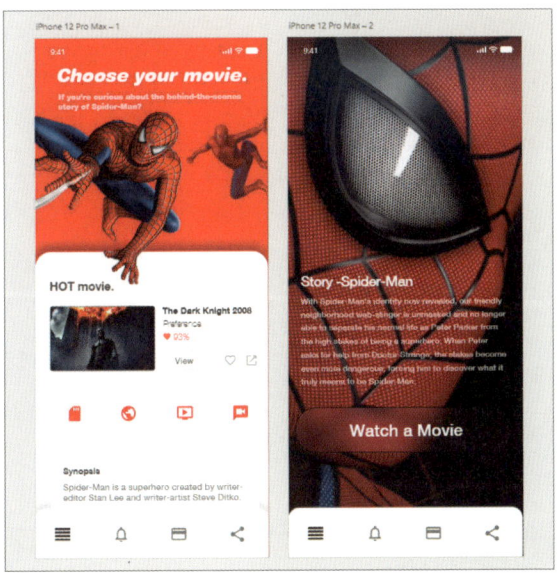

01 [iPhone 13, 12 Pro Max] 화면을 불러옵니다. 좌우에 각각 16px과 20px 간격으로 가이드라인을 그립니다. 오른쪽 패널 [그리드]에 체크하고 [레이아웃]을 선택합니다. **[열: 4, 간격 폭: 10, 열 폭: 81, 연결된 왼쪽/오른쪽 여백: 37]** 로 지정합니다. 예제 파일에서 상단 요소를 가져와 배치하세요.

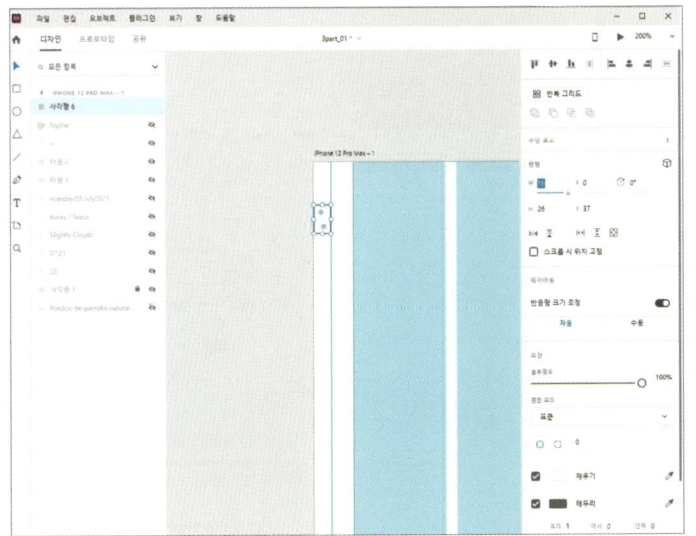 

02 배경 전체에 사각형을 그리고 [#D61C39]로 채웁니다.

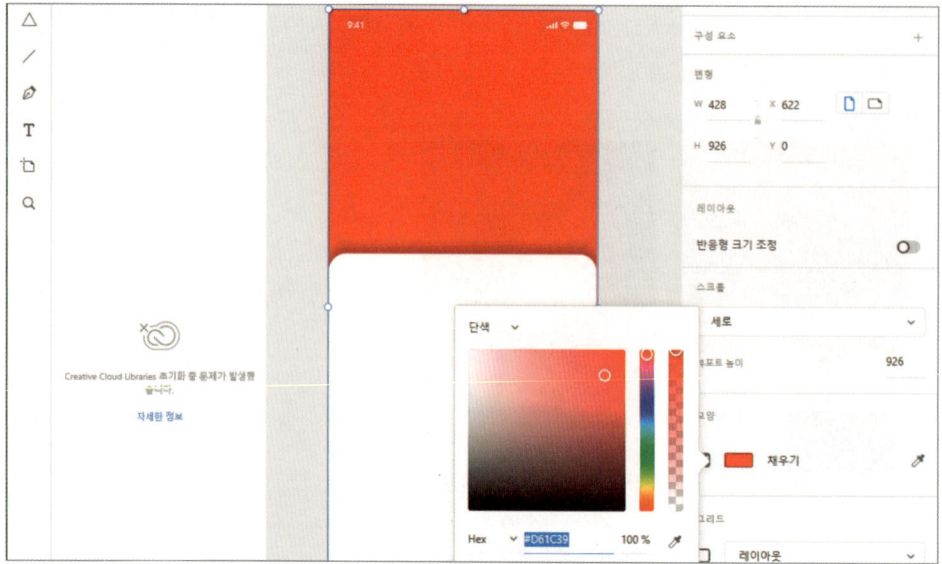

03 그 위에 흰 사각형을 그리고 모서리 값 [28]을 지정한 뒤 화면 하단에 배치합니다. 아래 배경 그림자를 만들어줍니다.

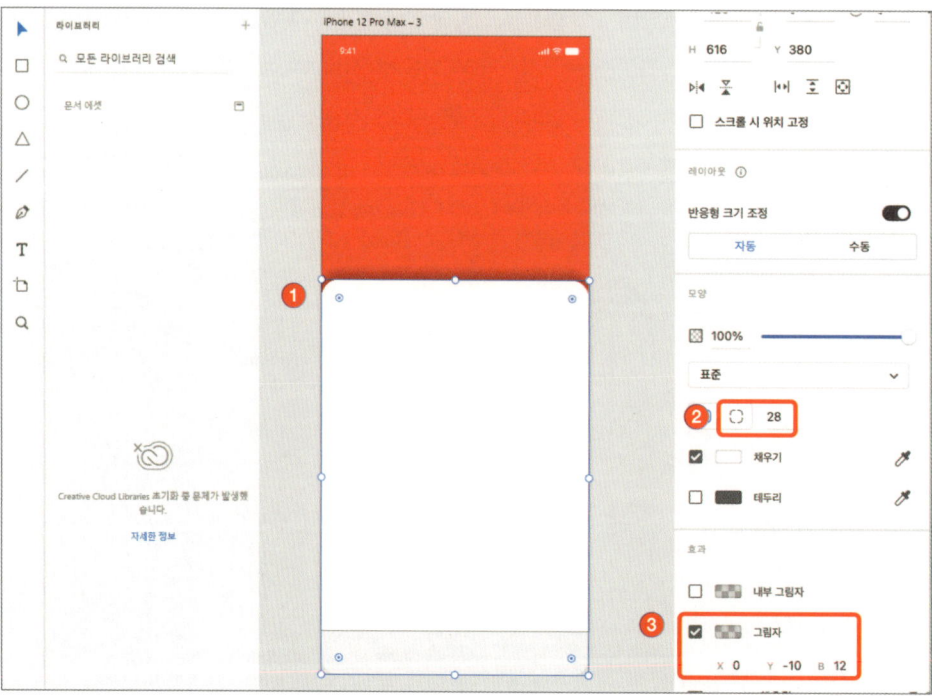

04 메인/서브 카피를 작성합니다. 서체는 [Helvetica Rounded Black Italic]을 사용했으나 동일한 서체를 사용하지 않아도 무방합니다.

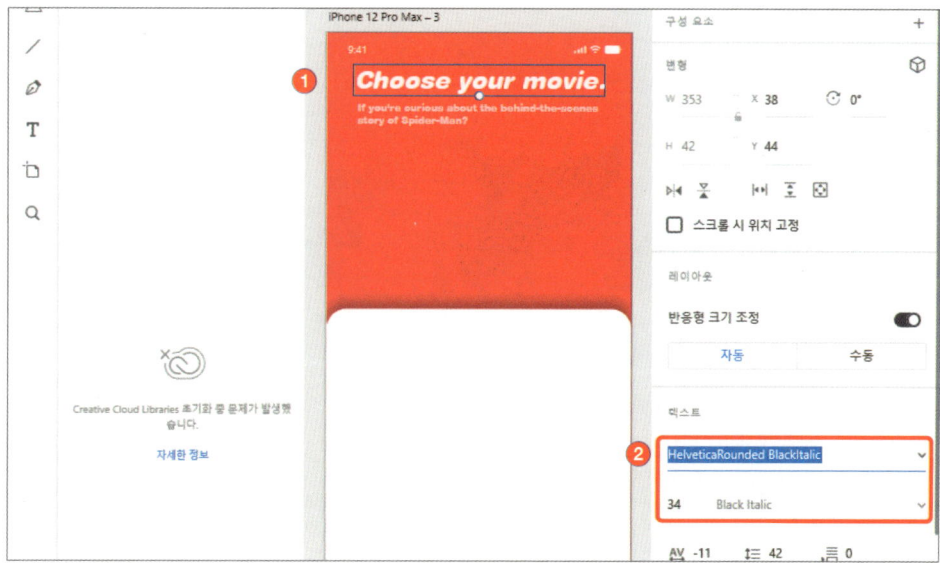

05 영화 속 주인공 이미지를 PNG 파일로 적절하게 배치합니다. 앞부분은 크고 선명하게 뒷배경은 작게 흐릿하게 주면 두 이미지 사이에 공간감이 나타납니다. 흰 배경을 손으로 제어한 것처럼 겹쳐지게 레이아웃을 만들면 콘텐츠 연관성과 주목도를 높여줍니다.

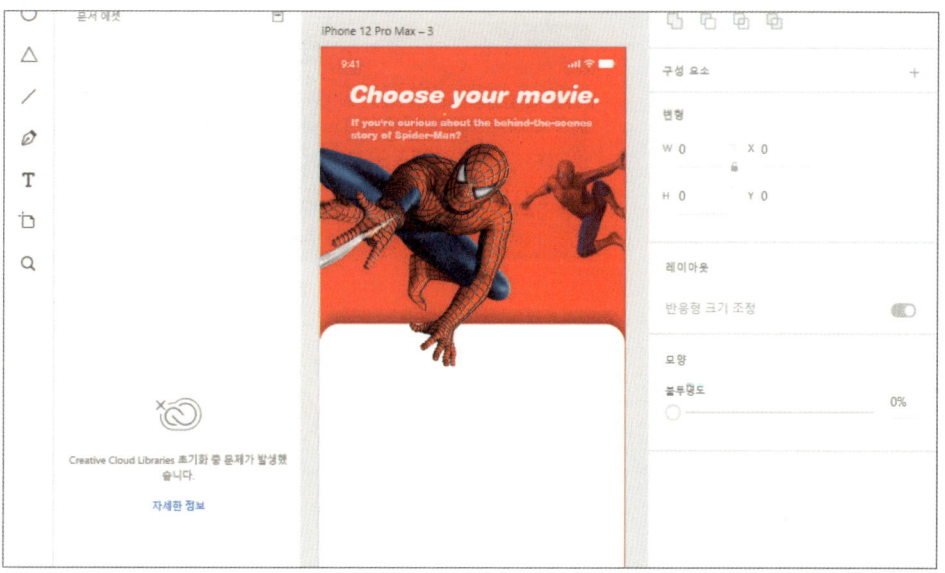

06 흰 상자 안에 영화 정보를 만들어줍니다. 화면 이미지와 텍스트 버튼, 아이콘 블릿 조합으로 넣어줍니다.

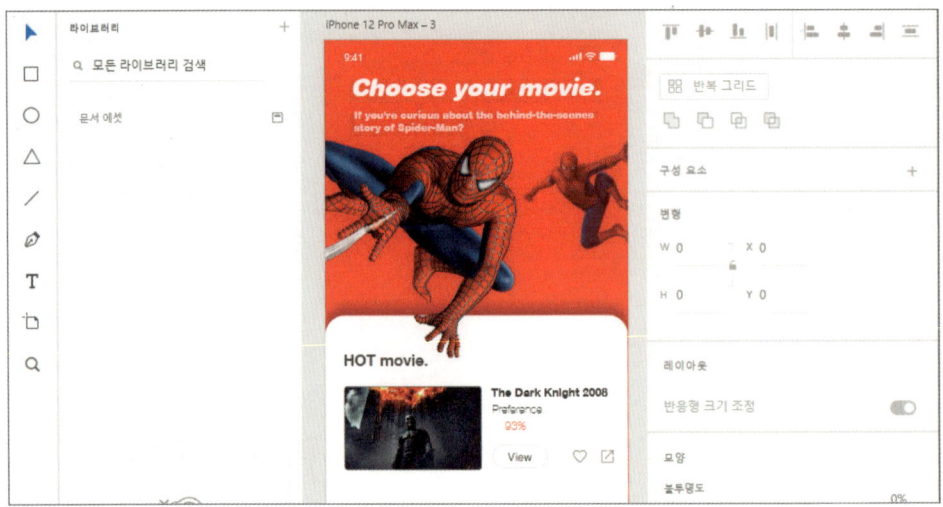

07 카테고리 메뉴 버튼은 동일한 패턴으로 이루어지므로 반복 그리드를 이용하여 만듭니다. 각각의 아이콘만 바꾸면 됩니다.

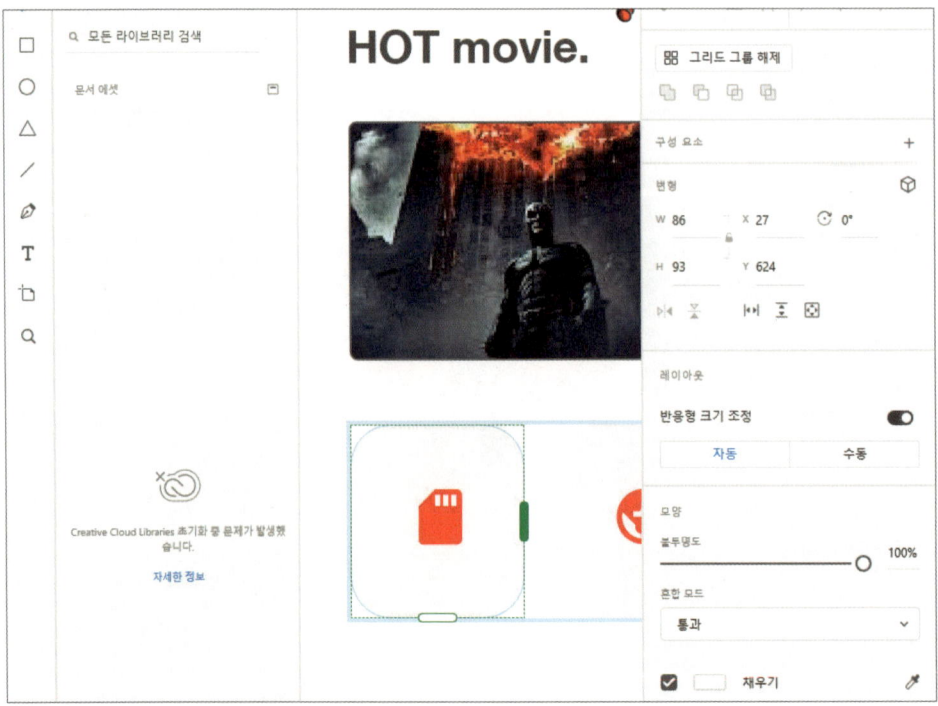

08 화면 하단에 시놉시스 섹션을 만들어서 글을 넣어줍니다.

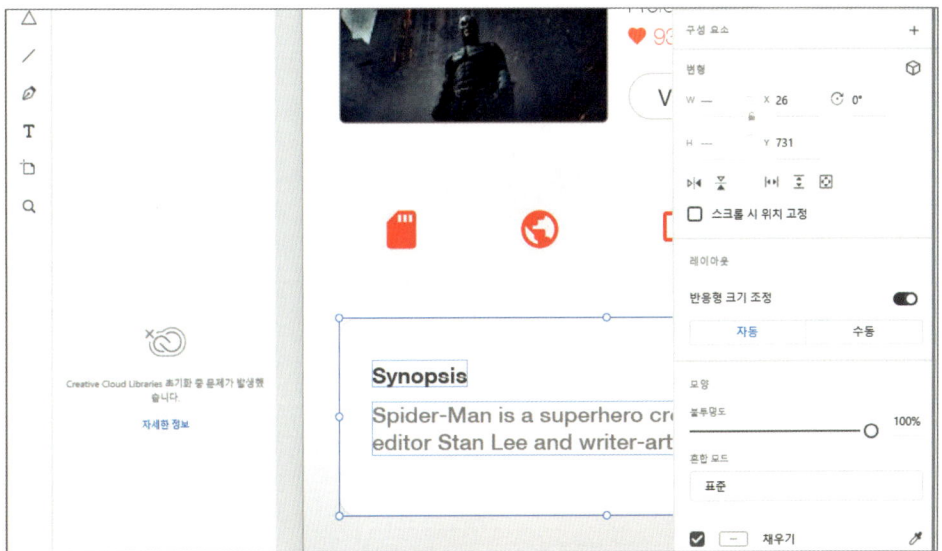

09 하단에 전체 메뉴 바를 넣고 아이콘을 같은 크기로 정렬합니다. 활성화된 아이콘만 100% 검은색으로 채우고 나머지 비활성화된 아이콘은 [55%] 불투명도를 넣어줍니다.

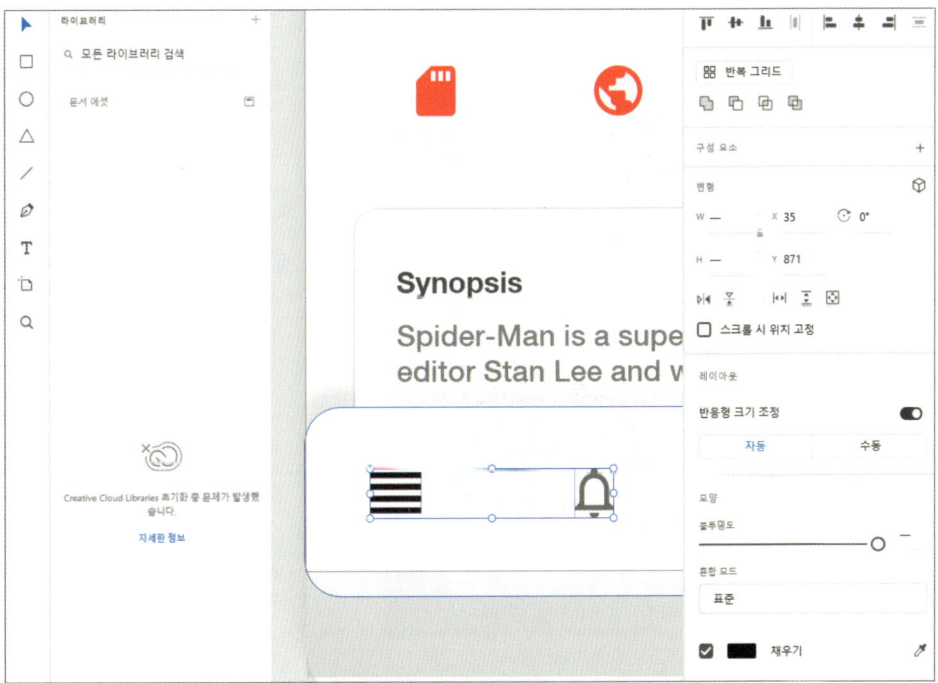

10 2페이지도 동일한 크기로 복사해서 만들어줍니다. 아래 메뉴 바는 그대로 사용합니다. 배경색은 [#E82626]로 채워줍니다.

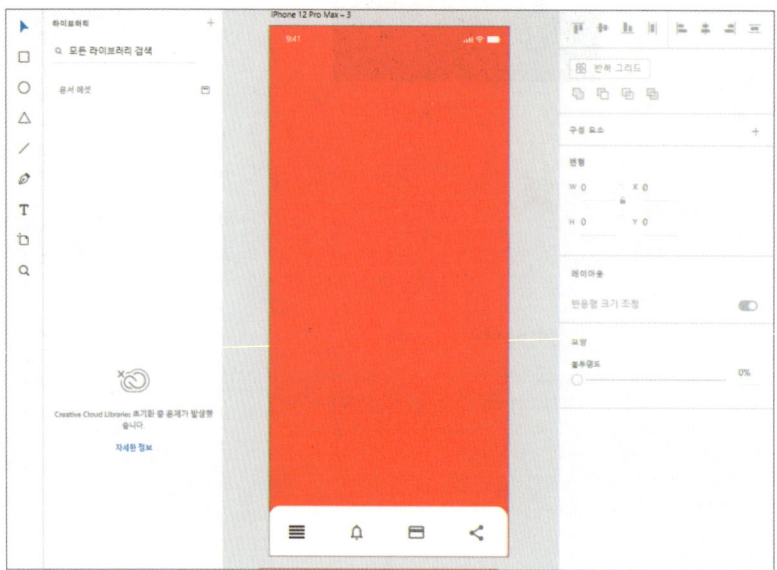

11 배경 이미지를 업로드하거나 드래그하여 바탕화면에 적절하게 레이아웃에 맞게 배치합니다.

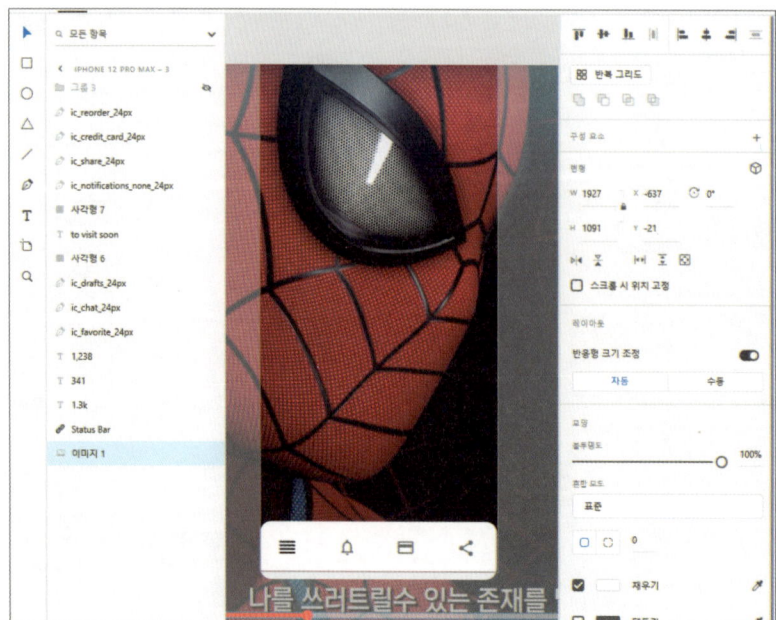

12 서브 텍스트를 작성합니다. 아래 링크 버튼을 흰색으로 그려줍니다.

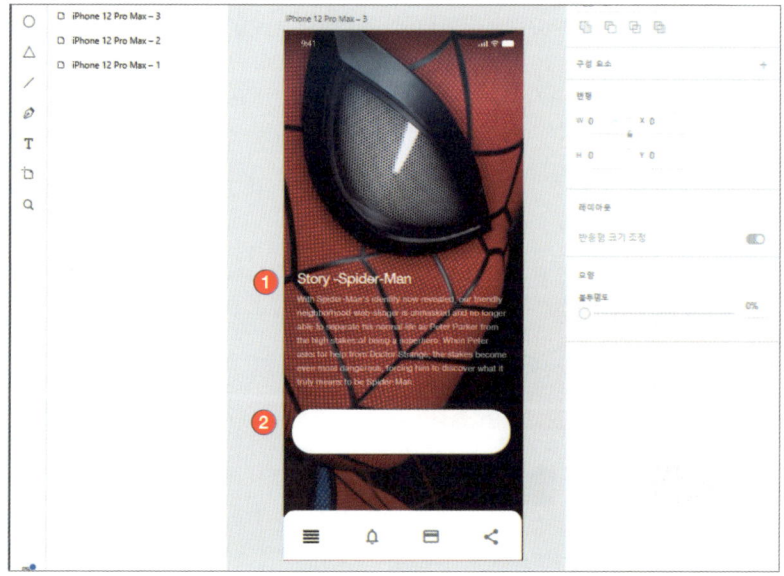

13 흰 버튼을 선택하고 오른쪽 옵션 패널에서 [배경 흐림 효과]를 활성화합니다. [정도: 16, 밝기: 10, 불투명도: 0]으로 설정하면 배경과 겹치면서 흐림 효과가 나타납니다. 버튼 안에 텍스트를 입력합니다.

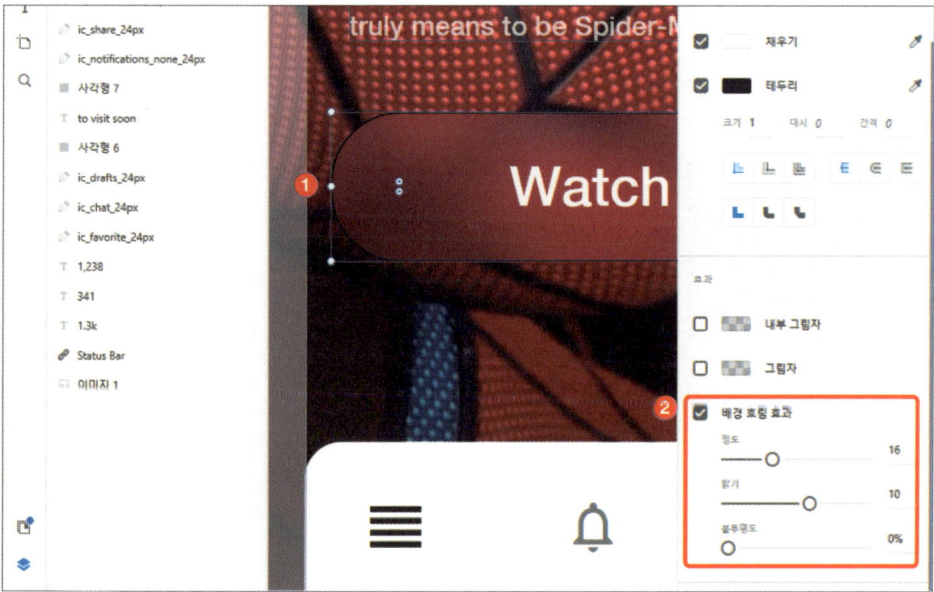

프로토타입

프로토타입에서 1단계(바탕 화면) – 2단계(콘텐츠 화면) – 3단계(메인 이미지 화면)으로 순차적 애니메이션 화면을 구성해 보겠습니다.

01 1페이지를 선택하고 Ctrl+D를 눌러 2번 화면을 나란히 배치한 후 시작에서 완성까지 세 페이지를 배치합니다. 1페이지에는 바탕 화면만 남기고, 2페이지에는 흰 상자 안 콘텐츠를 표시하며, 3페이지에서 완성 화면을 그대로 둡니다.

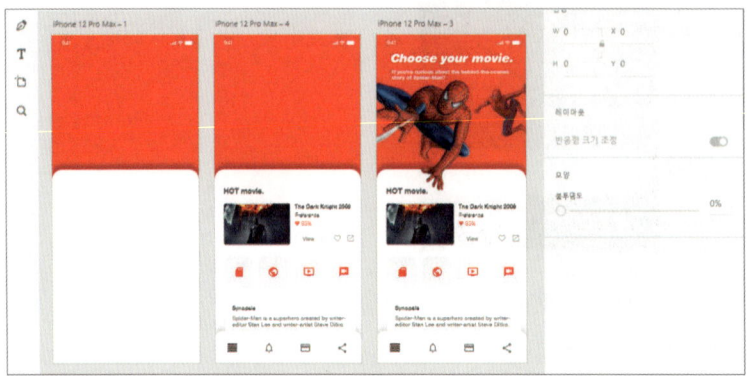

02 [프로토타입] 탭으로 이동합니다. 1페이지~3페이지 아트보드 제목을 각각 Shift+클릭해 선택하고 [유형: 자동 애니메이트, 트리거: 시간, 재생 시간: 1초]로 설정했습니다. 그렇게 되면 자동으로 순차적으로 이미지가 나타납니다.

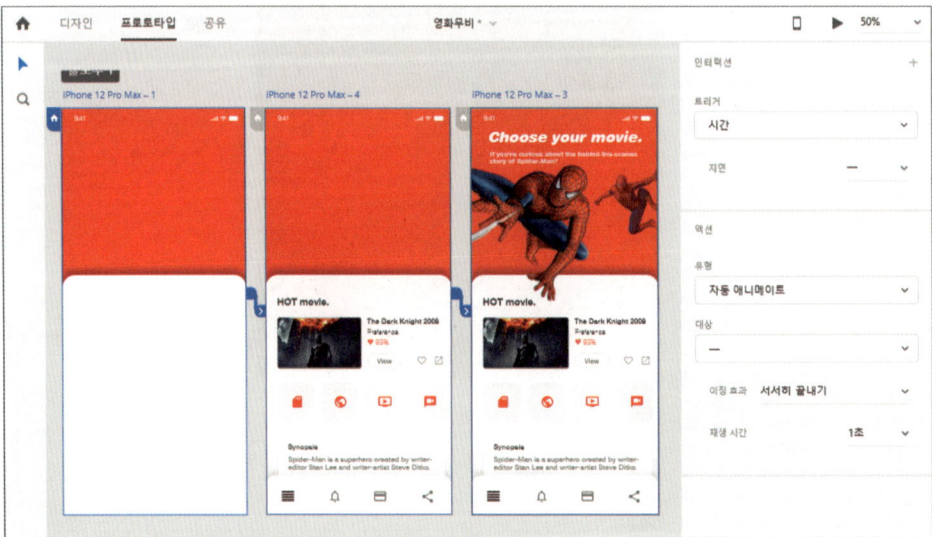

03 결과를 확인해 봅니다. 여기에서 재생 간격이나 효과를 디테일하게 수정해도 좋습니다.

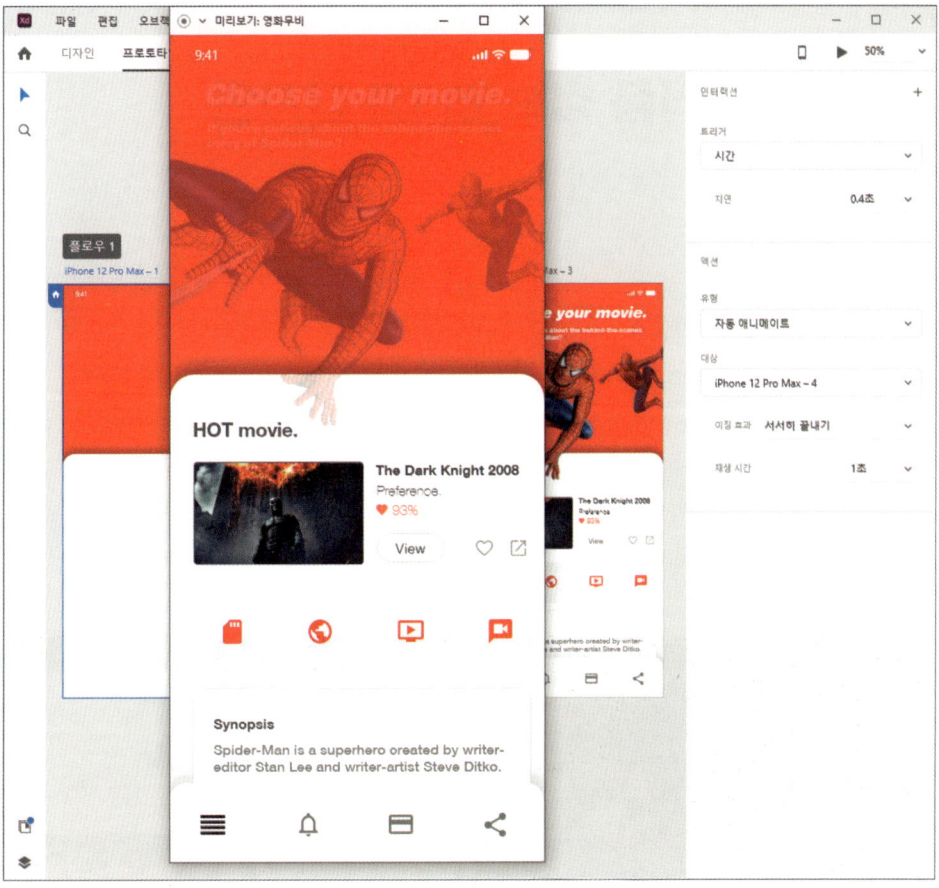

LESSON 06 식품 정보 앱 UI 디자인

UI 디자인 실습

이번에는 식품 정보를 찾아볼 수 있는 앱의 UI를 구현해보겠습니다. 총 4페이지를 제작하며, 메인 페이지는 식품 카테고리를 나타내는 버튼과 이미지, 세부 정보로 이어지는 해시태그와 버튼으로 구성됩니다. 2페이지에는 서브 콘텐츠를 나열하고, 3페이지에서는 커뮤니티 사용자의 메시지를 나열할 것입니다. 반복적인 요소를 만들 때는 그리드 기능이 유용합니다. 마지막 페이지는 식품의 상세 정보 텍스트와 가로로 나열되는 이미지를 표현합니다. 이미지 소스와 텍스트는 [food_source.xd]와 [food_text.txt] 파일을 이용하고, 완성 파일은 [food_app.xd]를 확인해보세요.

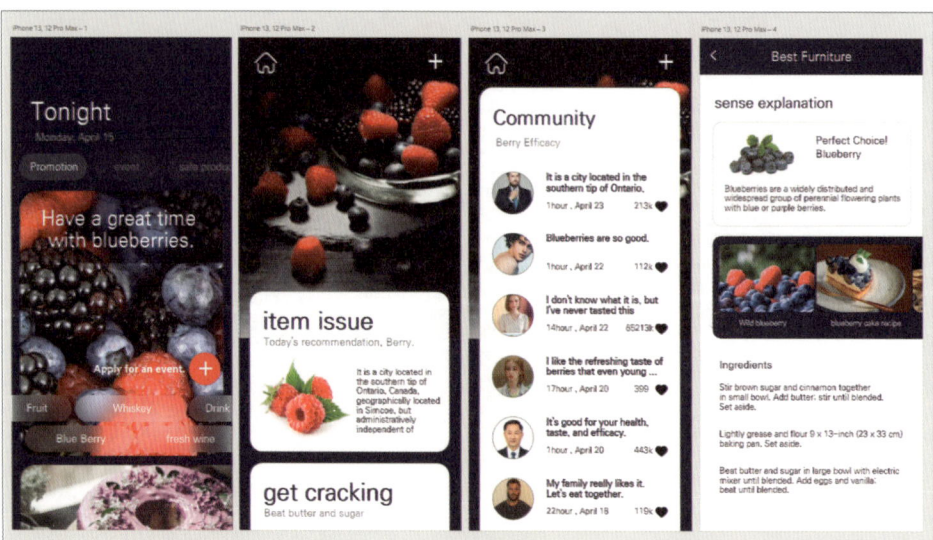

01 [iPhone 13, 12 Pro Max] 화면을 불러옵니다. 좌우에 각각 16px과 20px 간격으로 가이드라인을 그립니다. 오른쪽 패널 [그리드]에 체크하고 [레이아웃]을 선택합니다. **[열: 4, 간격 폭: 10, 열 폭: 81, 연결된 왼쪽/오른쪽 여백: 37]**로 지정합니다. 예제 파일에서 상단 요소를 가져와 배치하세요.

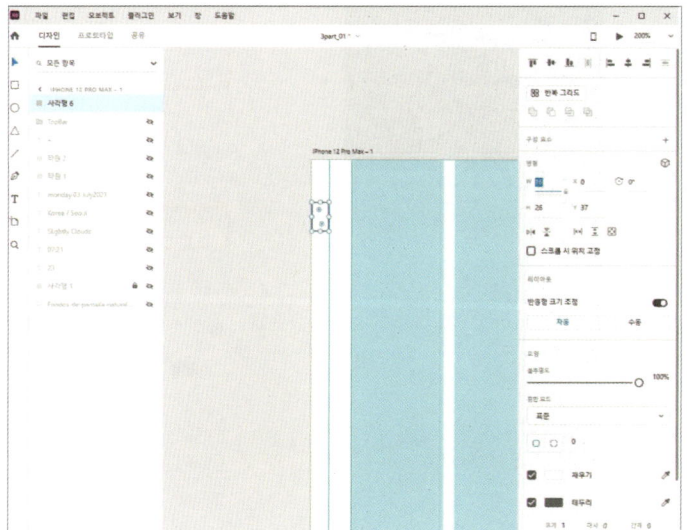

02 배경 전체에 사각형을 그리고 **[#1F1C34]**로 채웁니다.

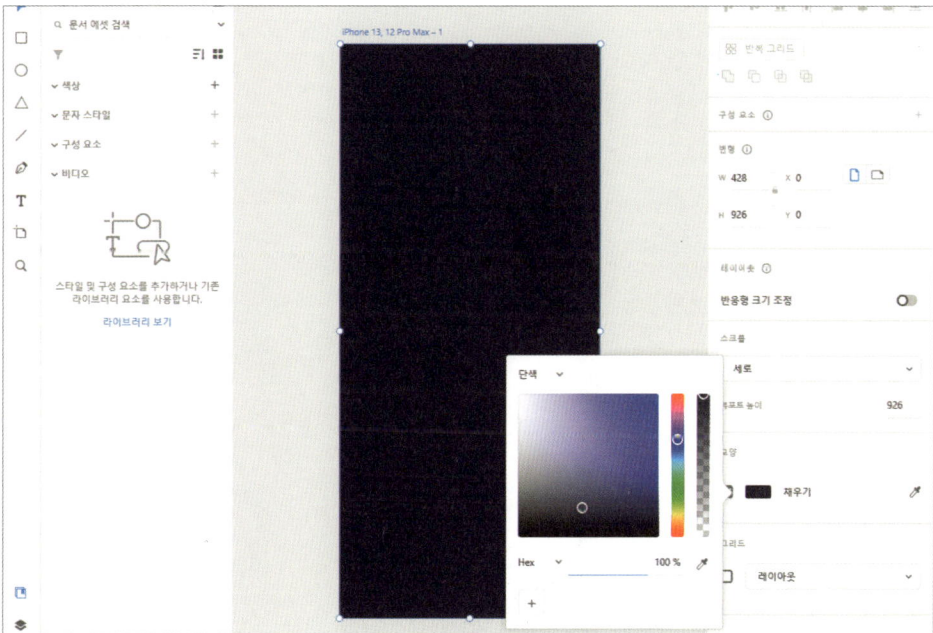

03 바탕 왼쪽 상단에 [Tonight]을 적고 서체는 [KoPubDotum Medium]에 크기는 [46]으로 지정합니다. 아래 서브 카피 [Monday, April 15]를 쓰고 [크기: 20, 불투명도 60%]로 지정합니다.

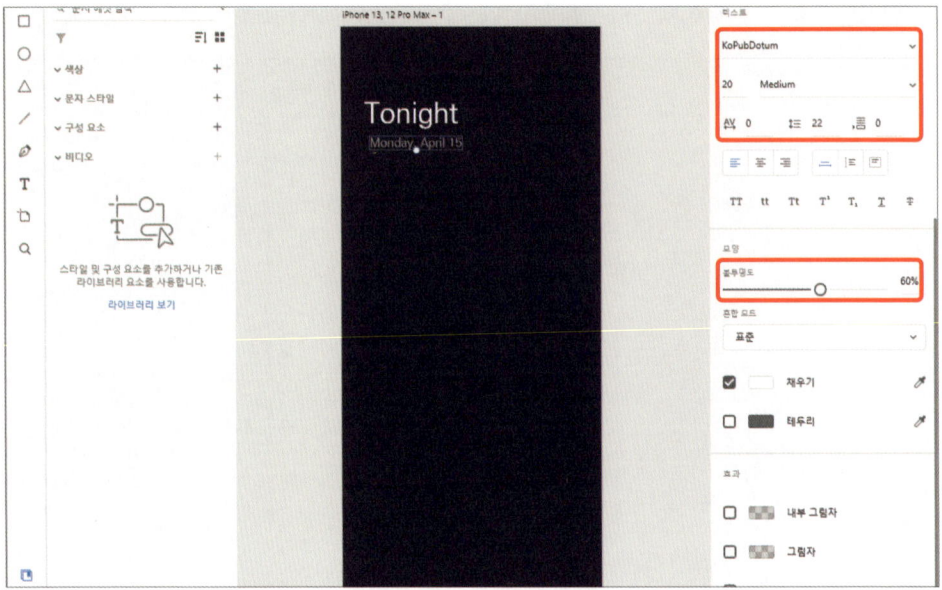

04 [W: 350 H: 500] 크기로 사각형을 그리고 모서리 값을 [37]로 지정한 뒤 텍스트 아래에 배치합니다.

05 그 위에 메뉴를 넣어보겠습니다. [W: 132, H: 50] 크기에 모서리 값을 준 버튼을 그립니다.
[색상: 단색, FFFFFF, 투명도: 25%]를 적용합니다.

06 버튼을 오른쪽으로 2개 더 복사합니다. 복사한 버튼 2개에는 [투명도: 30%]를 지정합니다.

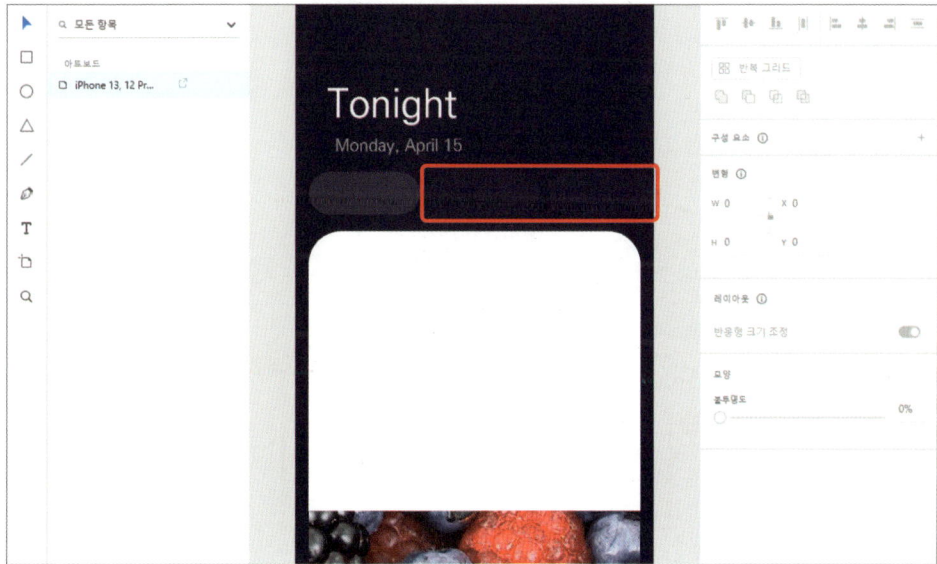

07 세 버튼에 각각 [Promotion], [event], [sale production]을 입력하세요. 무료 이미지 사이트인 pixabay.com에서 'drink'를 검색합니다. 검색 결과 중 원하는 사진을 선택해서 메인 사각형에 이미지 콘텐츠를 넣습니다. 혹은 예제 파일을 이용해도 됩니다.

08 둥근 메뉴 버튼을 메인 사각형 영역으로 복제하고 제일 상위 레이어로 올립니다(Ctrl + Shift +]). 둥근 버튼을 5개 정도 복제해서 적당히 배치하고, [배경 흐림 효과]에 체크한 뒤 [정도: 18, 밝기: 15]로 지정합니다.

09 각 버튼에 [Fruit], [Whisky], [Drink], [Blue Berry], [fresh wine]을 입력해 해시태그를 만듭니다. 메인 이미지 상단에 헤드 카피 [Have a great time with blueberries]를 입력하고 아래쪽에는 이벤트 응모 배너 버튼을 만듭니다. 버튼 옆에 [Apply for an event.] 텍스트를 넣습니다.

10 헤드 카피 아래에 [H: 396, W: 136] 크기의 사각형을 그리고, 사각형 위쪽 두 모서리에만 모서리 값 [37]을 지정하고 아래는 직각으로 만듭니다. 수동으로 모서리를 조정하면 쉽게 설정됩니다. 사각형을 [색상: 단색, FFFFFF, 혼합 모드: 곱하기]로 지정하고 [배경 흐림 효과]에 체크한 뒤 [정도: 30, 밝기: 15]로 지정하면 배경색이 더욱 밝게 표시되어 헤드 카피가 더 잘 보이게 됩니다

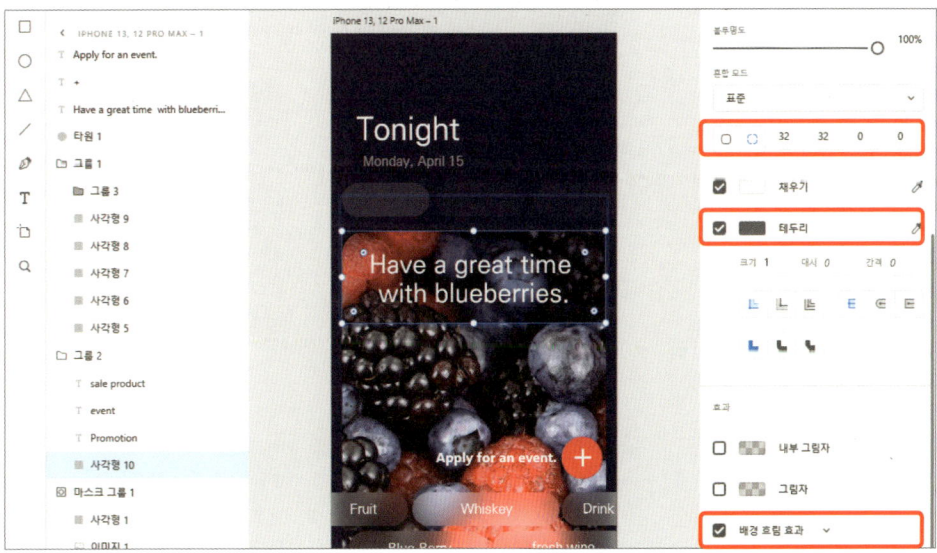

11 메인 상자 하단에도 둥근 상자를 그리고 이미지 콘텐츠를 배치합니다.

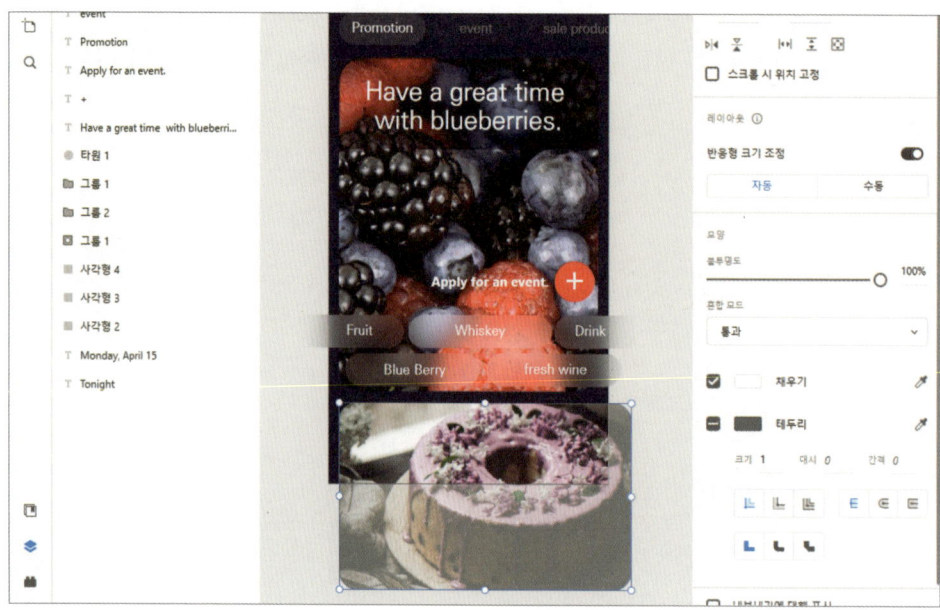

12 오른쪽 상단에 알림 아이콘을 배치해서 메인 UI를 완성합니다.

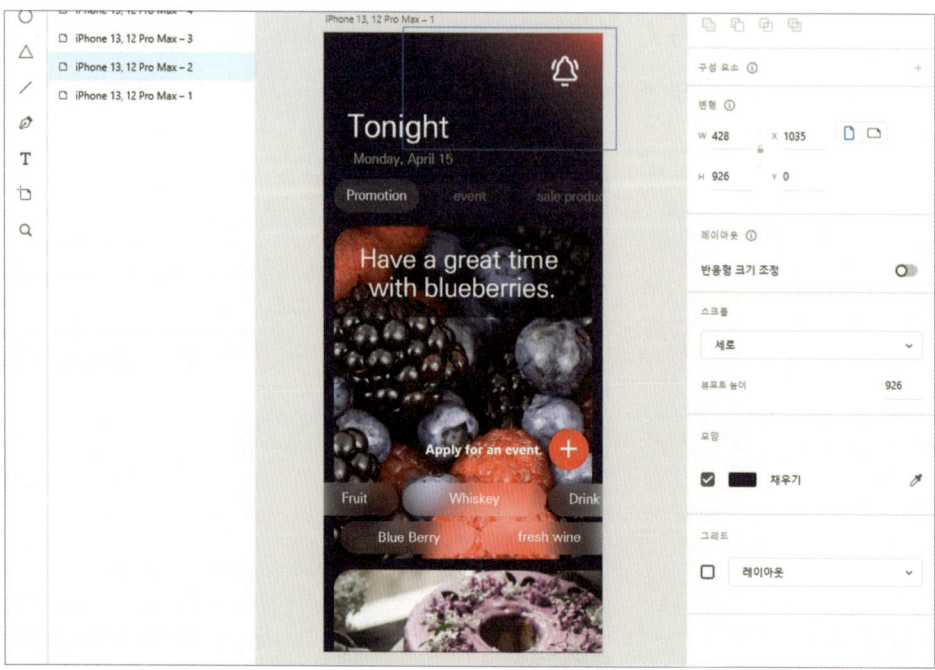

13 완성한 1페이지 아트보드를 복제합니다. 복제한 아트보드에서 배경 사각형 외에 다른 요소를 삭제한 뒤 화면 상단에 블루베리 이미지와 아이콘을 배치합니다.

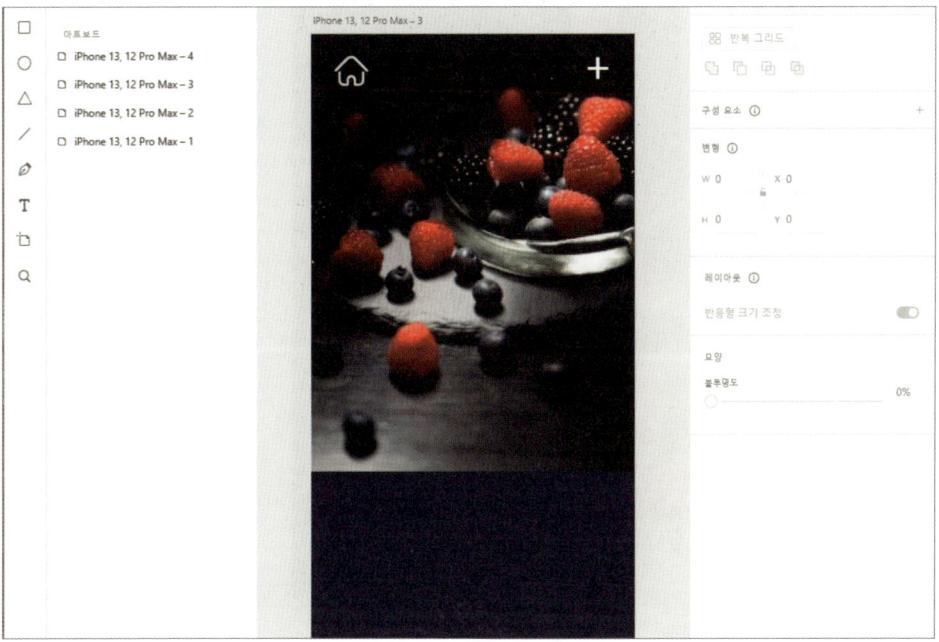

14 흰 상자 2개를 아래에 배치하고 모서리 값을 [25]로 지정합니다.

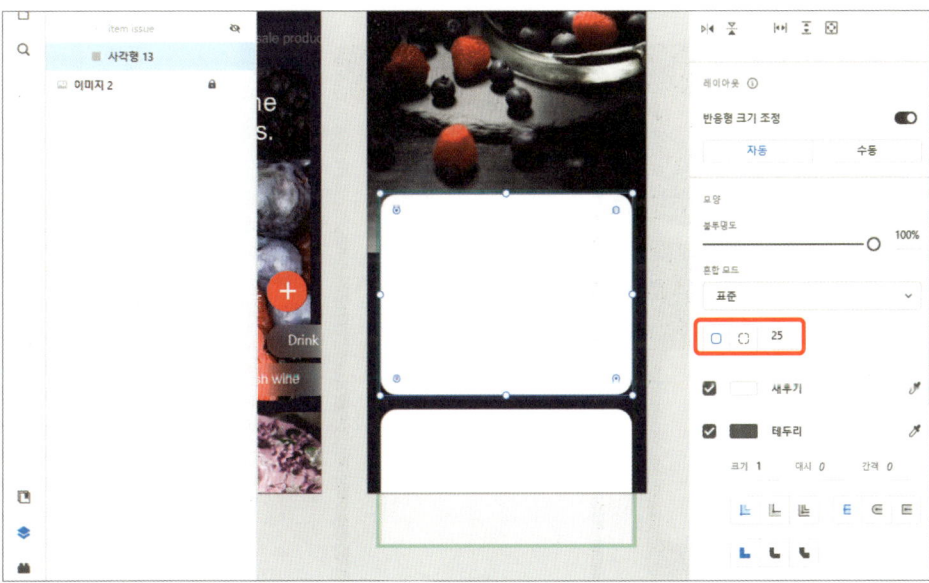

15 서브 콘텐츠를 이미지와 텍스트를 조합하여 콘텐츠를 넣어 주면 2페이지가 완료됩니다.

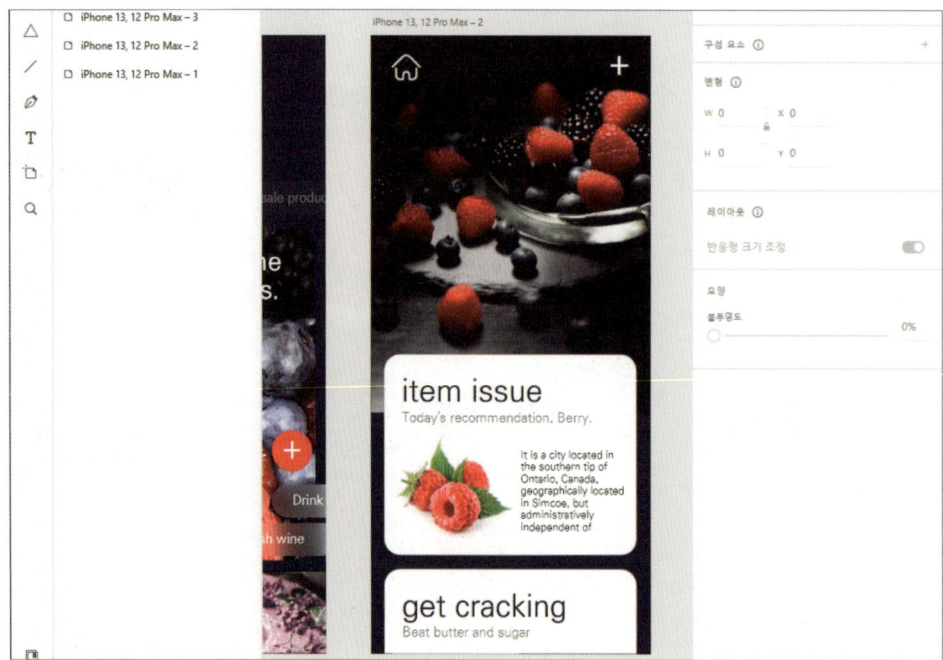

16 2페이지 아트보드를 복제합니다. 3페이지에서는 커뮤니티 리스트를 만들려고 합니다. 2페이지의 둥근 사각형을 화면 아래까지 늘려 주고, 제목과 서브 텍스트를 입력합니다.

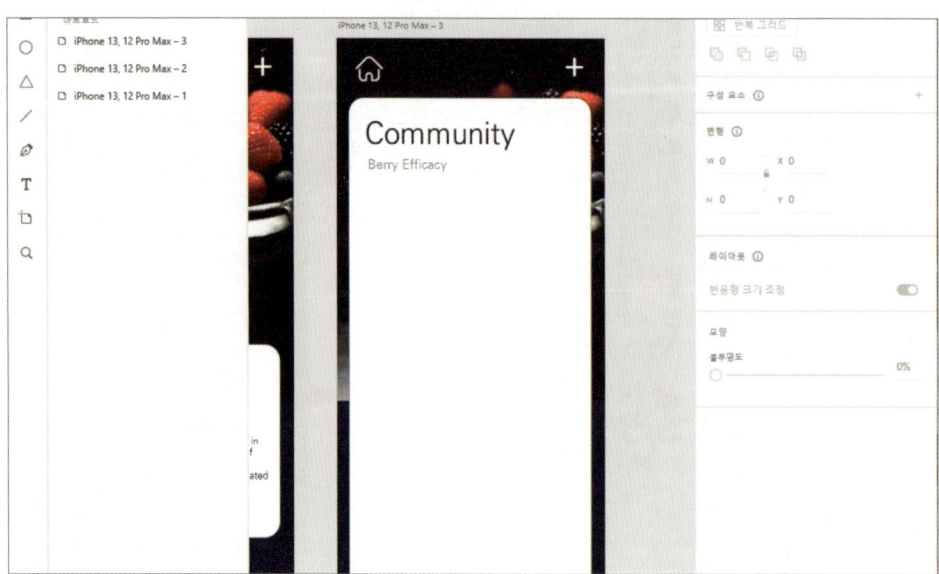

17 리스트 항목에는 인물 이미지, 메시지, 작성 시각, 좋아요 수를 배치합니다. 리스트 항목을 모두 선택하고 [반복 그리드]를 클릭합니다.

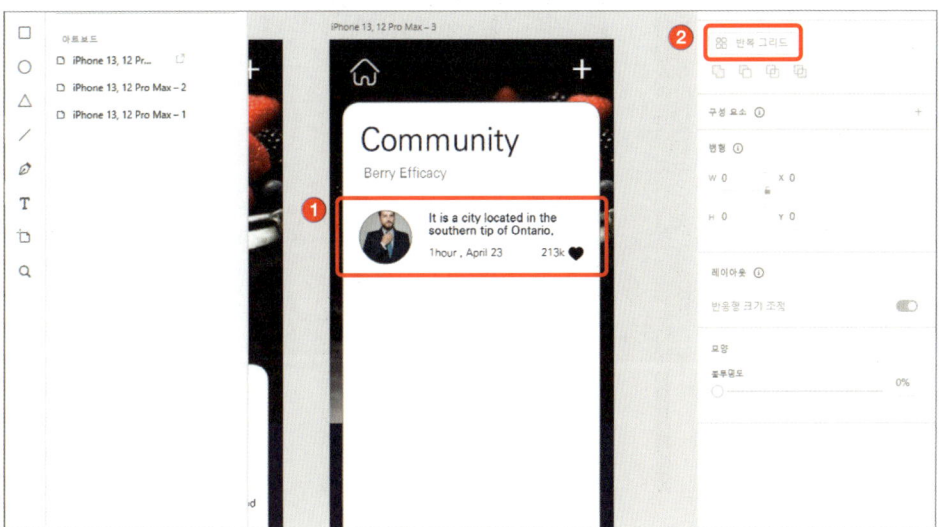

18 반복 그리드를 아래로 늘리고 전체 레이아웃을 고려해서 간격과 위치를 조정합니다.

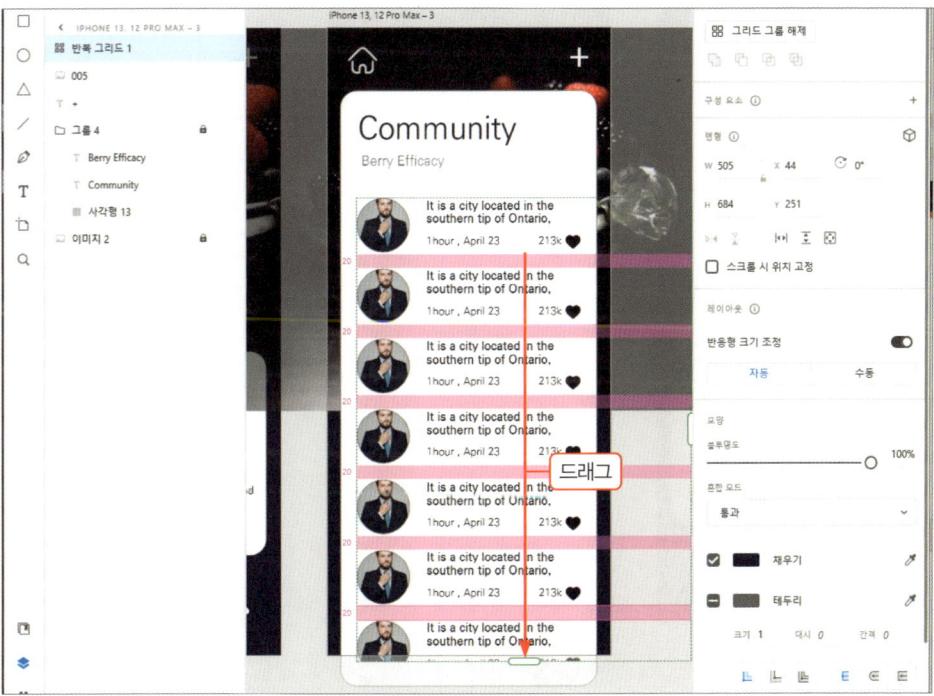

식품 정보 앱 UI 디자인 | LESSON 06

19 각 리스트 항목의 콘텐츠 정보를 변경하기 위해 [그리드 그룹 해제]를 클릭합니다.

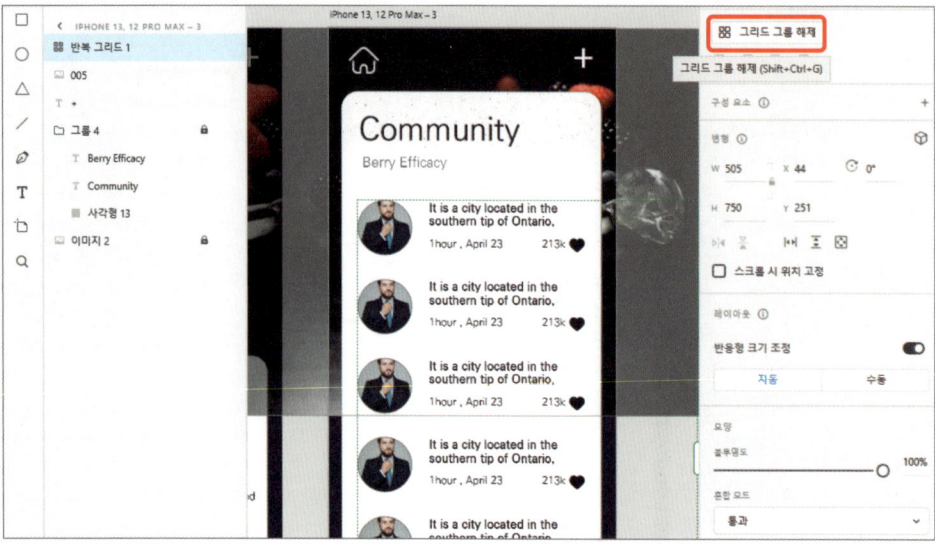

20 콘텐츠 텍스트, 이미지, 부가 정보를 수정하여 UI를 완성합니다.

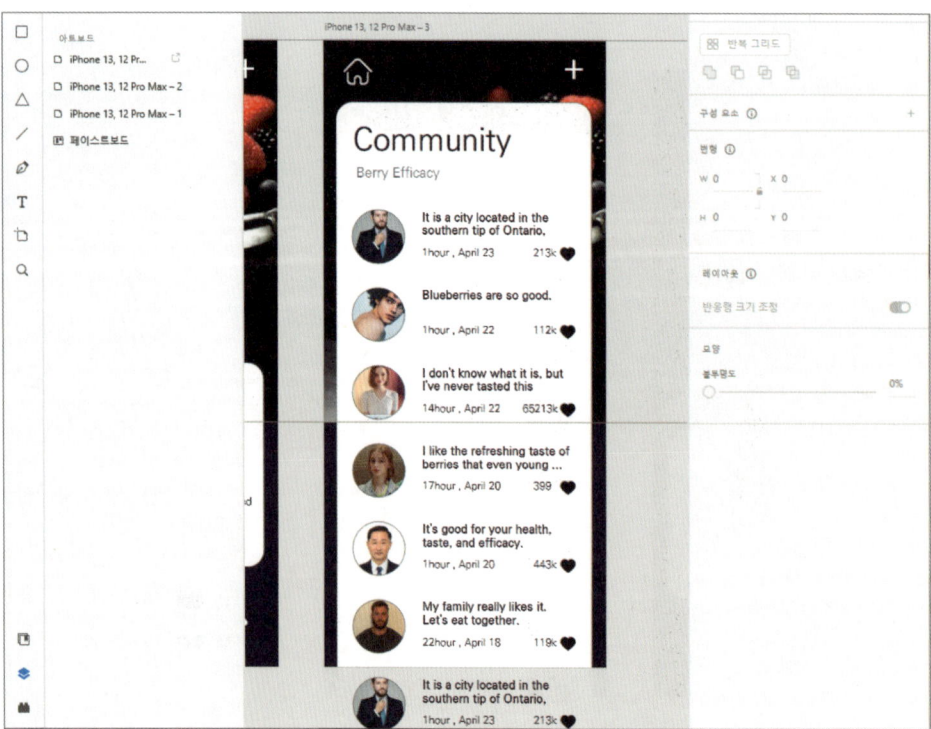

21 마지막 페이지를 위해 새 아트보드를 추가합니다. 다음과 같이 상위 타이틀을 작성합니다.

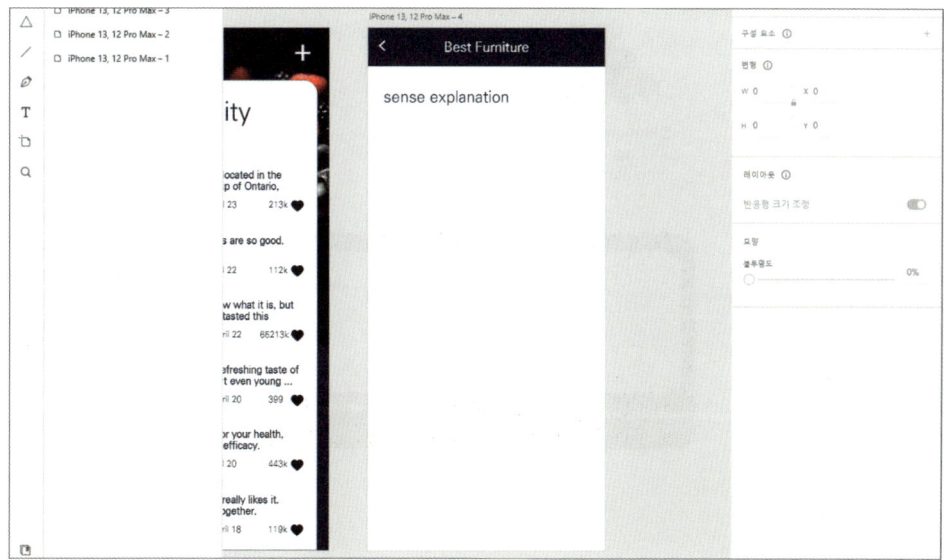

22 콘텐츠 요소를 넣기 위해 공간을 확보한 후 UI 디자인을 위해 선과 면을 이용하여 공간을 만듭니다. 콘텐츠 요소를 차례로 넣어줍니다.

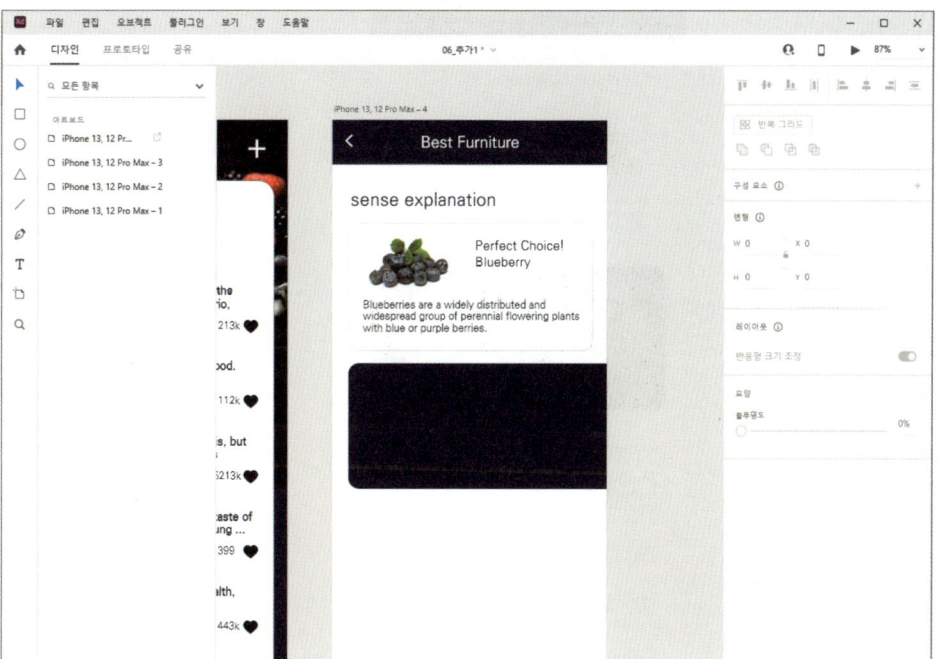

23 반복 그리드를 이용하여 이미지 칸을 생성합니다.

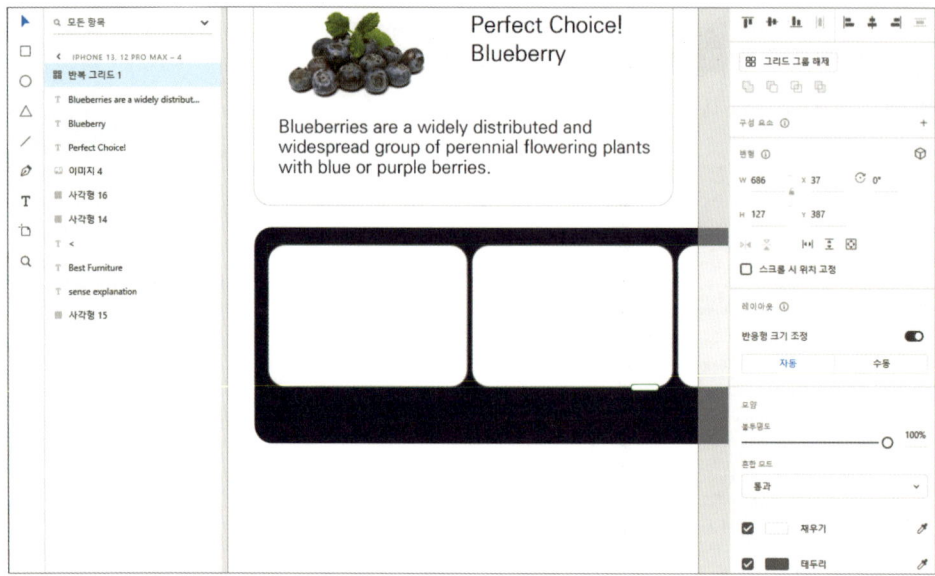

24 마지막으로 콘텐츠 요소를 이미지와 함께 채우고 레이아웃을 정렬해서 완성합니다.

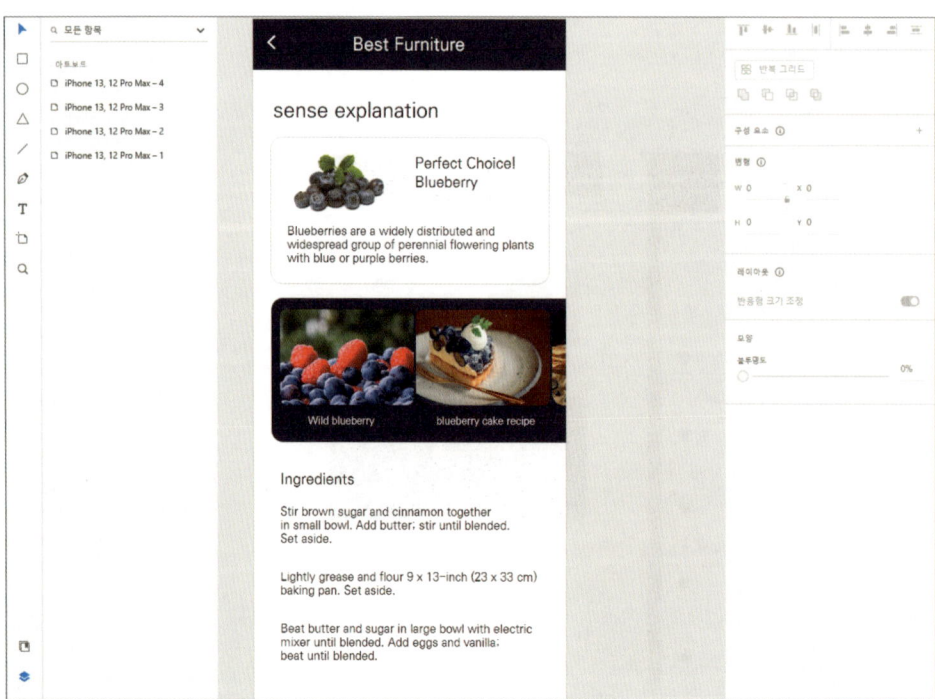

LESSON 07 인테리어 가구 앱 UI 디자인

UI 디자인 실습

마지막으로 인테리어 가구 앱 UI를 만들어보려고 합니다. 제품 이미지 위주로 구성하며, 배경 흐림 효과를 이용해 이미지와 도형 요소가 조화를 이루고 녹색 위주의 톤 앤 매너를 강조하면서도 텍스트 역시 도드라지게 나타낼 수 있습니다. 이미지 소스와 텍스트는 [interior_source.xd]와 [interior_text.txt] 파일을 이용하고, 완성 파일은 [interior_app.xd]를 확인해보세요.

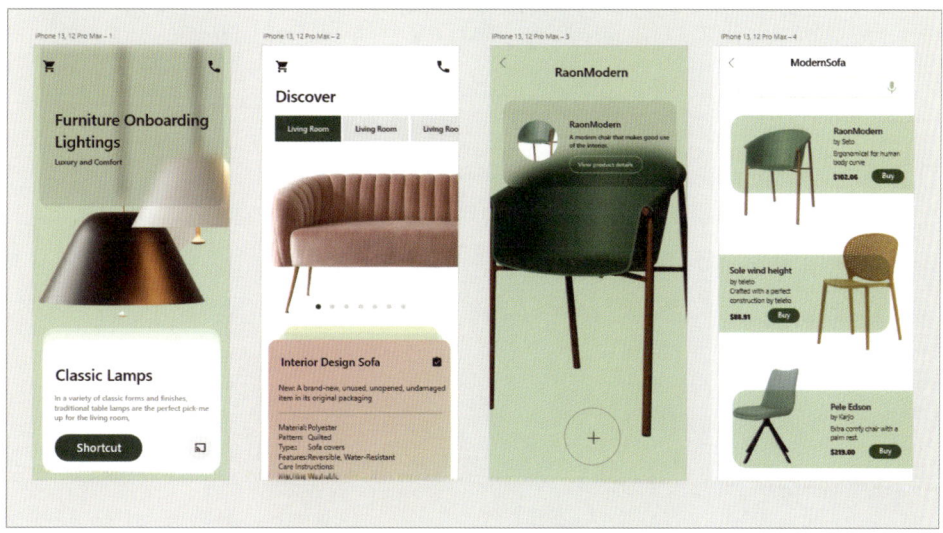

01 [iPhone 13, 12 Pro Max] 화면을 불러옵니다. 좌우에 각각 16px과 20px 간격으로 가이드라인을 그립니다. 오른쪽 패널 [그리드]에 체크하고 [레이아웃]을 선택합니다. **[열: 4, 간격 폭: 10, 열 폭: 81, 연결된 왼쪽/오른쪽 여백: 37]** 로 지정합니다. 예제 파일에서 상단 요소를 가져와 배치하세요.

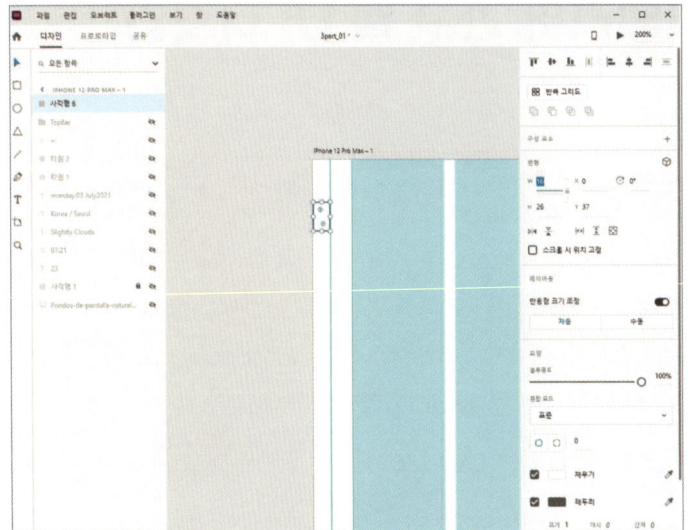 

02 배경 전체에 사각형을 그리고 [#D3E0C6]로 채웁니다.

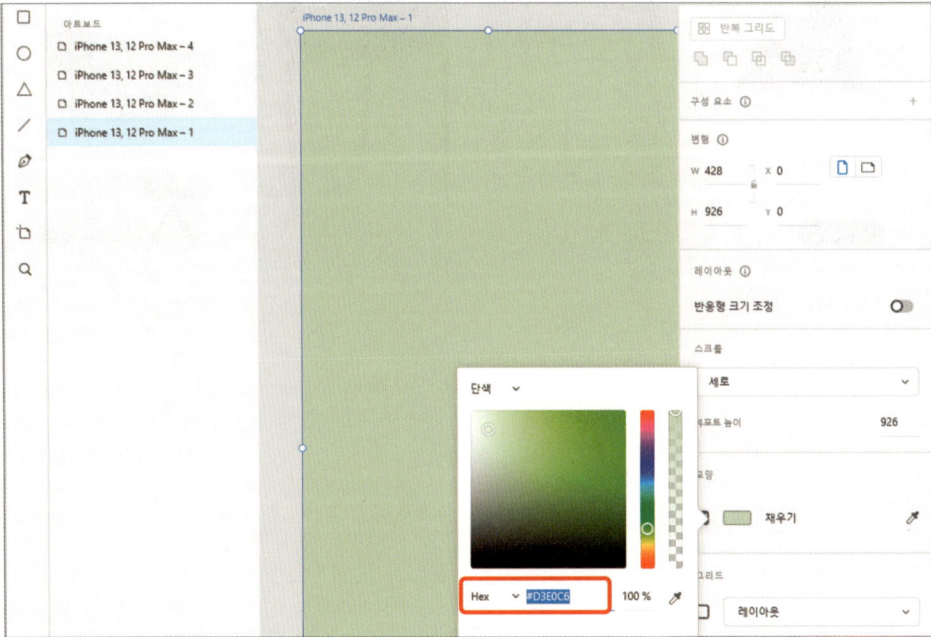

03 조명 이미지를 무료 사진 사이트에서 검색하여 넣어줍니다. 컬러와 맞는 조명 색깔을 넣어줍니다.

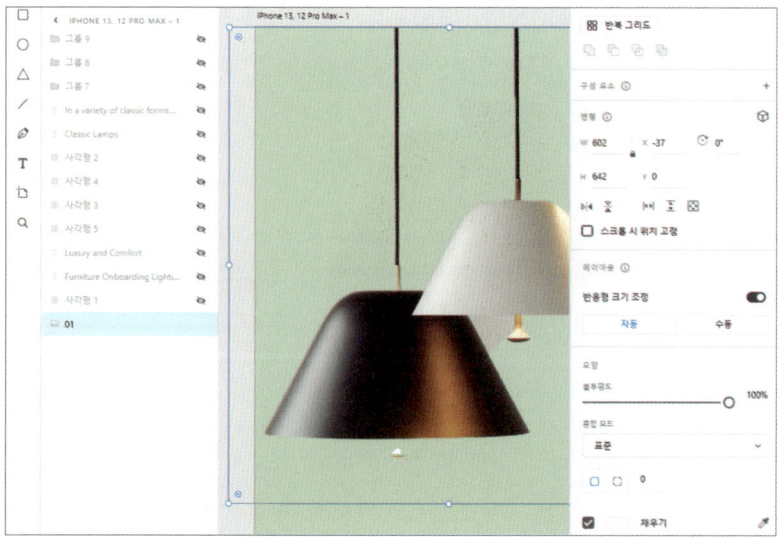

04 [H: 402, W: 389] 크기의 사각형을 그리고 모서리 값을 [16]으로 지정합니다. [배경 흐림 효과]를 적용해 공간감을 더합니다. 화면 상단에 걸치게 배치하고 그 안에 헤드 카피도 입력하세요.

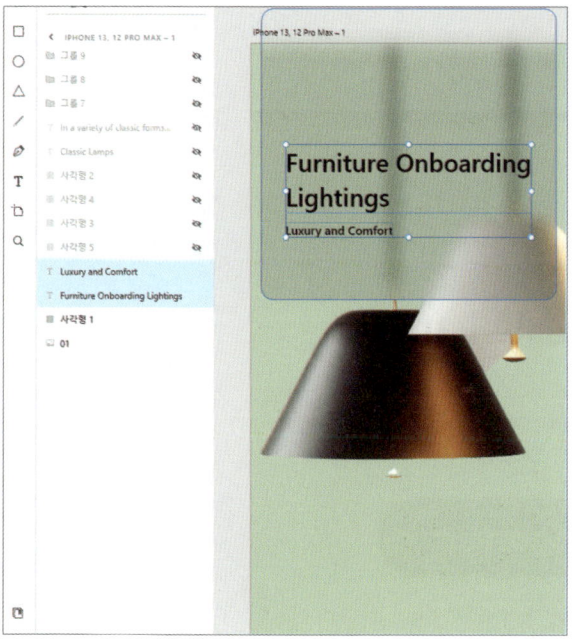

05 서브 텍스트와 아이콘을 넣어 타이틀을 완성합니다. 아래 하단 콘텐츠 요소 UI는 차트 형태로 둥근 사각형이 연속으로 넘어가는 모양으로 표현하려고 합니다. 둥근 사각형 4개를 겹치게 배치하고 뒤쪽부터 불투명도를 [37%], [38%], [59%], [100%]로 차이를 줍니다.

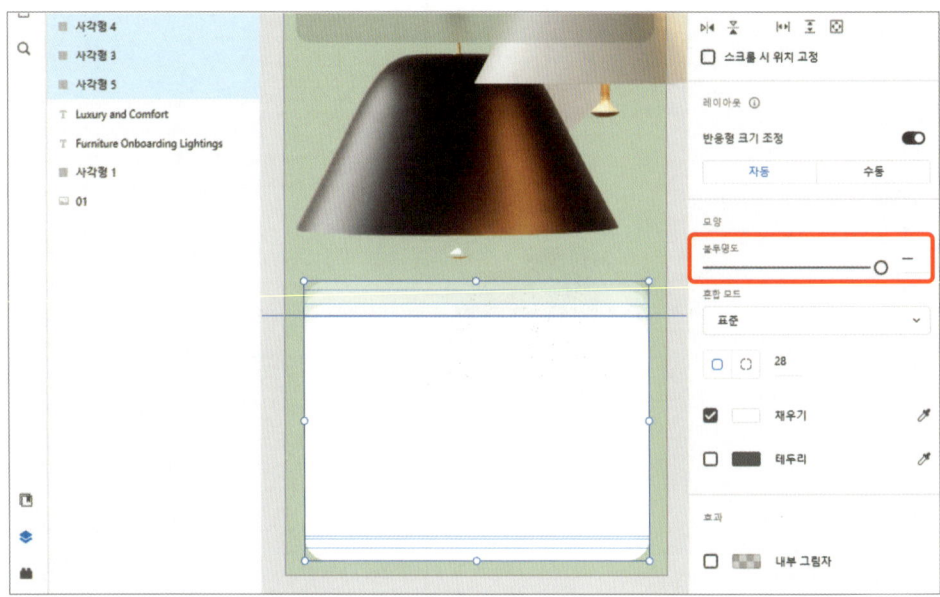

06 차트 형태 UI를 그룹으로 만들고 그 안에 정보 콘텐츠를 입력합니다. 아래에는 세부 정보로 이동할 수 있는 하이퍼링크 버튼도 그립니다.

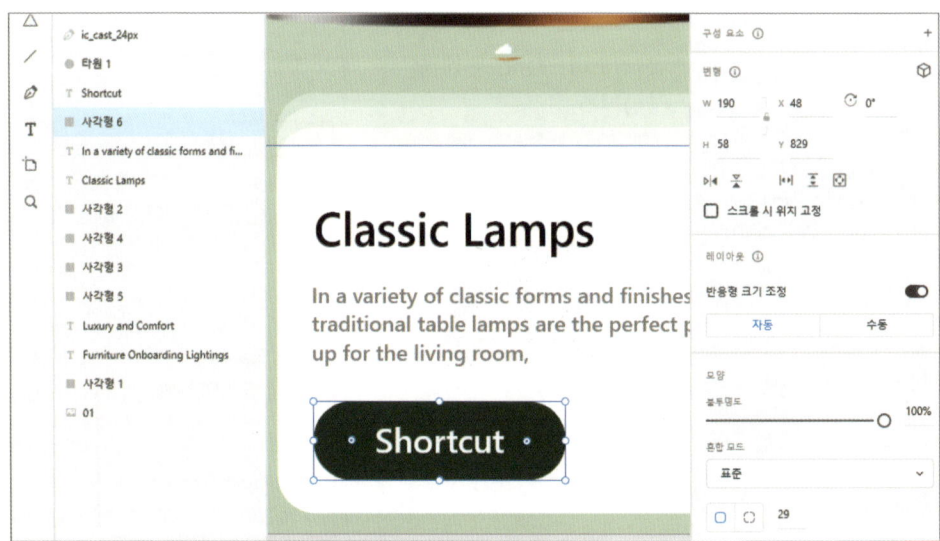

07 상단에 구매 및 전화 아이콘을 배치하여 메인 페이지를 완성합니다.

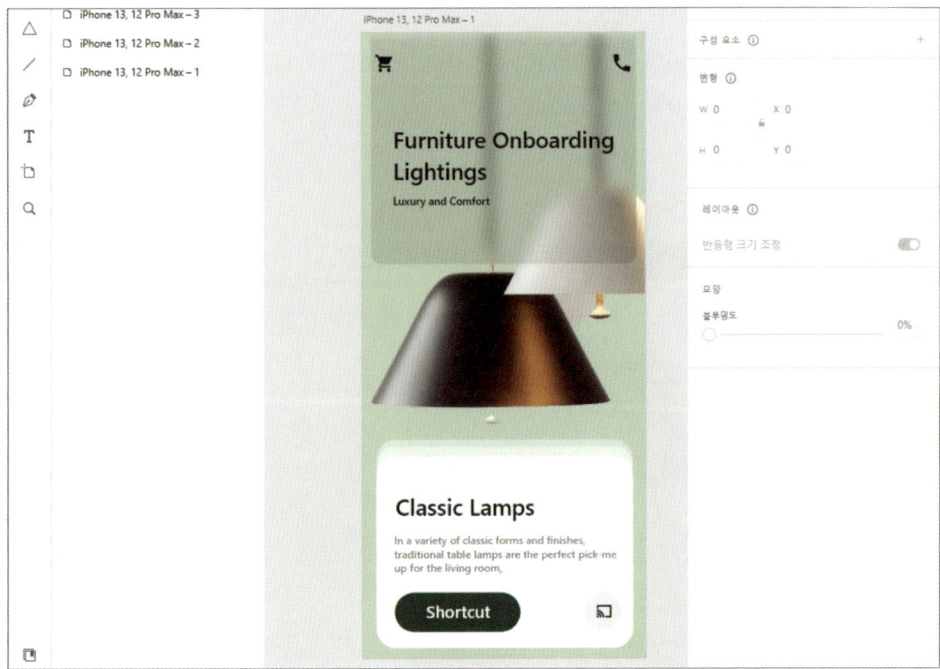

08 서브 페이지를 제작하기 위해 메인 페이지와 같은 크기로 새 아트보드를 추가하세요. 타이틀 텍스트를 넣고 하단 탭 UI를 그립니다. 왼쪽 정렬로 오른쪽 메뉴가 나타나도록 열거합니다. 버튼 색상은 [#324F36]로 지정해 메인 페이지의 톤 앤 매너와 맞춥니다.

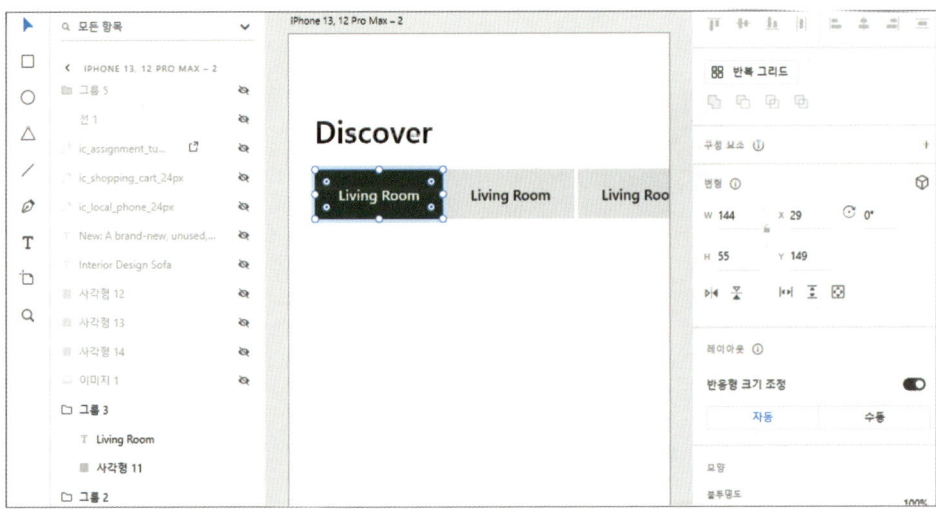

09 하단 부분에 콘텐츠를 넣어보겠습니다. 소파 이미지를 중간에 배치합니다. 그 아래에는 상세 정보를 넣을 수 있는 상자 UI를 만들고 소파와 같은 톤의 컬러를 넣어줍니다. 차트 순서로 나타나는 인터랙션을 구현하기 위해 롤링될 때마다 제품 컬러와 매칭되도록 UI를 구현해봅니다.

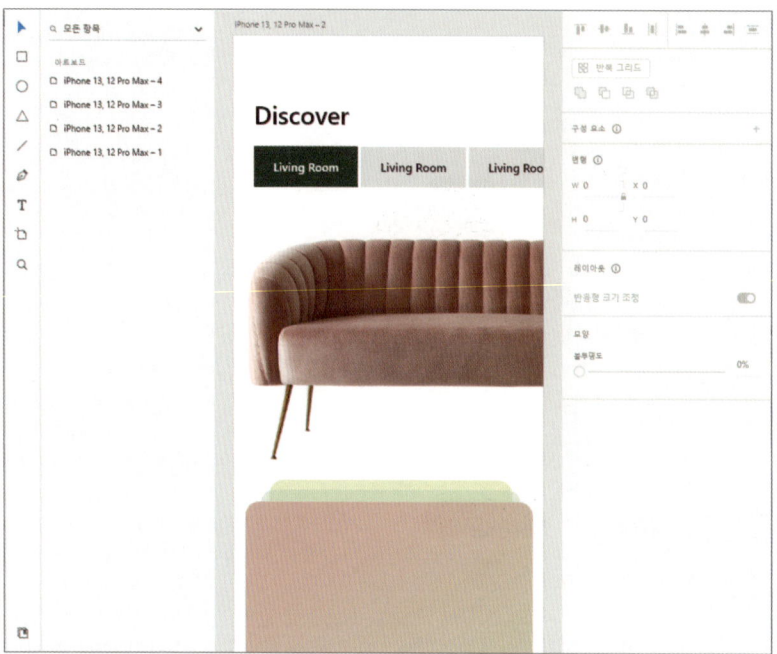

10 상품 상세 이미지가 롤링될 수 있도록 이미지 개수에 맞게 원을 나열해 UI를 구성합니다. 반복된 요소가 구현되므로 오른쪽 반복 그리드를 이용하는 것이 좋습니다. 활성화된 콘텐츠를 나타내는 맨 오른쪽 원만 메인 컬러를 지정하고 나머지는 회색을 설정합니다.

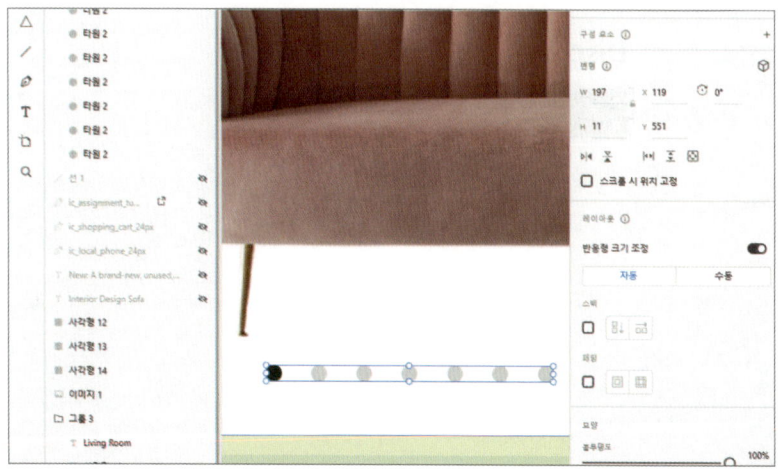

11 아래 상자 색상은 단조로움을 피하기 위해 [D4B4B2 → #D3E0C6] 그레이디언트를 지정합니다. 그 안에 서브 콘텐츠 텍스트를 입력합니다.

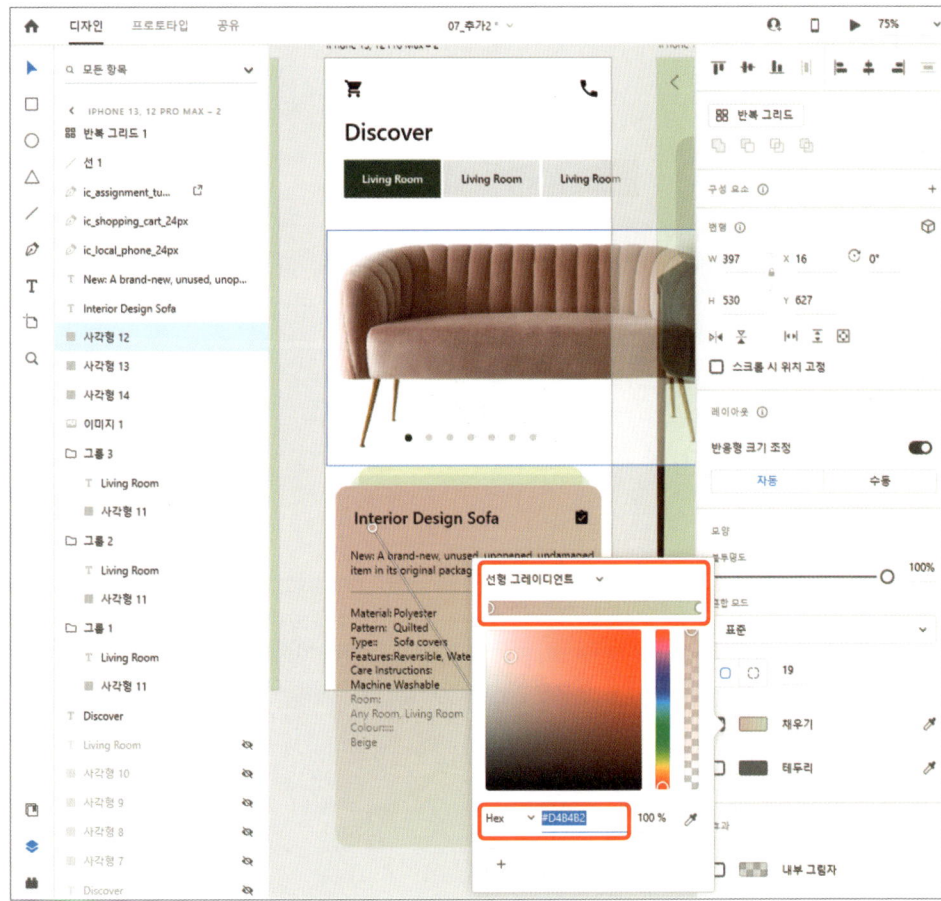

12 서브 페이지 3페이지를 만들기 위해 새 아트보드를 추가합니다. 인테리어 제품을 확대해서 볼 수 있는 UI를 구성하려고 합니다. 먼저 전체에 배경색 [#D3E0C6]을 넣어줍니다.

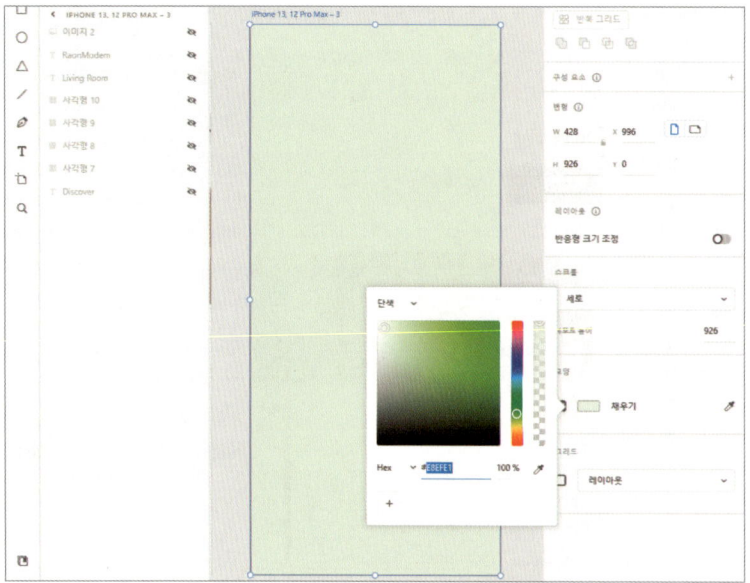

13 제품명과 흰 상자, 인테리어 제품 이미지를 배치합니다. 제품 이미지의 배경이 흰색이라면, 굳이 포토샵에서 배경을 따내지 않고도 이미지의 혼합 모드를 [곱하기]로 설정하면 흰 배경 부분을 쉽게 제거할 수 있습니다. 흰 상자의 모서리 값은 [23]으로 지정합니다.

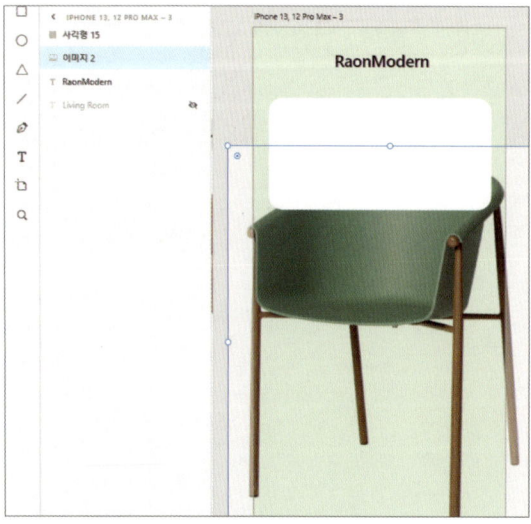

14 제품 이미지에 모던한 느낌을 주기 위해 아트보드 크기와 동일한 사각형을 생성하고 [색상: #E8EFE1, 혼합 모드: 곱하기]로 지정해 배치합니다. 이후 작업에 방해가 되지 않도록 사각형을 선택한 상태에서 Ctrl + L 을 눌러 잠금 처리합니다.

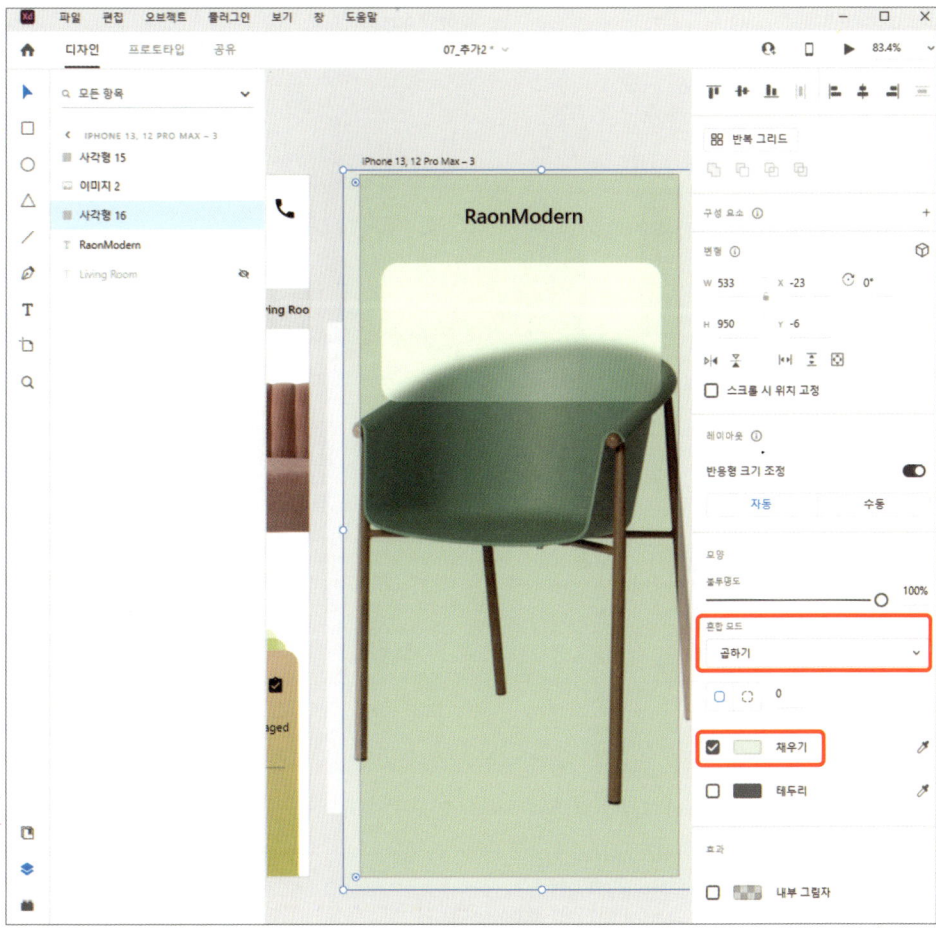

15 중간에 배치한 흰 상자를 선택하고 [배경 흐림 효과]를 적용한 뒤 [정도: 16, 밝기: 6]을 지정해 제품과 어울리는 색감으로 변경합니다.

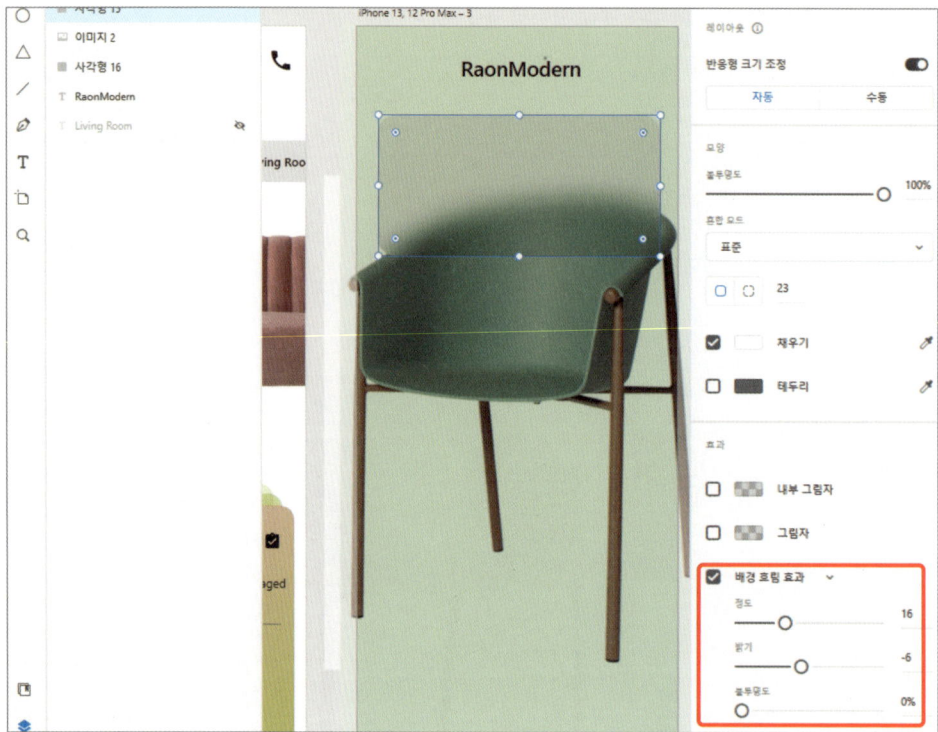

16 상자 안에 제품 정보를 기입합니다. 상세한 정보에 바로 갈 수 있는 [View product details] 버튼도 추가하여 사용자로 하여금 구매를 유도하는 어포던스 요소를 만들어줍니다.

17 화면 왼쪽 상단에는 뒤로 가기 아이콘을 배치하고 아래에는 [+] 모양의 확대 버튼을 추가하여 완성합니다.

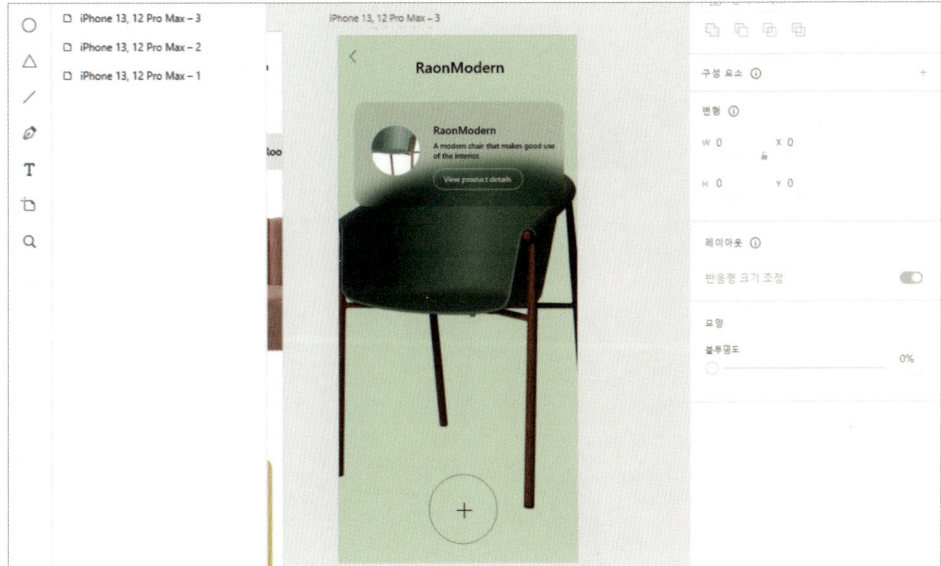

18 4페이지를 만들기 위해 새 아트보드를 추가합니다. 여기서는 제품 목록을 작성하고자 합니다. 상단 제목과 뒤로 가기 버튼은 이전에 만든 UI 요소를 그대로 사용합니다. [H: 167] 높이의 긴 상자를 그리고 모서리 값 [30]을 지정해 화면 오른쪽 경계를 넘어가게 배치하고 색상은 [#D3E0C6]로 지정합니다.

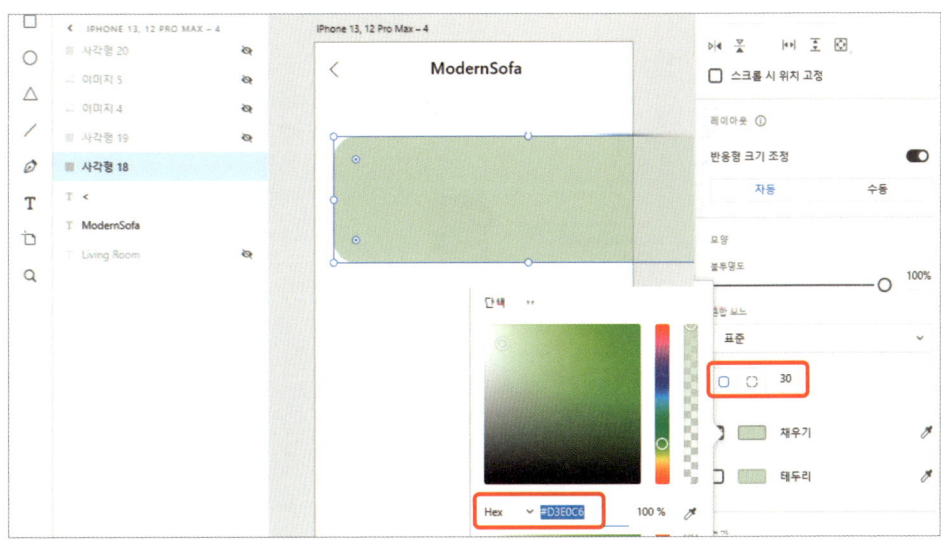

19 상자 위에 혼합 모드를 [곱하기]로 지정한 제품 이미지를 배치합니다. 제품 이미지를 지그재그로 배치하여 사용자 시선이 지루하지 않게 율동감 있는 동선으로 바꿔 줍니다.

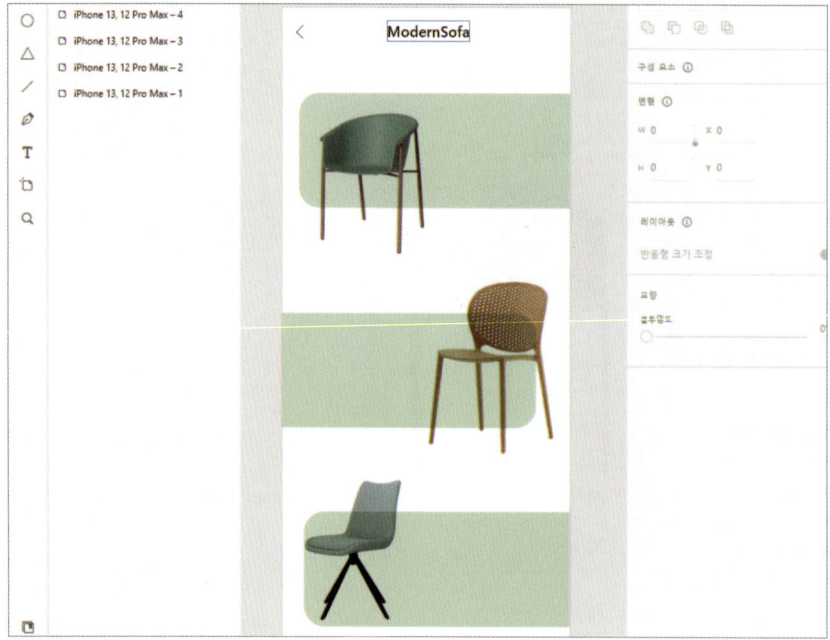

20 각 상품 영역에 제품 정보, 금액, 구매 버튼을 삽입합니다.

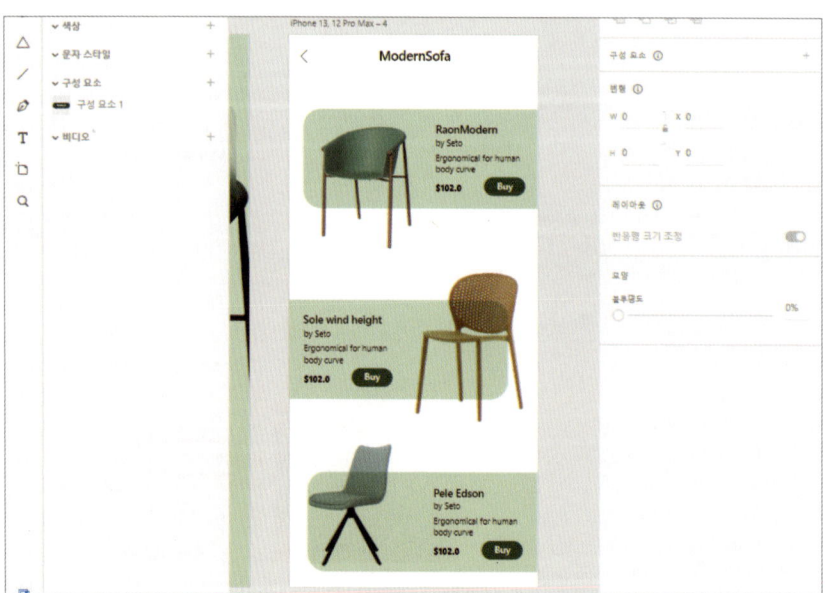

21 화면 상단에 검색 바와 아이콘을 배치해 완성합니다.

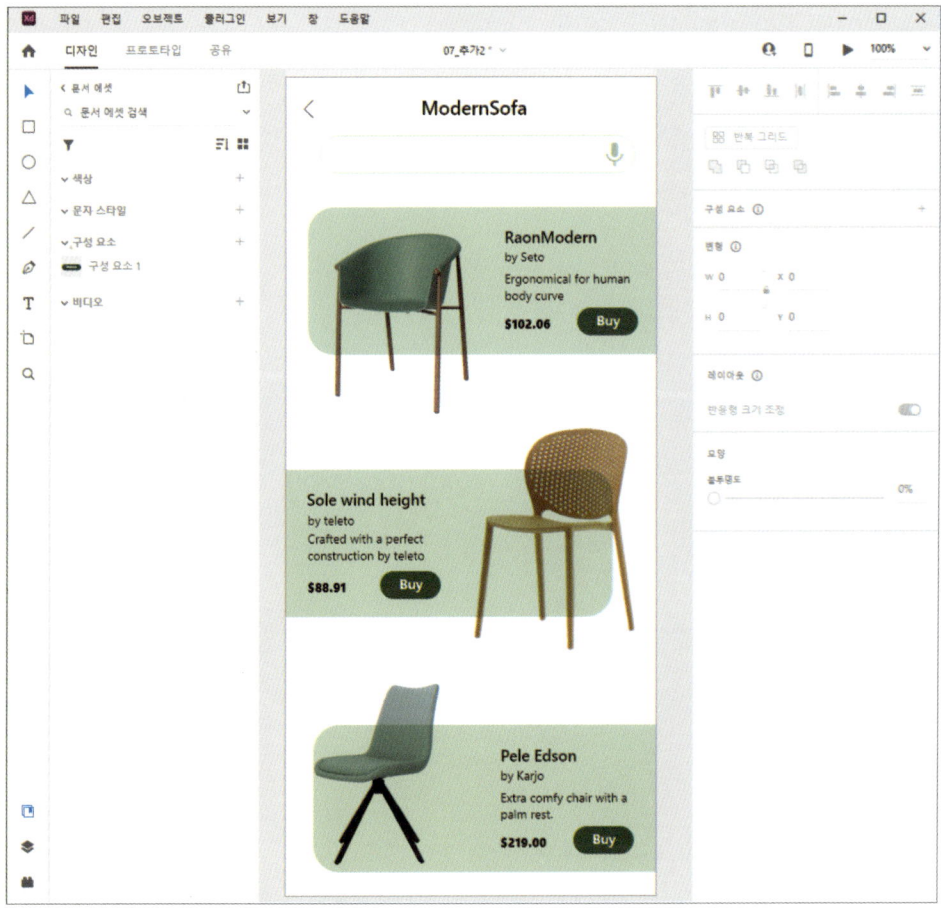

인테리어 가구 앱 UI 디자인 | LESSON 07

진솔한 서평을 올려 주세요!

이 책 또는 이미 읽은 제이펍의 책이 있다면, 장단점을 잘 보여 주는 솔직한 서평을 올려 주세요.
매월 최대 5건의 우수 서평을 선별하여 원하는 제이펍 도서를 1권씩 드립니다!

- **서평 이벤트 참여 방법**
  1. 제이펍 책을 읽고 자신의 블로그나 SNS, 각 인터넷 서점 리뷰란에 서평을 올린다.
  2. 서평이 작성된 URL과 함께 review@jpub.kr로 메일을 보내 응모한다.

- **서평 당선자 발표**
  매월 첫째 주 제이펍 홈페이지(www.jpub.kr) 및 페이스북(www.facebook.com/jeipub)에 공지하고, 해당 당선자에게는 메일로 개별 연락을 드립니다.

독자 여러분의 응원과 채찍질을 받아 더 나은 책을 만들 수 있도록 도와주시기 바랍니다.

찾아보기

A~B
Apple 미리 알림 130
bitmap 18
button style sheet 26

C~E
checkbox 28
CSS 23
dp 17
em 25

F~G
flat design 33
fluid grid 20
GIF 19
glassmorphism 34
Google Tasks 129

H~J
HEX 표기법 25
HTML 23
input label 28
JavaScript 23
JPG 19

M~N
material design 38
Microsoft To Do 128
Neumorphism 34

P
persona 13
Photoshop에서 편집 70
PNG 19
point 18
ppi 17
prototype 24

R
radio button 28
RGB 색상 모드 25
Roboto 서체 40

S~T
San Francisco 서체 40
skeuomorphism 33
SNS 146
SVG 19
toggle 28
tone and manner 32

U
UI 15
usability heuristics 14
User Interface 15
User Mental Model 13
UX 디자인 12

V~W
vector 18
web 16
WSG 32

ㄱ
가변 그리드 20
가져오기 70, 75
공유 121
구성 요소 79
그레이디언트 58
그리드 98
그림자 40, 60
글래스모피즘 34

ㄴ~ㄹ
나인패치 40
내부 그림자 60
내비게이션 바 39
뉴모피즘 34
라디오 버튼 28
레이어 66

ㅁ
마스크 75
마우스 오버 113
머티리얼 디자인 38
메타포 30
모서리 50

ㅂ
반복 그리드 83
반응형 웹 디자인 20
반응형 크기 조정 87
배경 흐림 효과 61
버튼 스타일 시트 26
벡터 18
변형 49

브라우저 16
비트맵 18

ㅅ

사각형 49
사용자 경험 디자인 12
사용자 멘탈 모델 13
사용자 휴리스틱 가이드 14
산돌고딕 네오 40
서버 16
선 52
스큐어모피즘 33
스크롤링 93
스택 91
시각적 어포던스 12

ㅇ

아이 트래킹 22
아트보드 46
액션 바 39
에셋 82
오브젝트 흐림 효과 61
웹 16
웹 디자인 20
웹 스타일 가이드 32
인풋 레이블 28

ㅈ~ㅌ

정렬 62
제이콥 닐슨 14
채우기 57
체크박스 28
클라이언트 16
테두리 59
토글 28
톤 앤 매너 32

ㅍ~ㅎ

패딩 90
패스파인더 64
페르소나 13
펜 54
포인트 18
프로토타입 24, 101
플랫 디자인 33
플러그인 122
플로팅 액션 버튼 39
피츠의 법칙 21
픽셀 17
해상도 17
혼합 모드 74